知识分子的笔墨事功

周泽雄

西苑出版社

图书在版编目（CIP）数据

知识分子的笔墨事功 / 周泽雄著．—北京：西苑出版社，2017.6

ISBN 978-7-5151-0574-1

Ⅰ. ①知… Ⅱ. ①周… Ⅲ. ①文学家－人物研究－世界②哲学家－人物研究－世界 Ⅳ. ①K815. 6②K815. 1

中国版本图书馆 CIP 数据核字（2017）第 122665 号

知识分子的笔墨事功

著　　者　周泽雄

出版发行　西苑出版社 XIYUAN PUBLISHING HOUSE

通讯地址　北京市朝阳区和平街 11 区 37 号楼　**邮政编码：**100013

电话：010-88636419　**传真：**010-88636419

E-mal：xiyuanpub@ 163. com

印　　刷　山东临沂新华印刷物流集团有限责任公司

经　　销　全国新华书店

开　　本　880mm × 1230mm　1/32

字　　数　295 千字

印　　张　12. 25

版　　次　2017 年 6 月第 1 版

印　　次　2017 年 6 月第 1 次印刷

书　　号　ISBN 978-7-5151-0574-1

定　　价　52. 00 元

自　序

笔墨与事功

这是一本谈论写作的书——关于知识分子写作，因此，这又是一本探讨观念与影响力之明暗消长的书。

写作技艺通常由文人墨客执掌，本书意在证实，知识分子的笔墨世界同样丰富多彩：有时更加诡谲，有时更加浩瀚。有些知识分子本身就是一流的诗人作家，如本书提及的卢梭、弥尔顿、左拉、加缪和米沃什等人。

无论我们是否阅读知识分子著作，现代人概莫能外地生活在不同知识分子的深刻影响之下，正如无论我们是否读过牛顿原著，我们都生活在牛顿的力学原理之下。知识分子写作游弋于伟大和凶险之间，设若他成功影响了世人，有时会连“沧海桑田”都不足以形容其文字伟力。离开了让－雅克·卢梭、约翰·密尔等，现代文明是不可想象的。知识分子写作会给世界带来荣光，也会带来黑暗。因此，在同等的意义上，本书还关联着如下主题——我们如何成长为现代公民。洞悉知识分子影响世人的方式，有助于我们锤炼智慧，通过学习并运用自己的理性，审视知识分子的影响。

知识分子写作是一项需要划定笔墨斑马线的工作，他们必须遵循理性，追求客观，但我们又经常看到，某些写作之所以伟大，正缘于对斑马线的违背和突破。我们在约翰·密尔、汉娜·阿伦特的写作里看到了对知识分子职责的恪守，又在让-雅克·卢梭和托马斯·潘恩的笔下，看到对知识分子笔墨伦理的违背。吊诡的是，违背者的贡献未必逊色于恪守者。知识分子写作令人沉迷，也一言难尽。

“我是一个不让先入之见左右判断的人。”这是四百年前法国随笔家蒙田的信条，也是我在写作过程中竭力捍卫的信念。表达的上升通道必须保持畅通和开放，是以笔者虽对知识分子写作偶有褒贬，但从未用非此即彼的方式，斗胆提出写作上的禁令。某些乍看不值得鼓励的方式，也许只是在等待一位擅长把握它的天才。

知识分子与学者不同，他们的思想只有立竿见影地产生影响力，其成就才有望得到鉴定。“藏之名山，传之其人”的抱负，与知识分子务实入世的职责不同。唯其如此，那些既尊重影响力，又能规避影响力之负面性的知识分子，更值得尊重。就这个话题，通常并不被人视为知识分子的蒙田，倒有过很好的意见，他写道：

> 我说的一切都是一个既非法官亦非国王顾问的人说的话，我从不认为自己够得上做这类人。作为普通人，我生来便注定必须服从公众的道理，那些道理既表现在公众的言也表现在公众的行上。谁利用我的沉思录去损害他村子里最贫乏的律法，或主张，或习俗，他就严重伤害了自己，也严重伤害了我。因为我并不保证我讲过的东西十分可靠，而只说那是当时我脑子里闪过的思想，混乱的、不确定的思想。我谈什么都采取闲聊的方式，从不以发表意见的方式作任何讲话，“我不像那些人羞于承认自己‘不知则不知’”。

我们将会看到，除了个别法官型知识分子，蒙田的这份谦逊乏人追随，因为知识分子含有指导他人的天职，过度谦逊会妨碍他达成使命。而法官抱有类似谦逊——如美国联邦最高法院克拉伦斯·托马斯大法官曾表示："意图做出影响他人生活的重要决定，有违我的本性。"——又与他们天然具备影响力有关。在知识分子的写作世界里，有精纯的理性，也有致幻的迷药。强悍理性需要持之以恒的训练，并辅以坚忍不拔的意志，迷幻的技艺则有望短期速成，而知识分子生涯又须臾离不得大众肯定，故庸常之辈大多在此失足。高明之士则需要仰仗一种非凡技艺：与大众若即若离，既不因思想的高蹈而拒人于千里之外，又拒绝向民众献媚。

写作效果可粗别为二：令人拍案惊奇，或令人抚卷沉思。两者的矛盾在于，使人拍案惊奇者，往往不足以令人抚卷沉思，那是因为现代公民最为倚重的理性批判力，极易随沸腾的热血而流失，案板一震，智力远逝。故过度追求前者，辄失去后者，而过于洁身自好、视"拍案惊奇"如粪土的写作，又可能失去读者，进而妨碍知识分子志业的达成。就作者而言，放弃危言耸听的现实利益，坚守客观平实的立场，是一种极难臻就的修为。我在谈论约翰逊博士时，提到过这份能耐："他拥有随时说出令人拍案叫绝的妙语的能力，却更愿意在写作中节制这份能力。"就读者而言，在情绪堪堪就要被作者点燃之际，沉下心来，坚持从证据和推论角度质疑推敲，更是一项理性公民的高贵课业。

如你所见，知识分子写作是一个无比广大的论域，以笔者之薄才微能，写作中虽反复斟酌，多方考量，所得亦无非豹窥一斑，鼎尝一脔。倘小著能引逗读者对知识分子写作的些许兴味，我大可视为一项成就。

目　录

引子：私人还是公共？

在意见与言论自由上毫不妥协，是世俗的知识分子的主要堡垒：弃守此一堡垒或容忍其基础被破坏，事实上就是背叛了知识分子的职守。

——爱德华·萨义德

什么叫知识分子？——就是一种特定的个人素质。

——娜杰日达·曼德施塔姆

一

知识分子的定义不计其数，笔者即见过数十种。无论观点的制造者、传播者、消费者，还是某个俏皮说法的供应商——类似意见超市的庞大货架上一只只漆色鲜亮的罐头——都可以自称或被说成是知识分子。

美国前总统艾森豪威尔曾借他人之口提供过一个知识分子定义：“一个人用比必要的词语更多的词语，说出比他知道的东西更多的东西。”听上去满腔鄙夷，只有对知识分子同样嫌恶的人，才闻之欣然。瓦尔特·本雅明的定义更是奇特，道是“眼镜在鼻子上，秋天在心中”，那是着眼于情调了，迷恋诗人气质的读者会格外受用。英国学者 C. P. 斯诺脑海里萦绕着老年易卜生的形象时——他强调“没有什么是这位老人所不能理解的”——他将知识分子概括成“天生的勒代特”。勒代特（Luddite）系指 19 世纪初用捣毁机器等手段反对企业主的工人运动参加者，一种具有无产阶级革命家使命并决意与资本主义制度为敌的人。扩充该比喻以使斯诺的定义保持活性，还可将知识分子理解成决意与现存政治、经济、社会秩序对抗的人。德国社会学家刘易斯·科塞就把知识分子定义为“从来不对现状满意的人”，那也是著名异议家爱德华·萨义德满意的表述，我们日后会专门研究他。

与之相反，德国社会学家卡尔·曼海姆认定知识分子是社会上的“超脱之人”，这等于排除了“勒代特”。法国学者朱利安·班达认为知识分子是一小群才智出众、道德高超的哲人王，代表人类的良心。他同时强调，“真正的知识分子应该甘冒被烧死、放逐、钉死在十字架上的危险”，听上去一点不“超脱”，读者可能想到十字架上的耶稣，或西方学者概括为古代社会“殉道三重奏”的三位古典知识分子：苏格拉底、西塞罗和塞涅卡——三人皆死于非命；更贴切的联想则是 1600 年因传播哥白尼日心说而被罗马教廷烧死在罗马鲜花广场上的科学家布鲁诺。列宁的定义是知识分子“等于常识渊博者和民众的导师”，从后一个条件里又推导出斯大林时期的“人类灵魂工程师”概念，一种关于“洗脑”的委婉表述。认定知识分子负有“改造国民性”的责任，可能是该概念在另一层面上的运用，这份责任会赋予知识分子一种庄严使命感，最终诱导他沉迷于一项超出其知识范围的生物改造工程，从而无视“洗脑”的存在。

上述知识分子定义，约有如下特点：它们互不隶属，除斯大林对列宁版知识分子定义有所继承，其余定义还具有内在冲突。“超脱之人”不会唠唠叨叨，“秋天在心中”的人，无论鼻梁上是否架着眼镜，都懒得充当民众导师，更缺乏领导工人捣毁机器、推翻旧政权的兴致。发起美国独立战争并创建美利坚合众国的那个国父群体，除军人出身的乔治·华盛顿外，都具有鲜明的知识分子特征，他们与一个世纪后由列宁及其继任者奠定的革命知识分子模式鲜有相通之处。无论杰斐逊、亚当斯还是汉密尔顿、麦迪逊，都不曾密谋过地下活动，他们无需担心军警监视，也不必乞灵于刺杀、起义、暴动等酷烈手段，在北美那块相对质朴的大地上，他们的建国方略与一种纯净的知识分子生活方式，融合无间。他们不是“勒代特”，更无从“殉道”。

有学者认为，应将美国联邦最高法院的大法官称为知识分子——他们纵使不是严格意义上的知识分子，言说方式也堪称知识分子表达的光辉典范——结合班达的激情定义，大法官又落选了。大法官的工作过于安稳，在终身职位的保障下，无惧权力和公共舆论，更无需承担生命风险。此外，大法官的司法写作是一种职务行为，缺乏知识分子写作的业余性和独立性。美国建国之初有一位大法官蔡斯，替亚当斯竞选总统拉票，积极推动限制言论自由的《惩治煽动法》，还在法庭上配合检察官，要求被告自证己罪，导致杰斐逊总统执政伊始就对他进行调查，并“促成了美国历史上仅有的一次对联邦最高法院大法官的弹劾”。饶是如此，弹劾仍归失败。蔡斯日后有所悔悟，在约翰·马歇尔执掌的最高法院里，成为一位至少说得过去的法官大人。

当代知识分子研究的最新突出成果《公共知识分子——衰落之研究》的作者理查德·波斯纳，既是美国联邦上诉法院的资深法官，又是芝加哥大学法学院教授，还是一位著述极丰、影响广大的公共知识分子。他的著述快到这种程度，学者对他上一本书的讨论还未结束，他另辟蹊径、锋芒毕露的新书又已上架。可见，认同上述定义中的任何一条，都会使我们对知识分子的认识更模糊，而不是更清晰。

我国还有“大知识分子”“小知识分子”之分，自是一种笼统的身份式归类。如果陈寅恪、钱学森等人算“大知识分子”，随便哪个中学老师、公司会计、博客写手、微信公众号的发布者都可以算“小知识分子”，将使针对知识分子的讨论乱成一锅粥。一个兼容中学老师与陈寅恪的定义，已经无限趋近人类整体的定义了。

二

必须对知识分子的范围加以约束。

可行办法是，找出一种类型，我们除了称他们“知识分子”，用别种名称都有欠完整。以陈寅恪为例，当然可以称他“大知识分子”，但叫他教授、学者、语言学家、历史学家或国学大师又有什么不妥呢？同理，把钱学森说成科学家或“中国导弹之父”，比空泛的“大知识分子”更能概括其成就。中学老师或公司会计亦然，两者已然构成指向清晰的名称，无需“小知识分子”一词来画蛇添足。雪莱也不妨是知识分子，但叫他“诗人”更好些。正如易卜生更合适的称呼是戏剧家，哪怕他的戏剧创作引发过一个时代的骚动，并带出知识分子群体的激情表达（如鲁迅关于“娜拉出走之后怎样”的讨论），仍无改易卜生的戏剧家身份。奇怪的是，保罗·约翰逊在专著《知识分子》里，竟为雪莱和易卜生各辟一章，我们只能感叹，即使在专业研究者里，对知识分子的认知也是各说各话，歧义纷呈。

可以明确的是，绝大多数称为“大知识分子”或“小知识分子”的个体，其工作特点和职业特性均未对“知识分子”称谓构成依赖，放弃称他们为“知识分子”，不会导致歧义和混乱。对笔者来说，既然意在探讨知识分子写作，在材料选择上就可作出如下限定：只有在其作品具有鲜明知识分子特征时，方是适宜的讨论对象。

何谓鲜明的知识分子写作特征？作者走出专业领域，着眼公共话题，面向人类社会的公共关切，表述方式上力求贴近公众，思维方式上力求合乎公共理性，当他这么做时，无论之前的身份是学者、科学家、小说家还是一名普通公务员，他都是一位符合苛刻认定标准的知识分子。比如，写出《卢贡－马卡尔家族》长篇系列小说的爱弥尔·左拉原是一位出色小说家，当他激于一腔正义和公民良知，替蒙受冤屈的犹太人上尉德雷福斯打抱不平，并用朗朗上口的书信体檄文写出震撼全法国、影响全欧洲的《我控诉》时，他的身份就转变了，那一刻，除了说他是知识分子，没有别种称呼可以评价他的工作和成就，除非，我们叫他“公共知识分子”。

公共知识分子（public intellectual）是一个新名词，出自20世纪80年代美国学者拉塞尔·雅各比的专著《最后的知识分子》，但“公共知识分子”本身却并非一种新人。实际上，正是感于名词“知识分子”频遭滥用，雅各比才深感有必要加一个限定词，还原知识分子本义。他笔下的“公共知识分子”，恰是此前称为“知识分子”的那个精英群体。在严格意义上，“知识分子”与“公共知识分子”系同义反复，所有关于知识分子的衍生含义（包括中国式“大知识分子”“小知识分子”），则属误用。

有趣的是，后出的“公共知识分子”只是为了向原初的“知识分子”返航，学者接受该称呼后，又发现了该词的别种好处，可以借道梳理“知识分子”家族中的乱象。

C. P. 斯诺在《两种文化》里提到同事、当代最杰出的纯粹数学家之一 G. H. 哈代的困惑，他写道：

> 大约在 30 年代，哈代有一次颇感困惑地对我说：“你注意到今天怎样用‘知识分子’这个词吗？似乎已有一种新的定义，肯定要把卢瑟福、爱丁顿、狄拉克、阿德雷安或者我排除在外。你看这有多么奇怪。”

很好玩不是？这位哈代先生已经是享誉世界的数学大师（他的学生里包括中国数学家华罗庚），仍对自己被排除在“知识分子”之外耿耿于怀。于是，为安抚那些曾被呼为知识分子、又与左拉意义上的知识分子迥然不同的知识界人士，有人借着“公共知识分子”的语词便车，发明出“私人知识分子”。大致上，但凡不属于公共知识分子者，均可被“私人知识分子”所收容，包括中国式大小知识分子。

随着“私人知识分子”概念的诞生，学者再接再厉，向世人贡献了另外一些分类学概念，如学院知识分子、独立知识分子、体制外或体制内知识分子，稍早些的米歇尔·福柯还贡献出“普遍的知识分子”与“特殊的知识分子”这对标签。在别种论述题旨下，这些概念各有胜场，但就“知识分子写作”而论，它们用处不大。当我们意欲关注知识分子写作的内在品质时，没有证据表明，这类品质特别喜欢栖息在学院知识分子或独立知识分子身上。标签适用于群体，伟大知识分子往往抗拒标签，留下独一无二的私人印记。

三

大致上，所有知识人都可视为私人知识分子，只有在他对公共事务发表含有公共关切且不以专业人士为目标的文章、演说时，他才临时客串了公共知识分子角色。因此，每一位正在从事公共知识分子工作的“私人知识分子”，都含有程度不等的兼职性，这份兼职性还会浓淡不匀地带来表达上的外行性及业余性，他对此最好有所预警。

据说，国内有微博大V在自我介绍一栏里写着“公共知识分子”，那有点搞笑。公共知识分子很难成为职业。试想，公共事务牵涉广大，所涉学科深浅不一，不专属某种专业——法学是个例外，拥有更多法律知识的知识人，更容易成为优秀公共知识分子——而更多地依赖常识和经验，尤其依赖知识人的思辨水准。再则，个体即使洋溢着源源不竭的正义激情，在一个还算良善的社会里，他一般不容易找到那么多邪恶丑陋，供他日日笔耕，天天批判。

这里还有个矛盾之处：伟大知识分子大多出现在那些虽有弊端但社会总体还算健康民主的制度和言论环境里，而一种过于黑暗的政治环境，会致力于铲除异端，它不打算让具有批判意识和自由精神的知识人自如地存活。在那种地方，你的公共批评未及面向公众，即被扼杀在萌芽之中，批评者本人是否幸免，还得看运气。本书所提到的卡斯特里奥，就是明证。所以，强调自己是职业公共知识分子，实行起来就像说自己每天都在竞选总统一样滑稽。

再以批判现代极权制度闻名的三位知识分子为例，乔治·奥威尔是在无需担心迫害的英国从事写作，作品出版时虽受到不少刁难，但个人安危无虞。萨义德在《行走在狗群之间》一文中评论道："奥威尔有关政治的持续不断的创作不是发生在他颠沛流离的日子里，也不是发生在他对具体的帝国主义经历稍感兴趣的时候，而是在他再次融入资产阶级的生活圈子且后来以这种生活为主的时候。"切斯瓦夫·米沃什撰写《被禁锢的头脑》时，已经身在巴黎，且作为逃亡者，已可确认不会再回到苏联阴影下的波兰。如果他必须回去，这本书不可能产生。据崔卫平女士介绍，他的书后来在波兰出现，还是"有人运用气球，将这本《被禁锢的头脑》从美国降落在他母语的土地和山峦上"。亚历山大·索尔仁尼琴撰写《古拉格群岛》时，先已认定无望在苏联出版，因而不必在表达上有丝毫顾虑。他唯一需要担心的，是保护已经写就的稿子和大量素材，避免让警察搜走。可见，在迫切需要知识分子振臂高呼的地方，往往一派死寂；而死寂的高级阶段，则表现为群情亢奋的万众欢呼，这类欢呼足以使得任何知识分子的异议，要么无法写出，要么无法被人听闻。

有美国知识界良心之誉的著名公共知识分子苏珊·桑塔格，主要笔墨工作是写小说和那些更具私人知识分子色彩的著述，如《论摄影》和大量文学评论；当今欧洲知名公共知识分子翁贝托·埃科，除了那些非常成功、非常别致的小说，还从事大量具有博学、博趣属性的私人著述，他还以"中世纪学者"闻名，相形之下，公共知识分子写作只是笔墨余事。

的确，有些知识分子能力全面，情绪饱满，下笔如飞，愿意在人类的各项公共事务中发表纲领性、指导性意见，如哲学家伯特兰·罗素和保罗·萨特，他们都具有对任何话题日均发表三千言高论的滂沛能量。保罗·约翰逊在《知识分子》里，对罗素的涉猎范围作了一番不完全归纳，让人惊叹：

> 他的著书范围涉及几何学、哲学、数学、司法、社会重建、政治思想、神秘主义、逻辑学、布尔什维克主义、中国问题、人脑、工业、原子入门（此书出版于1923年，36年后他又出了一部关于核战争的书）、自然科学、相对论、教育、怀疑论、婚姻、幸福、道德、休闲、宗教、国际事务、历史、权力、真理、知识、权威、公民、伦理、传记、无神论、智慧、未来、裁军、和平、战争犯罪以及其他论题。此外他还在报纸杂志上发表了大量文章，几乎包含了所有你能想得到的话题，例如唇膏用法、旅游礼仪、雪茄选择以及虐妻等等。

即使天资卓颖如罗素，他贪多务得的结果，事后盘点也可能入不敷出，对其持批评态度的，如保罗·约翰逊记录了他更多的笑料，而非更多的教诲；对其持赞美态度的，如萨义德，也仅仅认为“他们特殊的、个人的声音和风范给我留下的印象远超过他们的论点”，听上去并不像是赞美。据说，热衷于在人类一切事务上指指点点的罗素，生活上极端低能，“他不会操作最简单的机械装置或是从事任何日常事务，……他爱喝茶，却不会煮茶”。

那么，对于不具有罗素、萨特式才能的知识人，放任自己对每一个凑巧经眼的不公正现象加以批判，他就非常可能把自己弄成那种宁可写些废话也不愿停笔的人，一台文字自动售货机，只要投入相应分币，就吐出对应观点。有编辑说过一个笑话：某自命公共知识分子的家伙，但凡遇到重大公共事件，就写出分别代表正方反方意见的两篇文章，供编辑采纳。为了跻身公共知识分子队伍，他天天自我打脸。另一个现象也可留意，有时知识分子会迫于某种平台要求，发表某些过于尖锐的观点。他们只有先把观点在磨刀石上摩擦几下，其言说才能指望得到倾听。平台提供者往往认为，平易温和的观点（哪怕更加准确）无法激起听众的激情，因而不值得发表。知识分子浸淫其间，只要放弃自我要求，也会逐渐形成新的表述爱好：夸诞自己的观点，使其更具表演性。英国学者朱利安·巴吉尼感叹道：

> 严肃的社会圈子里，有一种普遍的哀叹，感慨我们正生活在“语录体”时代中，审慎的论点被零注意力的一代用速射式修辞所取代。简短尖锐、令人印象深刻的表述就是王道。

当然，倘若以“公共知识分子”自命者只是满足于发表些姿态性言论，类似在遇到恐怖袭击时表示一下愤慨，遇到空难事件时在 Twitter、Facebook 或微博、微信上向遇难者献一束数字花束，那也无可厚非。只是，这种表态与知识分子言论何干呢？这不是一件谁都可以顺手操作的小事吗？知识分子的初始定义里原本含有智性因素，埃科说过：

> 当一个人杀害了自己的母亲，而公众都认为这是一项罪恶的举动时，我便没有必要写文章谴责他了，因为那样做无非是简单地激发一下大众的同情心。但如果大部分公众都认为这个人的弑母行为是正确的，并且符合

法律程序的话，那倒是值得写上几句自己的看法。

我们有时读到的知识分子文章，往往从标题即可得知，作者致力于阐述一些过于正确、在全世界都找不到质疑者的见解。假如他头头是道地阐述一项读者只能点头称是的观点，他不难得到肯定，但作为一项知识分子志业，就太过勉强了。我通常将此类文字归类为第三世界知识分子写作，特征是，道德激情凌驾于智力要求之上，最后甚至排除了智力标准。这类文字如果也能产生积极意义，通常意味着社会的司法惨状，而非作者的笔墨光荣。

四

值得人类永久铭记并深切感恩的伟大知识分子，不是正义狂人，而是另一些人——他们表达观点不同于篮球运动员在比赛垃圾时间里刷数据，他们的知识分子人生绝非倚多为胜。阿伦特虽对极权主义、犹太复国主义、种族隔离、五角大楼越战报告书泄密案等重大事件发表过公共批评，但其知识分子声誉主要建立在为纳粹屠夫阿道夫·艾希曼的有限辩护上，除此之外，她主要是一位卓越的政治哲学家，以其私人知识分子的皇皇著述嘉惠后人。使知识分子获得现代声誉的爱弥尔·左拉，除了替德雷福斯据理力争外，我们不记得他有别种知识分子壮举，然仅此一项，他获得了知识分子的最高赞誉，成为法兰西的良心。

爱德华·萨义德在他充满高亢音调的小册子《知识分子论》里，反复强调知识分子的“业余者”身份，理查德·波斯纳在《公共知识分子——衰落之研究》里更是多次提醒并告诫道：公共知识分子只是一种“兼职”，公共知识分子写作具有天然的外行性，每一位有志于此的入行者最好慎之又慎。他多次表示："我并不认为'公共知识分子'构成一种令人尊敬的概念，它只不过是一种职业（通常是兼职）的称谓。"他对自己不慎进入公共知识分子行列，也是满怀无奈。根据他提供的影响力标准，他无权将自己排除在公共知识分子之外，同时，他又清醒地看到：

> 公共知识分子的作品固然具有同一的结构、多种模式和写作习惯……但此种结构在某种程度上又体现了作品质量控制之缺位……由此导致公共知识分子作品的质量参差不齐，且平均质量低下——不仅质量低下，而且还可能在不断下降。当然更准确地说，则是公共知识分子的作品正在变得越来越缺乏特色、兴趣索然以及无关紧要。

迈克尔·乔丹的成功，不可能使每一个拿着球往篮筐里乱扔的家伙沾光添彩，爱弥尔·左拉和汉娜·阿伦特的正义成就，不会使每一个打算对公共话题发表一得之见的知识人凭空增彩。考虑到现代传媒业及新兴互联网可以无限放大知识分子的名声，再联系知识分子群体爱慕虚荣、贪恋名声的职业习性，我们恐怕不得不认为，知识分子里的虚伪家伙，比例上也未必逊色于政客和演艺圈明星。

从一定意义上说，人类更高的知识成就总是出现在私人知识分子著述里，爱因斯坦曾对人类的公共事务表达关切，履行了一位现代知识分子的责任，但其不朽成就仍由广狭相对论等科学成就奠定。我们认可并感谢公共知识分子的道义力量，但鉴于其鱼龙混杂性，我们不必贸然赋予其荣耀。仅仅成为"这一类"，不是让人关注的理由，成为特殊的“那一个”，才最为要紧。

理想知识分子除了“不对任何人负责的坚定独立的灵魂”（雅各比语），还内含“三个公共”，表象层次是公共正义和公共表达，核心层次是公共理性，后者才对知识分子成色构成终极检验。公共理性是约翰·罗尔斯在《政治自由主义》一书中揭橥的概念，我们会在后文中加以讨论。

不过，还是让我们先对知识分子群体的伟大先行者作一番仰望吧，关于勇气、道义、公民责任和至关重要的公共理性，他们都已作出了垂范。同时也要看到，知识分子运用超凡的文字魔术，对人类社会实施邪恶的误导，这份罪孽也会达到无以复加的程度。

文士笔墨，亦功亦罪；人间福祸，忽焉相随。

让-雅克·卢梭：魅惑者

"文如其人"，老生常谈，而亦谈何容易哉！

——钱锺书

只要惊人的书写艺术，或方便的书写，即我们所说的印刷术继续存在，他就会永远作为一种主要的英雄主义类型而存在。……他死后，就在自己的墓穴里统治着整个民族和一代代人，而他在世时，他们还不定给不给他面包哩。

——托马斯·卡莱尔

一

奥斯瓦尔德·斯本格勒在《西方的没落》里写道："苏格拉底、佛陀、卢梭，这三位文明的代表者，各自埋葬了一段千百年的精神深度。"稍早些的英国历史学家阿克顿勋爵论断更深刻："卢梭的笔造成的影响超过亚理士多德、西塞罗、圣奥古斯丁、圣托马斯·阿奎那，以及有史以来任何一人。"以赛亚·伯林坚持认为，“在整个现代思想史上，卢梭是自由最险恶和最可怕的一个敌人。”——噫，那是独步古今兼遗臭万年的评价，斯何人欤?

保罗·约翰逊称卢梭为“现代知识分子的第一人，是他们的原型”，在他那本评判知识分子的专著《知识分子》里（该书侧重展示十余位人文精英令人咋舌的负面人品），卢梭理所当然位列第一。在伯林概括“人类自由的六个敌人”的专著《自由及其背叛》里，卢梭虽因年齿屈居爱尔维修之后，在重要性上仍遥遥居前。英国学者尼格尔·罗杰斯、麦尔·汤普森合著的《行为糟糕的哲学家》一书里，卢梭再次率先遭到犀利批判。

法国大革命留给后世的精神财富，如“自由、平等、博爱”，也与卢梭密切相关。一百多年后，乔治·奥威尔在法国的当铺和警察局门楣上仍能见到这六个高悬大字，阿尔贝·加缪则在监狱和教堂里看到同样字眼。逮至20世纪下半叶，以伯林为代表的西方学者又纷纷视卢梭为自由最可怕的敌人，这肯定意味深长。

现当代民主思想固然从卢梭那里汲取了大量营养，反其道而行之的极权体制，同样得力于卢梭的魔笔。卢梭就像古罗马的两面神雅努斯，面向光明，又投向黑暗，他在现代政治思想的两极，同时发挥作用，而接受他思想照耀的两类人，则视若寇仇，纷纷想取彼而代之。与卢梭同期的英国文豪塞缪尔·约翰逊博士在一次文人聚会上拍案怒吼：“我认为他是世界上最大的坏蛋之一，一个无赖，他应该像以往一样被逐出社会。”在私人行事及写作风格上与卢梭绝不相似的德国大哲伊曼努尔·康德，则认为卢梭“有一个无比完美的敏感的心灵”，康德对视觉艺术不甚在意，书桌上方却单单悬挂着一幅卢梭版画像。

卢梭坚信后世一定会为他塑像，并夸口道：“我断定，一个想把我的大理石半身像放在自己书斋里的人，一定饱览我的著作，因此，也折服于我的信条，并且非常喜欢我，因为他的心和我的心是灵犀相通的。”——这次他说大了，卢梭晚年遇到一个主动请求为他塑像的人，手艺拙劣，把他的“漂亮脸蛋”塑得非常糟糕，而且，那家伙压根没有读过卢梭，他爱戴卢梭不过因为这是当时的一种时髦。不用说，“漂亮脸蛋”也是卢梭重申多次的自我评价。

法国作家安德烈·莫洛亚认为卢梭属于这样一类人：“要是没有他，法国文学就会朝另一个方向发展。”不仅法国，卢梭对德国文学双子座歌德、席勒的影响也堪称巨大。在卢梭写出《忏悔录》之前，也有作者尝试以本人为书写对象，但大多注重自我的精神发展。古典作家对道德的追求——包括与身份意识相伴的体面感——决定了他们不可能把自我当作抒情、揭露或玩味的对象。但在卢梭之后，就像山洪决堤，以“我！我！我！”为主题的作品，就“哦！哦！哦！”“啊！啊！啊！”地层出不穷了。

总之，卢梭文学上的影响实在太大，几乎无劳举证。伯林《浪漫主义的起源》一书梳理了形式各异的浪漫主义，它们共有一个祖先：让-雅克·卢梭。大量今人熟知且常被冠以“波希米亚风”的现代艺术家穿戴，亦可溯源到卢梭。是卢梭而不是别人，最早用一套愤世嫉俗的穿戴震惊了法国宫廷和上流社会，震惊之余，对时尚嬗变具有现代“狗仔队”嗅觉的诗人、艺术家群体，成为卢梭式穿戴的最早追随者。诚然，有人（如法国作家亨利·缪尔热）将最早的波希米亚人追溯到古希腊诗人荷马，中世纪背着破褡裢和七弦琴的行吟诗人，也不失为现代波希米亚人的现成起源，但自视甚高的现代诗人、艺术家不愿奉这些中世纪邋遢鬼为楷模，他们需要一个更加光辉的名字，替自己的特立独行张目。卢梭就很够格，在卢梭的早期模仿者里，我们可以找到雪莱、拜伦、乔治·桑的名字（乔治·桑称卢梭为“圣卢梭”），之后就数不胜数了，以至20世纪20年代，据章克标《文坛登龙术》描写，在距卢梭时空上相当遥远的中国上海，也出现了大量长发飘飘的青年画家。英国学者J. M. 科恩认为，甚至马塞尔·普鲁斯特《追忆逝水年华》最后几章中“马塞尔对已故的阿尔贝蒂娜的猜疑”，也可视为卢梭式猜疑的精准回响——他指的是《忏悔录》下卷里卢梭对友人格里姆和狄德罗的莫名猜疑。

即使在对卢梭缺乏了解并且很可能从未读过卢梭的人群里，我们仍能见到卢梭的影响。《行为糟糕的哲学家》的作者写道：“那些喜欢‘天然矿泉水’的人是在不知不觉地对卢梭的观点表示敬意。”粗线条地看，这个说法成立，至今那些声称取自幽邃高山或火山喷发形成的泉井的矿泉水（如著名的维希矿泉水），仍能售出高昂价格，即可视为卢梭式敬意的一部分。但是，一方面维希泉早在古罗马即被视为圣水，另一方面卢梭在《忏悔录》里至少提供过两次反例，强调天然并不优于人工：他早年生了一场大病，病源即来自那些“有点硬，不易消化”的“山中的水”；当他的保护人华伦夫人为了卢梭早日康复而建议他直接去农民家喝新鲜牛奶时，卢梭的身体同样表示抗议。可见，甚至在那些卢梭无意影响后人的领域，他依旧施加了影响，或被认为施加了影响。卢梭的影响力是如此错杂怪诞，美国最有名的专栏作家沃尔特·李普曼感慨道：

> 卢梭生前的名望以及死后的影响力提出了一些令人困惑的问题，即关于人类易于受骗上当。实际上这是人类的一种嗜好，他们拒绝接受他们不愿承认的证据。

稍稍延伸一下话题，国人对转基因食品的恐惧，亦回应着卢梭式影响。转基因食品恐惧者大多缺乏相关生物科学知识，其恐惧多是建立在一个单纯想法上：自然是好的，天然优于人工。这个最初由卢梭小说《爱弥儿》传播的观念，打从出世时就以其国色天香的魅影诱惑了无数人，尽管它没有一次被证明是一种科学论断。将学说的可信度建立在“美丽”上，会让世上哲学家、科学家不知所措，但民众热衷投其所好的观点，他们可以单凭观点的外貌涂层，决定取舍，于是，“美丽”便具备了最大的成功率和杀伤力，而提供美丽的观点，恰是卢梭所长。

二

笔者意在探讨知识分子写作。鉴于卢梭的影响力主要表现在政治和文学两大领域，我们研讨其知识分子作用时，就得留意属于文学的那部分影响力，避免混淆。赞美罂粟花的美丽与指出其毒性，并不矛盾，同理，一种在文学上取得巨大成功、对文学发展作出巨大推动的写作手法，却对知识分子品格及其写作方式构成恶性示范，也是可能的。卢梭的文化伟人兼历史巨人身份要求后人对他的影响力慎重评判，而他的文学写作与知识分子写作又构成一种交叉互渗，我们很难将其截然分开。长篇小说《爱弥儿》的副标题是“论教育”，这到底算文学创作还是学术论述呢？实际上兼而有之。

纠缠于文体之别是学究一族的惯技，他们若不能对文体先行定位，就不知言从何出；而如卢梭这类老辣的文字玩家，热衷于打破体裁界限，让文字身兼多种功能，故钱锺书尝谆谆叮咛：

“文章之体可辨别而不堪执着。”

虽然法国大革命开始时卢梭已辞世十年，但卢梭思想之于法国大革命，就像马克思主义之于苏联十月革命。以卢梭私淑弟子自居的法国大革命领袖罗伯斯庇尔说：“卢梭通过高尚的灵魂和高贵的人格表明他作为人类导师的价值。”阿历克西 · 德 · 托克维尔在反思法国大革命的名作《旧制度与大革命》里，深入探讨了以卢梭为代表的作家、文人群体对革命的巨大影响，他认为那是一场由“墓穴里”的哲学家主导的全方位革命。伏尔泰、卢梭等人影响下的法国人，受到了“文学政治”的强烈感染，托克维尔写道：

> 以致关于社会性质的普遍而抽象的理论竟成了有闲者日常聊天的话题，连妇女与农民的想象力都被激发起来了呢。……每种公众激情都乔装成哲学；政治生活被强烈地推入文学之中，作家控制了舆论的领导，一时间占据了在自由国家里通常由政党领袖占有的位置。……再没人能够与作家争夺这个地位。

托克维尔发现，目不识丁的农民都“在诉状中称邻舍为同胞”。在维克多 · 雨果的小说《九三年》里，我们也能得到可靠印证，小说里的保皇党人德 · 朗德纳克侯爵是这样解释法国大革命的：

> 想想看，如果伏尔泰被绞死了，卢梭被送去做苦工，这一切就根本不会发生！唉！这些才智超群的人，真是莫大的祸患！

面对法国大革命造成的大量杀戮，朗德纳克侯爵坚持认为："有要弄笔杆的下等文人，就会有下手杀人的歹徒。"托克维尔的著名警告是：

> 这是何等骇人的景象！因为在作家身上引为美德的东西，在政治家身上有时却是罪恶，那些常使人写出优美著作的事物，却能导致庞大的革命。

奇怪的是，最适合向法国大革命提供思想武器的卢梭著作《社会契约论》（伯林即认为"卢梭的名字是与《社会契约论》相提并论的"），当时乏人问津。该书完成于1752年，十年后才得以出版，1791年又重印了一次。保罗·约翰逊告诉我们，"当时的500家图书馆中只有1家收藏了这本书。"他还提到一位学者琼·麦克唐纳，后者查阅了出版于1789—1791年间的1 114种政治性小册子，发现只有12种参考过《社会契约论》。那就是说，绝大多数声称受到卢梭思想召唤和鼓舞的人（也许包括后来死在断头台上的路易十六），根本不曾直接受教于卢梭的政治学著作。学者在对当时法国民众知识水准进行调查后发现，民众的知识水准糟不可言，普通巴黎人的受教育程度也仅限于阅读通俗文学作品——当然包括《忏悔录》或《爱洛绮丝》（一名《朱丽》）。至于《社会契约论》，在多数读者眼里不啻为天书。

以社会契约论影响后世的卢梭，实际上是通过非凡的文学才能打开成功之路的。在卢梭的巨大成功背后，有一条无心插柳的神秘甬道：用小说征服女人，再经由女人主持的沙龙，影响法国、欧洲和全世界。因此，自称受到卢梭启蒙的民众，其实是受到了卢梭的文学感染；他们深受感染之余，就爱上了卢梭，连带着喜欢上他那极具明星效应的愤世嫉俗穿戴。他们无需了解卢梭在其政治学著述中表达了哪些深刻见解，只要有人将卢梭思想提炼成通俗易懂、琅琅上口的口号或格言，他们就群起信奉。民众的口味决定了如下事实：只有把思想制作成听上去感人，看上去美丽，闻起来芳香的口号，他们就认定其中包含至理。孟德斯鸠感叹道："人民的本性就是感情用事"。约翰逊博士下面这句话，想必也是有感而发：

> 暴民对自己所不能理解的东西，绝不应妄加判断，他们接受某些观点，并非运用理智的结果，而是受他人情绪的感染。

卢梭自己就提供过证明，早在他流亡之时，民众对他的爱戴就具备了这种兼含无知和狂热的特征：每天有人不辞辛劳、路远迢迢地前来晋见，卢梭与他们交流后发现，"他们是一些军官，或者其他一些对文学一窍不通的人，甚至大部分都从未读过我的作品，可据他们自己声称，却跑了三十、四十、六十、一百法里前来看我，瞻仰一番我这个名流、名人、大名人、大伟人"。1 法里约合 4 公里，以当年的交通路况，这类瞻仰迹近信徒朝圣。卢梭获得的成功是如此巨大，以至年届花甲时仍忘情地吹嘘道："在社会上，则只有一个看法，特别是女人们，对该书（指《朱丽》）及其作者都如醉如痴，以致我敢说，如果我下手的话，即使在上层女人中，也很少有不被我俘虏的"。啧啧，好不得意。

卢梭的经历告诉我们，哲学家的思想以绮丽方式得到普罗大众的接受，就会轻而言之变成喜剧，大而言之变成闹剧，极而言之变成悲剧。

三

笔者无意聚焦作者的人品，摘引蠢行劣迹就像描绘殊方异闻，写作者不难把文章弄得饶有趣味，但那可能是一种错觉式趣味，纸上八卦横飞，说服力未必同步增长。

因为，就有些作者来说，人品与文品可能奉行双轨制，人品之劣无损文质之优，弗兰西斯·培根即是一例。倘笔墨集矢于对方人品，反而耽误了我们欣赏杰作，得不偿失。个别高贵入骨的作者，还可能懒得展示人品，除非是负面的，如查尔斯·兰姆，他的自嘲热情比谁都高。记得英国随笔家威廉·赫兹里特写过兰姆的一个特点：如果有人嘲笑兰姆，他会当场配合，竭力做出一副使该嘲笑得以成立的表情，不负对方挖苦之诚。法国随笔大师蒙田也有类似品行。

我们还能见到互补制，钱锺书摘引过一个法国妇人的妙语："吾行为所损负于道德者，吾以言论补偿之"，人品上的卑鄙龌龊恰恰构成文字上道德光芒熠熠闪烁的诱因。譬诸今日，大贪官下台前总会说些掷地有声、可堪传诵的廉政语录，"又做钟馗又做鬼"，民众也见怪不怪。俄罗斯作家果戈理又自成一类，据说，他生活品行之恶劣，远在他笔下所有可憎汉之上，但当他执笔时，他把自己客体化了，他冷静地挖掘、汲取、分析自身的种种卑劣，将充满不良品行的自我，改造成一座性格矿藏，供他写出让人哄笑、引人反思的种种滑稽人物。对这类作家，仅仅谴责他的生活举止，就过于迂阔了，相反，我们很可能愿意他（当然是怯生生地、私下地）继续混账下去，只要伟大作品能构成回报。（这

个题目，我们日后还会专门讨论，详《那些神一样的坏家伙》）

卢梭有所不同。他未必是哲学家里性格最古怪的，却绝对是最擅长替自己辩护的。如果卢梭做过些令人不齿的事情，他会以“忏悔”的名义加以回护；如果这类事情过度不堪，寻常的忏悔都不能指望读者原谅，他就大刀阔斧、迎难而上，最终把这份不堪上升到哲学高度，好像他是出于巨大的牺牲精神和崇高的责任感，才不得已出此下策的。比如，卢梭对于将五个孩子全部送进育婴堂且从此不加过问的行为，就有过既精致又无畏的辩护。他一个与之配套的能耐是，再无耻的事，都能用一种诚恳语调出之，仿佛作为加害者的他，其实倒是更值得同情的受害者。

在《忏悔录》里，卢梭写下的第一桩够分量的忏悔，是诬陷女佣玛丽翁。事情是这样的：年轻的卢梭在拉罗克伯爵家偷了一条丝带，被人拿获后慌了手脚，遂一口咬定是玛丽翁偷的。卢梭承认，“玛丽翁不仅漂亮，而且有着一种只有山里人才有的健康肤色，特别是她态度谦虚、温柔，人见人爱。此外，她还是一位乖巧、绝对忠实的好姑娘”。卢梭栽赃成功，意味着在那个注重信誉、讲究贞洁的地区，玛丽翁这辈子就毁掉了。既如此，卢梭为啥要这么干呢？他提供了一条只有他自己才说得出口的理由：因为友情，因为爱。卢梭说：

> 在那残忍的时刻，我并没有害她之心。当我诬告那个可怜的姑娘时，我是出于对她的友情……我把自己想干的事嫁祸于她，说她把丝带送了我，因为我心里是想送给她的。

这个借口简直叫人崩溃！如果“友情”可以直通最凶恶的伤

害，“仇恨”或“报复”等词又有什么意义呢？它们难道是“友情”的同义词？

卢梭的不少忏悔，多有类似特征。深研过卢梭思想的学者，对卢梭的思辨能力颇为不屑，阿克顿勋爵和约翰·密尔几乎说过相同的话，均强调卢梭的推理具有似是而非的特征。实际上，卢梭的推理首先不是符合逻辑或常识的需要，而是用来张扬自我。

文贵有我，理尚无我，这是一个宝贵原则，也是一条重要界线。高扬自我的写作手法对于文学家多有益，对知识分子就多有害。尼采说过，“每种伟大的哲学都是它的创立者的自白，一种秘密的、不情愿的个人传记”。这也许是一个事实，但如果你在表达思想，更值得听取的则是康德在《纯粹理性批判》的序言里对培根《伟大的复兴》中一段话作出的回应：“让我们对自己保持沉默。”所有的观点都难免主观是一回事，竭力使思想摆脱主观，用无所畏惧、直面事实的客观性来夯实论据，又是一回事。

卢梭的非凡成功，几乎都是在践踏该原则时所取得的。由于法国大革命的参与者普遍没有读过卢梭的学术著作，又大多接触过卢梭的文学作品，风闻过卢梭的言谈举止，结果，卢梭不是凭借思想，而是凭借那些不乏虚构的情怀和一支超凡的文士妙笔，催眠了后人。后人自以为在追随一种思想，其实只是在追随一个妙人儿，一个幻术家。后人的误读成就了卢梭，而对卢梭来说，有些误读还是他特意营造的。他在这方面偶尔有难得的坦率，他向后人面授机宜：

> 要想让人听从我，就必须言行一致，因此，我便采取了人们不容许我遵循的离奇做法，我的那些所谓的朋友也不能原谅我这么标新立异。我这么做起先让我成为

笑柄，但要是我持之以恒的话，势必会使我受人尊敬的。

概括一下就是，欺骗不能三心二意，而应持之以恒。只要敢于一条道走到底，自然峰回路转、柳暗花明。当他发现外界流传一个谣言时（女性读者误以为卢梭就是小说《爱洛绮丝》中的主人公），他展示了一种与思想家无涉的精明，表示“我既不想证实也不想批驳一个于我有利的错误想法”。因为，他说，“要是真的做了这个没有必要的声明，那就愚蠢多于坦诚了”。可见，虽然身为思想家，在卢梭的价值序列里，坦诚仍非要紧之物，只要有利于维持别人对他的“尊敬”，凡事皆可另行斟酌。

人们很容易发现，卢梭的“忏悔”往往构成一种交易，由于“忏悔”在先，他认定自己拥有了谴责他人的特权，可以无所顾忌地攻击他人，于是，写着写着，“我忏悔”就曲径通幽地过渡到“我控诉”。但参照他的“契约”说，这份交易并不存在，也绝不符合“契约”精神。“忏悔”就像自我批评，不会也不应给“批评”增加额外效力，在两者中强行建立关联，只会使“忏悔”变成一种机心深重的权谋，好像那是一种苦肉计，先自打两嘴巴，便于接下来狠踹对方裤裆。

四

“人生而自由，却无往不在枷锁中。”这是让 - 雅克 · 卢梭感动世人的名言，出自《社会契约论》第一章的首句。那原是一个正中人类下怀的美丽观点，世人接受它，不是服膺其哲思，而是认同其祈愿。我们脆弱的心灵愿意相信“人生而自由”，何况我们的确生活在形形色色的枷锁之中。卢梭有一只擅长把字母奏出乐音的纤手，总能把意思改造成意味，再任其摇曳、绵长。于是，语言就招展成一面既呼风唤雨又左右逢源的旌旗，一旦时来运转，辄具移山填海、改造时代之功。卢梭的名言对美国独立战争和托马斯·杰斐逊的《独立宣言》，均有不小推动。

但是，考察卢梭对勒瓦塞的态度，我们很难相信卢梭认同这个创始于自己的观念。

苔莱丝·勒瓦塞成为卢梭情妇时，年方23岁，身份是女仆，与卢梭的同居关系维持了33年。勒瓦塞缺乏阅读能力，“连一年12个月的顺序也搞不清楚，一个数字也不认识，（卢梭）怎么教也教不会她。她既不会数钱也不会算账。”卢梭为了教她看钟点，费时一个多月，仍归徒劳。关于这位日后成为卢梭妻子的女人，卢梭表达过一些矛盾看法，他既会说“我跟苔莱丝生活在一起，就像同世界上最伟大的天才生活在一起一样地惬意”，又会以一种对任何女人都构成极大蔑视的态度写道：“我从未对她感到一点点爱意……我用她满足肉体的需要，这纯粹是一种性关系，这种需要同她本人毫无关系。”

在日常生活中，卢梭傲慢使唤勒瓦塞的作派，使他的朋友大感震惊。卢梭还把勒瓦塞的语法错误汇编成册，博卢森堡公爵夫人一乐。卢梭满意地写道：“她那种颠三倒四的用语，常被我最亲近的朋友引为笑谈。”就此，我们大概可以说，勒瓦塞虽“生而自由”，却因自己崇尚自由的丈夫，被迫“无往不在枷锁中”。约翰·弥尔顿有诗曰：

> 他们哭喊自由的时候，其实说的是要放纵，
> 殊不知热爱自由的人必须先有智慧和良善。

"智慧"，卢梭不缺乏，"良善"就勉强了。卢梭的"肉体需要"使勒瓦塞五次怀孕，每次都顺利生出了孩子，卢梭也每次都毫不含糊地把孩子送进了育婴堂。送走第一个孩子时，卢梭在襁褓里放了一张带暗记的卡片，便于日后重续亲缘。卢梭嫌这种办法不利落，徒增后患，所以，送走后来四个孩子时，他选择不留痕迹。卢梭多虑了，若干年后卢森堡公爵夫人打算帮卢梭找回第一个孩子，发现卡片找不到了。更合乎实情的可能是：孩子不在了。有学者统计了当年巴黎育婴堂的情况，得出如下数据："大约有三分之二的弃婴在头一年就死亡了。平均14%的弃婴可以活到7岁，在这些孩子中间又只有5%活到成年。他们中绝大多数沦为乞丐和流浪汉。"——卢梭对自己行为的解释是：

> 我权衡了一切，然后替孩子们做了最佳选择，或者是我认为是最佳的选择。我曾经恨不得，而且现在仍然恨不得自己小时候也像他们那样有人教育，有人抚养就好了。

他承认"忽视了自己的义务，但害人之心却是没有的"，他还表示："对于根本就没有见过的孩子，是不会有什么父爱的。"如果把卢梭当成一位思想者——他当然是——那么，他至少还需补充一句话，才算把意思说完整：对于从未见过父母的孩子，是否同样不存在对父亲、母亲的需要？答案不言而喻。接着，在《社会契约论》里，我们读到一段截然不同的阐述：

> 孩子们生来就是自由的，他们的自由属于自己，除

> 了他们自己以外，任何人无权对他们进行处置。在孩子达到能够运用理智的年龄之前，父亲可以为了他们的生存、幸福，以孩子的名义订立某些规则，但是却不能毫无条件地将他们奉送给别人，因为这种奉送违反了自然的目的，而且超出了做父亲的人应有的权利。

这需要多大勇气，才能面不改色地写出这种自我打脸的高见！试着比较奥威尔在小说《1984》里虚构的一个核心党员，他在演讲中谴责一个对象，中途接到通讯员递来的一个条子，里面传达了一条全新指示：原先的谴责对象，现在必须改成赞扬了。那核心党员真是好样的，接着话头继续说，在保持句子完整的前提下，将意思正好颠倒过来，“他的声音和态度一点也没有变，他讲话的内容也一点没有变，但是突然之间，名字却变了。”戏仿一下大概是这样的：“美帝国主义亡我之心不死——接了个条子，继续说道——所以，我们必须坚持与美国政府及人民发展朋友加兄弟的关系，‘海内存知己，天涯若比邻’。”表达思想不是设计软件，对思想家来说，让思想具有随机应变、见机行事的适应性，绝非一种光荣。但奇怪的是，卢梭全无尴尬，他有一支“刀切豆腐两面光”的笔，依旧执拗地声称“让－雅克一辈子从来没有一时一刻曾经是一个无情无义、没有心肝的人，一个没有人性的父亲”，当此之时，我们作为读者，倒是尴尬无比。一个连续五次放弃父亲责任的人，竟能对自己的父性大加颂赞，这需要何等“泰山崩于前而不惊”的气度？或者，借沃尔特·李普曼的见解，这需要何等强大的想象力？李普曼说过：“一个人对于并未亲身经历的事件所能产生的唯一情感，就是被他内心对那个事件的想象所激发起来的情感。”

勒瓦塞会怎么想呢？卢梭用一句话交代完毕：“她哀叹地顺从了。”

五

卢梭称年长自己十几岁的华伦夫人为“妈妈”，又经常与她睡在一起。毕竟，一个称呼不能证明“乱伦”，林肯总统也喜欢叫妻子“妈妈”，世人一笑置之。值得一提的是，华伦夫人对卢梭有过知遇之恩，还养育了卢梭整整一个青年时代，最终，当两人境遇颠倒，失去年金、背负巨债的华伦夫人极度困窘，而每出版一本书辄获巨大成功、身边云集了名流显贵的卢梭，却懒得对华伦夫人伸出援手——只有过两次杯水车薪的资助。同时，他的衣柜里收纳着大量定制的高级内衣，曾被窃贼一次偷去42件衬衣，“都是很漂亮的细麻布，是我内衣中的精品”，卢梭补充道，虽然这并不妨碍他时时哭穷。

不少学者指出，卢梭拿出来“忏悔”的行为，多是他确信读者最终会原谅的——他的预感再次显灵——只有遗弃孩子是个例外。而他对后者的秉笔“曲书”，多少有点被迫：那件事他瞒不了，无论他心目中的恩人（如卢森堡公爵夫妇）还是仇人（如伏尔泰、狄德罗、埃皮奈夫人），均知之甚详，除非他打算五十年后再出版自传，否则，他必须有个说法。

在《忏悔录》里，卢梭还道及一桩秽行：暴露癖。他早年在都灵时，黑夜里常在偏僻地区游荡，向偶遇的妇女展示自己的俏臀，“从中获取了无法形容的愚蠢的愉悦”。日后在某个乡间，他事先勘探了逃跑路径，再次向几个在“井边汲水的姑娘做出一些并非勾引而是荒唐的怪相”——他的意思是：“我让她们看到的不是我的淫秽的前部（这我连想都没有想过），而是我的屁股。”——这次他遭到追逐，若非口齿伶俐，身手迟钝的卢梭差点死在村民的砍刀之下。

这事本来也不必深责，见多识广的今人，可以将此确认为一种心理疾患，而非流氓行径。但是，安德烈·莫洛亚提供了一个辣手发现，值得援引。他首先承认，敢于解剖自己，肯定不失坦率和勇敢，但是，对于本身具有暴露癖的人，此事又须另议，因为，“这方面的坦率恰恰又是某种形式的暴露癖”。换句话说，暴露癖患者有着与众不同的亢奋点，如此，卢梭的坦率与他人的坦率，就存在一个本质差别：对他人算得上勇敢的忏悔，对卢梭不一定谈得上，在病理机制的怂恿下，与其说他在忏悔，不如说他在享受精神裸露的快感，《忏悔录》只是卢梭式暴露癖在文字领域的延展而已。他总结道：

> 写自己乐意去做的事，这就使他的放纵行为有了成千上万的观众，自己也因而感到分外快乐。

这就是莫洛亚的结论。这个结论非常犀利——好像还过于刻薄了——但是，它又很难驳倒。秘鲁作家巴尔加斯·略萨在小说《胡利娅姨妈与作家》中穿插的一个短篇故事里（见“第六章”），写一个受到强奸的13岁小姑娘，她在法庭上用超出必要的绘声绘色和肢体示范，描绘自己的受辱经历，以至法庭内外摇曳着她袅袅婷婷的陶醉声线，法官都开始担心“法庭随时可能变成脱衣舞场”了。卢梭的忏悔真的与那个名叫萨丽达·万卡的小萝莉毫无相似之处吗？法官确信“这个女孩子的血液里，有个魔鬼在捣乱”，卢梭的忏悔里没准也有一个魔鬼，只是，与文士相关的魔鬼，核心不是色情，而是自负和虚荣。

六

读书心细如发的阿瑟·叔本华，在《爱弥儿》第四部一条脚注里，觑见卢梭“小心翼翼地暗示了”一个看法：“报复别人的侮辱不应该采用决斗的方式，而应该运用暗杀的手段。”将重要观点藏掖在某条脚注里，好像毒贩子把毒品缝进孕妇肚子里，自为气度非凡的叔本华不屑，然而却是卢梭的常规战法。卢梭的文字兵法里并不排除游击战，他还性喜让文字充当“刺客”，偷偷抹断对手脖子。他与狄德罗决裂时，就这么干过，他坦白道：

> 怎么才能从我的退隐之所把与他绝交的事正式公开出去而又不引起流言蜚语呢？于是，我想到在我的这篇作品中，以注释的形式，加进《教士书》中的一段话，以此宣布我同他的决裂，而且连原因也说明了，这原因任何知情人一看便知，而局外人则不明其所以然。

但叔本华提到的那个发现不在此列，因为卢梭在《论人类不平等的起源》里正面谈过这种“暗杀手段”。他表示，当某个原始人由于弱小而遭人欺负，他大可趁那个强人睡觉时，用石头或别种利器把他干掉。这就是卢梭所谓源于自然法则的“暗杀”。但稍加思考，就会发现荒唐：自然法则理应包含心理法则，卢梭凭什么认为，一个惯受欺侮的人，肯定不是缘于性格懦弱呢？他凭什么坚信：弱者都是隐忍待机的狠人，只要时机成熟，无论原始人还是他心爱的爱弥儿，都会毫不手软地把对方杀死呢？杀人——即使对原始人来说——有那么容易吗?

卢梭让人无法佩服的观察思考的确不少。他从传教士那里读到些针对原始土著的描写，但消化不良。他听说“加勒比的土著人……早上轻率地卖掉棉被，晚上又只好伤心地重新买回棉被”，遂轻率地断定，原始人素无远虑，无视任何经验。依他的推断，恐怕老鼠和鸟类都比原始人更配得上“万物之灵长”的名号，因为老鼠会储藏粮食，雌鸟也会携来谷粒喂养幼雏。不过，当我们认真对待《忏悔录》，会发现类似断语，可能源自个人的独特经验。卢梭性喜浪游，他年轻时浪迹天涯，经常抱着无所谓态度：“我对未来丝毫也不担忧……我在露天底下过夜，或席地而眠，或睡在长椅上，如同睡在舒适的床上一样地踏实。”这类纯属私人的经历，在他意欲替人类谋福利的学术著述里，不自觉地构成心理支撑。他将一己习性推演到原始人身上，貌似谦卑，却无意中忘了自己在别处说过的一句大话：“上帝造了我之后，就把模子打碎了。”——你卢梭的经验既是如此戛戛独造，旁人分享无门，又焉可辱及原始土著?

对原始人的行为描述闹点差池，可以不必深究，卢梭毕竟不是人类学家，卢梭去世时，查尔斯·达尔文还没有出生。我们需要记住的，乃是卢梭这个稍嫌随意的推己及人习惯，他把该习惯用以推断原始人，我们一笑了之；当他出于为遗弃五个孩子的行为辩护，而对自由和国家作出过于奇怪的论述时，我们就笑不出来了。保罗·约翰逊在《知识分子》第一章“卢梭：有趣的疯子”里，有一段精彩评论：

> 卢梭宣称，他对处置自己子女的方法的思考，结果是他在《爱弥儿》中表述出来的教育理论。显然，这也

有助于他完成同年出版的《社会契约论》。开始是在特定的情况下，一种个人的自我辩护——对他的行为的一系列匆忙的、病态的又反复考虑过的辩解，这一点他自己起初也知道，这个开端就是不正常的——其后又逐步发展，由于反复的自辩和日益增长的自负，就连自己也真的相信了，并形成一种主张：对于社会道德的改善，教育是关键，既然如此，教育就是国家的事。国家必须造就所有人的思想，不仅仅是儿童（因为在孤儿院中已经对卢梭的孩子这样做了），而且也包括成年的公民。根据一连串古怪的而又可耻的道德逻辑，卢梭作为人父的恶行是同他思想的子孙——未来的极权主义国家联系在一起的。

卢梭的社会契约论，原是依据一种字面上极度豪华的想象性推理，他假定每个人都能辨别和追求公共利益，并参照契约精神奉献自己的全部权利；由于这些权利并非给予某个世袭君主，而是献给抽象的人民，抽象的人民据说又会生成一种永不犯错的众意，于是，哪怕民众在抽象人民的名义下受到更加惨重的压迫，他们也不会产生受压迫感。最终，卢梭赋予“人民”一词的全新含义，可以恰好服务于老旧的观念，即，只要领袖人物抢先声称代表了人民，他们就能挟“人民”号令天下，在“人民”这面妖旗下，他们甚至有望获得比古代君王更大的权力。比如，以往被视为“欺君之罪”或“渎神之举”的行为，现在只须换个名词，说成“对抗人民”就行了；以往代表皇帝、君主、教皇利益的掠夺，现在只须把上述名词替换成“人民的意志”，即可如式搬演。

笔者认为，现代野心家与古代君主的区别仅仅在于，古代皇帝敬拜天地，叩谢神灵，今日政客则向抽象的人民献媚。声称代表人民与专制君主声称“受命于天”，在实际操作中并无不同，只要掌握了“人民”的最终解释权，即使与人民为敌，也不难强行解释成“代表了人民的最高利益”。

经验告诉我们，人民不堪抽象，人民只有还原为一个个活生生的具有自由意志的个体，才是现代民主制度的基石。抽象的人民，正如沃尔特·李普曼在《幻影公众》里概括的：“本质上，它不过是君权神授的一种新面目。”现实是，在卢梭之后，我们很难找到一种群体恶行，不是以人民的名义签发的。尽管，“人民”在大多数情况下都木知木觉，他们通常会在一种无端放大的集体幻觉中，充当苦力或炮灰。

一种看上去非常重要的思想观念，却有着一个微不足道的个体心理来源，其实并不鲜见。后人往往以为，非凡举动必与重大理由相关，但质诸历史，这个猜测难以成立。推动世界前进的，可能是真理，也可能是各种阴差阳错的意外；引诱人间堕落的，则是形形色色的借口。卢梭最伟大的思想之子拿破仑·波拿巴，不久就在法国推行了由国家承担孩童教育的责任，该责任附加的义务之一是，开启了全民征兵制度。这项制度影响深远，如福煦元帅所说，它意味着“国王的战争已经结束，人民的战争开始了”，由贵族、骑士构成的古典有限战争，从此为“绞肉机”般的现代战争所替代。拿破仑不是极权暴君，但卢梭思想走向极权之路，或许就此发轫。拿破仑凭吊卢梭墓地时，喟然感叹：“如果我和卢梭都不存在的话，这世界是否会比较宁静？”

七

对人间暴君，卢梭以他那支颠倒众生的妙笔感叹道："他们希望自己的血享有特别的尊敬，却丝毫不在意人类的血。"生命不息、自我标榜不止的卢梭还反复声称自己是"人类的朋友"，他一刻不停地唠叨自己的优秀，写出如下话语，卢梭从来不会脸红：

> 从未有过像我这么既十分强烈又十分纯洁的激情，从未有过更加温柔、更加真实、更加无私的爱情。我宁可为了我心上人的幸福而千百次地牺牲自己的幸福。

> 能够以我爱的方式来爱我的人尚未出世。

> 为我介绍一位比我更好的人吧：比我更有爱心，比我更温柔，比我更敏感？

在《爱弥儿》里，卢梭提到朋友的价值（又是夹在一条脚注里），说得煞是感人，他写道：

> 爱，不一定是要人家报答的，而友谊则不然。友谊是一种交换，是一种"契约"，同其他的交换或契约是一样的；不过，它比其他一切的交换或契约都更为神圣。"朋友"这个词除它自己以外，是没有其他的相关语的。凡是不以友好之心对待其朋友的人，准是一个歹

徒；因为，一个人要获得别人的友谊，就必须拿出或假装拿出他自己的友谊。

读完这一段，可能每个人都认为，卢梭是个值得订交的朋友，但实际上，没有人比卢梭更符合他自己下的“歹徒”定义。日内瓦的童贤医生是卢梭的朋友，也是他的受害者之一，他抗议道：“人类的朋友怎么可能从来不是人的朋友？”确实如此，陀思妥耶夫斯基《卡拉马佐夫兄弟》里佐西马长老提到的一种情感怪物，才是卢梭的精确写照：“我越是爱整个人类，就越是不爱具体的人，即一个一个的人。……我对具体的人越是憎恨，我对整个人类的爱便越是炽烈。”约翰逊博士也揭示过这种现象：“每个人不管多么不爱其他人，都愿意被其他人所爱。”

卢梭交友，每以对方是否对自己有利为前提，倘若对方没能给他提供帮助，他会特地说明一下，好像凭此就能证明自己清新脱俗，如说“结识这么高的权贵对我却从未有过任何益处”。当卢梭决意勾引好友圣朗拜尔的未婚妻居德托夫人时——为此他可以用三个月的耐心，在最具情调的地方，用最为浪漫的方式（比如把自己那些召之即来的眼泪滴在对方大腿上）加以勾引——他是这样感叹的：“唉！可怜的让-雅克，无拘无束地去爱吧，心安理得地去爱吧，别担心你的叹息有损于圣朗拜尔。”根据一点未经验证的猜测，他就与好友狄德罗绝交；另一个比他更加出身贫寒的友人达朗贝尔，被他轻率地说成“小偷”。卢梭声称“我看见一只公鸡、一头母牛、一条狗，或其他动物欺负另一只动物时，我常常会跑得大汗淋漓地去追赶或是用石头砸它，就是因为它在恃强凌弱”，但画家欧仁·德拉克洛瓦在日记里转述过一个传闻：有人在杜伊勒利宫的花园中见到“一个小孩子的球碰到了这位哲学家的腿，卢梭勃然大怒，拄着手杖追赶这个小孩子”。

不禁想起《追忆逝水年华》的作者马塞尔·普鲁斯特，与卢梭截然不同，这位迷人的作家喜欢在文字里贬低友谊（如说“友情浅薄无聊”，“友谊究其实不过是谎言”），在生活中厚待朋友。每一位“普鲁斯特的朋友”——在法国，那是一个专有名词，类似中国一度流行的“我的朋友胡适之”——都会热切告诉你，再没有人比普鲁斯特待朋友更好的了。别说朋友，一个徐娘半老的妓女，普鲁斯特都不忍伤害，还会用肉麻到极点的词语加以赞美，如说“我建议将这个世纪称作劳合时代”（劳合·海曼即该妓女的芳名）。实际上，普鲁斯特在交友上的唯一缺点，只是礼数过周。——这再次说明，试图从作家自述中验证真实人品，委实不太保险，难怪钱锺书感叹道：“‘文如其人’，老生常谈，而亦谈何容易哉！”

但是，迷信者大有人在。作为现代知识分子第一人，我们很难在卢梭的表述中找到可资取法的内容，相反，促成他走向辉煌的一切手段，几乎都值得质疑，一如约翰·密尔的所有表述方式，几乎都可供师法。但是，更大的成功属于卢梭，在知识分子群体里，卢梭式表述法，卢梭式行为艺术的仿效者、学舌者代不乏人，密尔则无人仿效。卢梭成功地将自己的活法与思想捆绑销售，站在知识分子角度，这种捆绑是不上台面的，但正是凭这种魅惑术，卢梭猎获了成功，并忽前忽后、忽左忽右、忽正忽邪地推动了历史。

当然，无论怎样批评他，我们也得谨记约翰·罗尔斯倡导的“解释学的谦卑原则”，深信我们只是在批评一位远比今人伟大且不可复现的人物。卢梭没有后辈密尔那样的好运气，一出生就有天神般的父亲悉心照料学问和理性的成长，密尔不费吹灰之力学来的拉丁语，折磨了卢梭一辈子。卢梭也缺乏前辈弗兰西斯·培根和布莱士·帕斯卡尔的神童经历，培根 12 岁即进入剑桥大学，帕斯卡尔 12 岁即娴熟掌握欧几里德几何，16 岁发现了著名的帕斯卡尔六边形定理。卢梭的知识都是自学得来的，他多次表示，他无法接受约束性的教育。在他所处的年代，卢梭算不上饱学之士，为此，他在令其扬名的那篇获奖论文里，煞费苦心地提供了反智言论，包括焚烧图书馆，以便恰到好处地把自己塑造成一个“自然之子”，一个有资格俯视伏尔泰的人。——尽管如此，卢梭强悍的笔力、饱满的情感、庞杂的知识结构及广泛的著述范围，仍足以吓跑当代任何一位仅仅以专业成就自豪的教授学者。

除了已知那些成就，卢梭还程度不等地涉猎过如下领域：音乐、天文、医学、解剖学——他至少解剖过几具尸体，他发明过一种记谱法，还打算写一本《圣皮埃尔岛植物志》，他早年学习雕刻，好歹也是一位学有所成的工匠。有人统计过，他干过的行当有 14 种之多，包括学徒、仆人、伙计、随从、抄谱员、家庭教师、秘书、地籍员等等。卢梭坚持抄写乐谱来赚取生活费，以摆脱对朝臣显贵的依赖，他也曾高傲地退回别人多付的酬金，这无论如何值得尊敬。

爱弥尔·左拉：给知识分子命名的人

他的罪比其他人更重，因为他有权纠正司法的不公，却没有采取行动。

——爱弥尔·左拉

人生来就是要反抗最强大的君主，拒绝向他们低头，但是很少有人生来为了反抗多数人，在误入歧途的群众面前挺身而出，赤手空拳面对疯狂举动，要他说“是”时他敢说“不”。这个人就是左拉。

——乔治·克列孟梭

一

司法案件是天然的知识分子笔墨素材，它与权利、权力和正义有着重要关联。

司法判决不同于普通刑事案件，再凶暴的刑事案件，人们也会把它看成个案，哪怕凶手的残忍行径已然造成局部区域人人自危，理性公民也未必迁怒政府。英国著名凶犯“开膛手杰克”即为一例，此人于1888年8月7日至11月9日，在伦敦东区的移民集散地白教堂一带用极度残忍的手法连杀五名妓女，行凶间歇还通过信件向官府高调示威，最终仍潇洒逃离——也许正“大隐隐于市”，就在伦敦市民的眼皮底下优哉游哉——留给后人无尽的谜团和惊骇。直到2007年，仍有人声称从案发现场遗落的一块披肩上发现了开膛手的DNA，认为凶手是波兰人亚伦·科明斯基。不过，那只能视为“闲坐说玄宗”的悠远谈资了。说起来，“开膛”还有私法制裁之嫌，在早期的北美殖民地，主要由英国移民构成的审判机构，偶尔会对判令有罪的罪犯实行“绞首—开膛—分尸”的处罚，故能引起格外的惊悸。然惊悸之余，伦敦市民除了对伦敦警察厅苏格兰场数落几句，又能说什么呢？这种偶发的个性体凶残，只能由特定个体承担罪责，政府及其司法系统多半是无辜的。某种程度上，它们和英国民众一样，同样受到“开膛手杰克”的折磨。

但如果是一桩司法判决上的不公，性质骤变，因为司法判决永远不会是个案，即使在不实行英美判例法的大陆法系国家也是如此：判决虽然理论上不会影响其他法官的执法，但司法判决天然具有示范和扩散效应，假如判决不公或被认为不公，每个公民都会感同身受地联想到自身的处境：假如我是被告呢？俄国作家契诃夫在沙皇的专属流放地库页岛做过数月考察，他发现：

> 一个苦役犯，不管他本人已经堕落和不公正到多么严重的程度，却最喜爱公正，如果他在地位比他高的人身上看不到这种公正，他就一年一年地陷入痛恨和极端不信任的状态。

“堕落”的苦役犯尚且如此，秉性良善的普通公民在恶性司法面前承受的身心焦灼，就更加可虑了。

二

我们再回到19世纪末，看看深陷于德雷福斯案件中的法国。

阿尔弗雷德·德雷福斯是一名犹太裔法国上尉，在陆军部任参谋。1894年9月，他被控在一封信中向德国驻法武官出卖了有关新式武器的秘密。由于当时包括法国在内的欧洲多地（实际上还包括美国）弥漫着反犹主义情绪，法国与德国的关系又处于敏感的军事对抗前夜，几乎没有人对德雷福斯表示同情。权力机构总是倾向于在特定时刻将某些特定人物作为国家利益的“替罪羊”或“出气筒”，只要栽赃得当，民众也会倾向于将这些人视为“活该”和“报应”。德雷福斯就是如此，他被判终身流放，押解到远在法属圭亚那的魔鬼岛服刑。日后为德雷福斯平反立下汗马功劳的法国政治家乔治·克列孟梭，当时也认为德雷福斯咎由自取。

和大多数法国人一样，乔治·克列孟梭的脑海里多半萦绕着法国人在普法战争惨败后不得不目睹威廉一世于1871年1月18日（即普鲁士王国成立170周年纪念日）在凡尔赛宫登基，成为德意志帝国的皇帝，并宣布建立以普鲁士王国为首的德意志第二帝国的痛苦往事。普鲁士军队围困巴黎时，饥饿的市民被迫宰杀巴黎动物园里的大象，以及普鲁士士兵在香榭丽舍大街耀武扬威、巴黎公社实行临时统治的经历，包括阿尔萨斯、洛林被割让给德国人的领土惨痛，也会为他及大多数法国人对德雷福斯的有罪判断提供心理支援。

至于反犹主义，更是欧洲历史上一个绵延两千年之久的文化和精神毒瘤。早在希特勒屠杀600万犹太人之前，沙皇俄国就将反犹主张纳入国策，并制造了多起屠杀犹太人的惨案。俄罗斯不少伟大的作家（如陀思妥耶夫斯基、托尔斯泰）都程度不同地信奉反犹主义立场；莎士比亚的反犹主义也是较为明显的；卡尔·马克思本身是犹太人，但他对犹太人的批评却不留情面，他写道："犹太教的世俗基础是什么呢？实际的需要、自私自利。犹太人的世俗崇拜是什么呢？做生意？他的世俗上帝是什么呢？金钱。"美国人虽在立国之初即从宪法高度宣称政教分离，鼓励宗教自由，但犹太人即使在这个按说最有资格得到欢迎和拥抱的新兴国家也长期不受待见，早期的美国除纽约州之外，其他州都"继续保留了殖民地时期限制犹太人参加投票和担任公职的规定"。犹太人和黑人、华人一样，曾经长期在美国无法获得完整的公民权。

法国人对犹太人的敌意更是由来已久，甚至直到二战时期的傀儡政府维希政权，还在"积极引进反犹主义立法"，并且"吹嘘无需从德国进口反犹主义"。德雷福斯案发时，每天都有个别极端分子游行示威，高呼"枪毙犹太人"的口号。——上述种种，就是日后左拉奋勇抗争时，必须用信念和勇气坚定扛住的时代高墙。实际上，就在左拉写出著名的《我控诉》之前，他已在报纸上公开向反犹主义发起了挑战，他写道：

> 反犹太主义是应该受到谴责的。我曾经说过，这场使我们倒退一千年的野蛮运动与我对博爱的需要、对宽容和解放的酷爱是完全背道而驰的。回到宗教战争中

去，重新开始宗教迫害，想要挑起种族之间的灭绝残杀，这在我们获得解放的时代里，简直是荒谬绝伦的事情，我觉得这种卑劣的企图是十分愚蠢的。这种企图只能出自于某一教徒失去平衡的模糊的头脑，出自于某一作家的极大的虚荣心——这个作家长期出不了名，而又想不惜一切代价地去扮演一个角色，哪怕是一个可憎的角色。我至今还不愿意相信，在法兰西这个充满了自由观察的空气、兄弟般的善良情谊和清澈的理性的国度里，这种卑劣的运动会具有决定性的重要性。

数年后，来自不同消息源的各路信息，让人意识到德雷福斯案件的蹊跷。有证据表明，法军情报处的皮卡尔上校发现了真正的罪犯，即出身匈牙利贵族的埃斯特拉齐少校，但军方上层决意隐瞒，反而将皮卡尔上校调至一个可能会导致他死于非命的交战之地——突尼斯。德雷福斯自狱中写给家人的信件也开始在民间传播，这些信件感人至深，让人意识到潜在的冤屈；另一些相关责任人出现了可疑的自杀举动……总之，一种“德雷福斯可能是军方黑幕的牺牲品”的感觉，开始在一小部分崇尚公正的法国人心中弥漫。

起先，爱弥尔·左拉对此案并无多少了解，德雷福斯入狱时，他还在罗马写他的小说。直到1897年底，他回到巴黎寓所过冬的时候，才接触到一些资料。凭着自己卓越的头脑，他迅速产生了疑问。因为，司法系统的无心过错是一回事，明知可以纠正却拒不纠正，听任无辜者成为军方利益的牺牲品，是另一回事，后者将使得没有一个人可以在这个国家获得安全感。他放弃了眼前的小说写作，打算全力以赴地为德雷福斯进行一场并无胜算的战斗。为此，他赌上自己的文学和道德声名，包括个人安危。

他的文学声誉是非常崇高的，其《卢贡－马卡尔家族》系列长篇小说此前获得巨大成功。小说《娜娜》发表前，每家香烟店都贴有广告："请看《娜娜》！《娜娜》！！《娜娜》！！！"小说出版后半年内销售十三万五千册，仅次于该系列里的另一部小说《溃败》。另外，身为知识分子的作家，左拉有着丰富的论战经验，他身体力行的自然主义写作手法，也将给他的知识分子写作提供额外助力。该手法追求中立和客观，尽可能排除主观，同时最大程度地占有资料，用事实说话。总之，是一种将科学理性引入文学表达的方法，该方法用在文学上效果如何，自是见仁见智。依笔者拙见，哪怕作者下笔井井，场景历历，无纤毫紊乱，但由于读者并未对一种科学文学抱有期待，他们仍可能被过多的头绪弄得厌烦；也许只有那些对严谨性抱有偏好的读者，才可能对左拉爱不释手。乔治·奥威尔在《巴黎伦敦落魄记》里，像呼唤一位文学神祇一样祈求左拉显灵，当时他正打算"好好形容一下"巴黎X饭店那排场惊人的晚餐时段，熟悉左拉文风的读者立刻就能会意：对付庞大错杂的场面，左拉确是不二圣手。我们也能立刻想到，一支惯于接受科学指引的文学妙笔，一旦从事知识分子课业，定会带来额外方便。实际上，左拉由小说家到知识分子的转型，几乎一蹴而就。

三

左拉的对手是该国最具权力的一群当道者，他们拥有指鹿为马的意志和呼风唤雨的司法、行政权力，还有一颗颗肮脏的心。

当他们意识到左拉是一名可怕对手时，发动手下在一份小报上对左拉的父亲弗朗索瓦·左拉的人品进行围魏救赵式的莫须有攻击。——滥人总是相似的，每一种滥招都似曾相识。

好在左拉的战友和同道也自不弱，小说家安那托尔·法郎士、著名社会学家埃米尔·涂尔干、历史学家加百列尔·莫诺德、巴黎高等师范学校图书馆馆长卢西安·赫尔等人，都程度不同地为德雷福斯鸣冤叫屈。《费加罗报》社长费尔南·德·罗代斯也是左拉的赞同者，左拉介入德雷福斯案件之初写的文章《案件笔录》，即发表在该报上。日后成为法兰西总理的乔治·克列孟梭，当时是《曙光报》的主编，使左拉名动天下的檄文《我控诉》，就发表在该报 1898 年 1 月 13 号的头版上。实际上，标题“我控诉”还是出自克列孟梭的改动。

《我控诉》是一封致法国总统菲利·福尔的公开信。在这封洋洋八千余言的长信开头，左拉对共和国总统作了一番既是礼节性的、也是技术性的拉拢式赞颂，但稍纵即逝的赞颂却是为了引出一个严正告诫：

> 军事法庭居然奉命判埃斯特拉齐这种人无罪，真理与公义被打了一记大耳光。现在一切都太迟了，法国已颜面尽失，而历史将会记载，这样一起有害社会的罪行发生在您的总统任期内。

接着，左拉庄重无比、字字千钧地表明了自己的态度，正是这个让后人心潮澎湃、无比感奋的态度，赋予随之诞生的新名词“知识分子”无比的正义和无上的光荣：

> 既然他们胆敢这样做，非常好，那我也应无所畏惧，应该说出真相。因为我曾保证，如果我们的司法制度——这起事件曾通过正常渠道来到它面前——没有说出真相，全部的真相，我就会全盘道出。大声地说出是我的责任，我不想成为帮凶；如果我成为帮凶，在远方备受折磨的无辜者——为了他从未犯下的罪行而遭受最恐怖的折磨——的幽灵将会在夜晚时分纠缠着我。

往下，我们有着娴熟论战技艺的小说家，以严谨而不失生动、沉重而不失淡定的笔触，详述了事件的经过原委。他当然知道，严厉的谴责务必以坚实的事实为根基，重大的控告务必与宝贵的法理相适应，司法的庄严务必以人民的福祉为依归，国家的正义务必将这样的人视为宿敌——“他的罪比其他人更重，因为他有权纠正司法的不公，却没有采取行动。”左拉令人信服地得出如下结论：

> 总统阁下，这就是埃斯特拉齐事件：一个有罪的人却被证明无辜。……结果是坏蛋被美化，正直人士却名誉扫地。

左拉只在事实表述清晰、法理阐述告竣之时，才允许自己表达水到渠成的浩叹、呼吁和信念：

> 真理与正义，我们曾多么热切地渴望它们！现在看到它们被人拒绝、忽视、遮掩，是多么令人沮丧！……我没有一刻感到绝望，我知道真理会取得胜利。且让我

重复一次，我较以前更深信真理正在向前迈进，没有什么事物能阻挡它！

最后，左拉以一种自封的知识分子法庭，向所有那些他认为有罪的人（全是令人畏惧的军方实力派人物）一一发出“控诉”——

我控诉帕蒂上校，因为他是司法误判中的狠毒之徒（我愿意相信是不知不觉的），他更运用最为荒谬与应受谴责的阴谋，来掩盖他过去三年的恶行。

我控诉梅西耶将军，因为他是本世纪最不公平的事件之一的共谋，但其所为至少出自其脆弱的心志。

我控诉比约将军，他手上握有表明德雷福斯清白的不可否认的证据，却将它隐藏。为了政治目的，为了挽救已受连累的参谋部同僚，他犯下这起违反人道、违反公义的罪行。

我控诉布瓦代弗尔及贡斯将军，他们是同一起罪行的共谋，其中一位无疑是出于教权主义的激情，另一位可能是出于使陆军部成为无懈可击的至圣之所的团体精神。

我控诉佩利厄将军和哈法义少校，他们主持了一项卑鄙的调查。我指的是，该调查是极端的片面之词，其中哈法义所写的报告便是幼稚无耻的不朽之作。……

最后，我控诉第一次军事法庭，它违反法律，只根据一份秘密档案便宣判被告有罪。我也控诉第二次军事法庭，它奉命掩饰第一次军事法庭的不法行为，并自己犯下罪行，故意判一个有罪的人无罪。

作为一名深谙法律的知识分子，左拉知道这份控告意味着什么，他坦然表示：

> 在提出这些控诉时，我明白我的行动必须负 1881 年 7 月 29 日颁布的新闻条例 30 及 31 条的法律责任。根据这些条例，诽谤须受处罚。我故意使我自己置身在这些法律下。

不必奢望单凭一篇非凡雄文就能改变一国深重的司法痼疾，文明世界还从未有过如此诗意的结局，即使在法国这个“政客们梦想写一部小说，小说家们则梦想成为政府部长”的“知识分子天堂”里（雷蒙·阿隆语），我们也不必如此天真。公开信使左拉获得了一年监禁，外加 3000 法郎罚金。好在法庭的执行意志并不坚定，左拉得以远赴英国，并以化名方式在那里一边接收来自祖国的暗语电报，一边写他的《四福音书》第一部：《繁殖》。

1902 年 9 月 28 日，左拉因一氧化碳中毒不幸去世。德雷福斯直到 1906 年才被最高法院判定无罪，得以恢复名誉并授予少校军衔。而之前一年，沙皇尼古拉二世在俄罗斯预演了 30 年后在德国得到更大规模执行的针对犹太人的大屠杀。左拉的战友乔治·克列孟梭于 1906 年 11 月成为法兰西总理，一年半以后，左拉的骨灰终于入驻先贤祠。但军方的腐败并未得到根治，它在十余年后的第一次世界大战中让法国人付出了惨重代价。当时，正值法国人在这场被称为“绞肉机”的恶战中大量伤亡，腐败至极的法国军方还设法用虚假的宣传欺骗人民，沃尔特·李普曼写道："在凡尔登战役打得最糟糕的时刻，霞飞将军和他的助手们却在开会争论明早见报的名词、动词、形容词。"结果，几乎就在法国士兵大量阵亡的同时，法国人民通过虚假的新闻图像看到了"德国人尸横遍野"的景象，他们在胜利的幻觉中走向了失败。

回眸左拉在德雷福斯案件中的表现，我们也许应该承认，当左拉决意介入时，案件的真相已经渐始明朗，没有证据表明，左拉为了发现真相，曾作过额外的突破性调查。在这次事件中，作为给现代知识分子带来命名仪式的左拉，也许并不曾在认知上作出太大努力。他的突出品质体现在两方面：对正义的坚定捍卫，以及对个人荣辱安危的弃置。所以，假如我们将左拉的努力视为现代知识分子的起点（其实不全是），那么，这份起点上的光荣，主要由勇气来加冕。

有些学者、作家对左拉的作用略有异议，汉娜·阿伦特在《极权主义的起源》里曾专章讨论"德雷福斯事件"，她虽然没有否认左拉的功绩，但认为克列孟梭的作用更大，且对左拉的某些写法（"略带空虚的哀怜，戏剧性的宣言"等）持保留态度。美国学者托马斯·索维尔在《知识分子与社会》一书中表示，历史只是"将德雷福斯事件的功劳，记到了知识分子的功劳簿上"，其实"军队里的一些人和在政治领域的乔治·克列孟梭等人，也都加入了拯救德雷福斯上尉的事业，甚至早在左拉的著名文章《我控诉》发表之前就已介入此事"。小说家斯蒂芬·茨威格在名著《异端的权利》里，为了表达心目中的英雄卡斯特里奥的与众不同，特意拿伏尔泰抗议琼·卡拉斯案和左拉抗议德雷福斯案作为陪衬，指出"伏尔泰为卡拉斯辩护的时代比较讲人道。而且，作为一个著名的作家，他可以指望得到国王们和亲王们的保护。

同样，左拉有一支看不见的军队——全欧洲和全世界的钦佩做靠山”。茨威格的结论是：“伏尔泰和左拉无疑是拿他们的名誉和安逸冒风险，但他们没有一个人是冒生命危险的。可那就是卡斯特里奥敢做的。”

左拉付出的可不只是“名誉和安逸”，阿伦特还提到当年法国的恐怖氛围：“只要左拉说一句话，马上有石块砸破他的窗户。……所有人都认为左拉如果遭到起诉，而又被宣判无罪，那么他休想活着离开法庭。”

不过，我们还是追随茨威格，再去看看卡斯特里奥是怎么做的。

卡斯特里奥：伟大的异端

如果缺少死的勇气，生活本身就是一种奴役。

——塞涅卡

人类即使在失败时也有金刚石的粉末。

——维克多·什克罗夫斯基

一

今人对卡斯特里奥的了解，来自斯蒂芬·茨威格的名著《异端的权利》。茨威格告诉我们："时至今日，一个学者如果从来没有听说过塞巴斯蒂安·卡斯特里奥之名，也不必汗颜。对他著作的审查制度，持续了几十年和几百年，学者们怎么会知道他呢?"卡斯特里奥的文字只是"零零星星地散在荷兰译本的选集中"，茨威格通过辛勤搜集，才"在瑞士和荷兰的一些图书馆里找到了少量的原稿，了解到一些怀感激之心的学生们对卡斯特里奥的看法——这些就是这样一个人的全部'遗物'了"。诺姆·乔姆斯基说过："要杀死一个知识分子，还有什么比压制他的一切著述更好的办法呢?”——的确没有。幸亏，我们还有“遗物”。

我想象中的读者应该读过《异端的权利》，北京三联书店早在1986年就出版了该书中译版，后又多次再版，新版书名也改为更加贴合原著的“良知对抗暴力：卡斯特里奥对抗加尔文”。为了方便错过的读者，我还是略述一下卡斯特里奥的登场。

约在16世纪中叶，精力充沛的法国宗教改革家约翰·加尔文在日内瓦着手宗教实验，在他揽获权力之后，立即实施一系列思想管制的举措，没多久，在那个风光旖旎的弹丸之地，任何与加尔文倡导的宗教思想略有不合的念头或行为，都将作为违禁品受到严惩。性格阴郁、不通人情、远离女色的加尔文通过严酷的教规和恐怖的高压统治，把日内瓦变成一座仿佛永远处于“国丧期中”的城市。仅在“加尔文统治的头五年期间，在这一人口比较少的城市里，绞死13人，斩首10人，烧死35人，76人被赶出家门——更不用说那些及时躲开恐怖手段而逃跑的人了”。伯尔尼城执事泽钦图斯写道：“我亲眼看到一个80岁的妇人，同她的女儿，一个有六个孩子的母亲一起，被拖到绞台上。这两个妇女没有犯别的罪，只不过拒绝让婴儿受洗。”日内瓦人虽然名义上还是自由民，但在加尔文这位“组织艺术的大师”的管理下，已经集体丧失了自由意志，“转变成严格顺从的机器”。

忙于著书立说的加尔文以先知自居，他视自己为绝对真理的化身，任何对他个人的挑战，都会被他无缝过渡到对上帝的冒犯。“即使那不同意见纯属学术问题，只要一发现有人敢于宣称那圣皮埃尔的传教士有独裁思想，‘基督教’就立即‘受到了威胁’。”他可能是现代史上第一个将一己思想纳入社会改造工程的人，他是政教合一的化身，无论上帝的世界还是恺撒的地盘，他都拥有独家经营管辖权。

因此，当洋溢着堂·吉诃德气质的西班牙医生、神学家米圭尔·塞维特斯通过著述表达了若干迥异于加尔文钦定教义的看法时，加尔文勃然大怒，最终做了一件连当年的罗马教廷都下不了手的事：1553 年，拒不认错的塞维特斯被判处火刑，他的所有著作也一并付诸丙丁。处罚采用极度罕见的“文火烤杀”执行，这是基督教世界堪与中国式“凌迟”媲丑的酷刑，塞维特斯将至少在整整半小时内承受难以想象的痛苦。他绝望的遗言是：“耶稣，永恒上帝的儿子，怜悯我罢！”

1232 年，罗马教皇格雷高里九世说服德意志国王腓特烈二世，一旦教会官员证明有人是异端，可以让法官判决烧死他们。这大概是基督教世界用火刑柱对付异端的开端，因为在 6 世纪的《查士丁尼法典》里——该法典于 12 世纪重新发现出土——明确告诫神职人员不得参与酷刑。在之后数个世纪内，罗马教廷使自己成为一架高效的杀人机器。古斯塔夫·勒庞的数据可能有所夸大，他认为，“遍布西班牙全境的宗教裁判所，仅在 1483 到 1498 年十五年的时间里，就以火刑处置了十万人之众”。萨达卡特·卡德里相对节制的数字是：“记载不公加上罗马教廷的保密，导致无法正确估计死亡人数，但是，真正被处死的人不超过三四千人。”其中一个重要区别是，被杀死的多半是女巫男巫及大量看上去疑似魔鬼附体的下层民众，真正由于思想、观点上的分歧而交付火刑柱的，倒也不多，塞维特斯即使不是罗马教廷有记载中的第一个，至少也是新教世界有记载的第一位思想殉道者。

毕竟，那个年代虽然残暴愚蠢，合乎现代观念的思想也已破土萌动，15 世纪初，英国高等法院院长布赖恩表达了如下见解：“人的思想是不应该接受审判的，因为就算是魔鬼也并不了解人的思想。”尽管论证方法别致，将良心自由法则的依据建立在魔鬼的能力有限之上，但毕竟吹响了思想自由的现代号角。加尔文教派广义上属于宗教改革后的新教，如茨威格所言："就新教教会而言，'异端'这一单独的概念本身就是荒谬的，因为新教要求每一个人有权阐述。"新教路德宗创始人马丁·路德亦明确表示，"异端绝不能用物质的力量镇压或者压制下去，而只能用上帝的话进行争辩。因为异端是一种精神上的事物，不能用尘世的火和水将其冲洗掉"。因此，茨威格总结道：

> 加尔文烧死塞维特斯是一个划时代的步骤。他以此迅速结束了宗教改革为之斗争的"基督教徒的自由"。加尔文超过了罗马天主教会。为了自己的荣誉，一千多年来，在仅仅是因为坚持按照自己的想法去解释基督的教条，而把一个人活活烧死这个问题上，罗马天主教要比加尔文踌躇不决得多。

二

现在，是卡斯特里奥时间了。加尔文的罪行是如此昭彰，而卡斯特里奥这位在后世大哲伏尔泰眼里"远比加尔文伟大的学者"，似乎无需多大心神就能完成对加尔文的致命揭露。然而，卡斯特里奥却在驳斥加尔文的文稿上，亲手加了一句话："苍蝇战大象。"

加尔文明目张胆的罪恶，会使今人在重温卡斯特里奥对加尔文的批评时，略嫌不带劲。一方罪恶斑斑，错乱缠身，似乎未经交锋已遍体鳞伤；另一方正义盈胸，超凡的智慧流贯全身，似乎手指微弹即能致加尔文于万劫不复之地。伟岸的思想大师用文字向鄙陋的权力侏儒发起挑战，这幅图景怎么看都有点怪诞。为什么反而是伟岸者以苍蝇自譬呢？

因为，那个恶人具有除却正义、良知之外的一切恐怖力量，那正好符合魔鬼的定义。而那位拥有正义与智慧的人，又恰恰除此之外孑然一身，空无一物。但战场却必须摆在魔鬼的地盘上，魔鬼握有主场优势，他还随时可以修改规则，充任裁判。因此，卡斯特里奥尽管是在纸上奋笔，实际上却务必虑及书页外的恐怖，他虽有超凡的智慧，现实力量上却是一只柔弱绵羊。而对方，那个权力侏儒，现实中却是一头饥饿的狮子。

在理想的对话环境里，真理不假于物，独以真理本身的力量战胜谬误；在现实世界，真理常常需要一副盔甲，以应付权力大鳄不按常理出牌的巨齿。卡斯特里奥围绕"良心自由"主题展开的论战，契合知识分子论战的正义内涵，但思想上的严正之师无法敲响行为上的堂堂之鼓。在写作中，他不得不借鉴伊索寓言式的智慧，先假定自己是一只弱小生物，一边与对手周旋，一边时时想着全身而退。一旦思虑不周，在那个思想宵禁的氛围里，卡斯特里奥的观点越犀利，他面临的现实危险反而越大。

据说，有人向法国文评家圣伯夫提出决斗，圣伯夫在对方请他挑选武器时回答说："我选择笔。"这样，对方就识趣地告退了。但是，当卡斯特里奥以笔为剑时，他事先知道，对方是以剑当笔，以火刑柱当笔。一位充满知识分子品格的思想斗士，与对手论战前竟不得不先行想到一架横陈在眼前的火刑柱，这会带来何等峻急凄惶的写作心情！日后在相对安全地带从事公共写作的知识分子，对此定然无比陌生，只有曾经在极权制度下挣扎过的人，才感同身受，并打出一个激泠泠的冷颤。总之，卡斯特里奥虽然打算与加尔文展开笔战，但他和加尔文都知道，思辨的力量不是决定成败的核心因素，加尔文还卑鄙地拥有各种X因素。

为此，先替自己想好一个旨在自我保护的笔名，非常必要。卡斯特里奥的书《论异端》署名马丁努斯·比利斯，该名字日后衍生出一个“比利斯主义者”的新词，象征宗教宽容。担任过日内瓦学院院长的卡斯特里奥，当时是瑞士巴塞尔大学的希腊语教授，巴塞尔是一座虽不及加尔文治下的日内瓦强势，但与日内瓦并无隶属关系的城市（当年的日内瓦是一座独立共和国，与瑞士联邦保持同盟关系），这多少带给卡斯特里奥一点安全感。至少，在他安放书桌的地方，暂时还不致受到加尔文及其鹰犬的滋扰。但这份安全感并不踏实，风会流转，加尔文的权力会越界移动。

卡斯特里奥将加尔文的相关著作一字不漏地附在自己作品之后，这样就“没有人能够说批评者伪造了或篡改了他对手的观点，或者怀疑批评者删节了加尔文的原话”。这是一个不常见的举动，被批评者总喜欢指责对手“断章取义”，但该指责若不能辅以扎实细密的论证，并无价值，因为批评世界没有“全章取义”这回事。所有的批评都难免撷取对手的一小段文字，只要批评者没有故意遗漏其中的核心思想、隐瞒作者的关键证据、曲解作者的特定修辞，“断章取义”之责不过徒贻人讥。然而，加尔文太特殊了，值得批评者集中心神，慎重再慎重。

从卡斯特里奥日后对加尔文反驳文字的描述中，我们也能想见卡斯特里奥的文风，那定然是一种与加尔文要泼式文字截然相反的高贵表述。加尔文是如何回击卡斯特里奥的呢？很有观赏性，茨威格写道：

> 把加尔文攻击他的借口的无聊做了揭露之后，卡斯

特里奥转而嘲笑他那抨击方式的粗鲁。“你储存了大量的谩骂术语供你调遣，在说出你全部的心里话后，你说溜了嘴。在你拉丁诽谤语里，你一口气地把我说成是渎神者，中伤者，罪大恶极者，狂吠的恶狗，一个粗鲁无知、野蛮的卑鄙小人，一个不敬神的窜改《圣经》者，一个嘲弄上帝的蠢才，一个无耻之徒，一条肮脏的狗，一个流氓和一个坏百姓。你八次叫我恶棍（我认为你的意思至少与‘二流子’一词有关），你所说的，就是这些恶毒的语言。它在印刷品中占了整整两页，你为你的书选了个题目叫《恶棍的谬论》。它末了一句话是：‘愿上帝消灭你，撒旦！’”

一个只会用谩骂、诅咒来代替理性论战的人，不值一哂。但他还以真理自居，并拥有强大的恐怖机器，那就天地同悲了。

卡斯特里奥的武器只能是他的笔，他援引了大量反对用极刑对付异端的权威观点，在权威名单里，还巧妙地出现了对手加尔文的名字。是的，年轻时的约翰·加尔文，在他自己受到迫害之时，也“散播过反对残忍地求助于火和剑的观点”，加尔文甚至写过这样值得尊重的话：“使用武器对付那些被教会逐出的人，并否认他们拥有全人类共同的权利是反基督教义的。”从批评技法上说，卡斯特里奥找到了“以子之矛，攻子之盾”的利器，加尔文成了当场陷入“自相矛盾”窘境的论战者。此法一出，相当于柔道比赛里的“一本”，可使胜负立决。

当然，加尔文至少有一个办法脱身，而且是一个虽不至于反败为胜，但足以逃过一劫的妙招，那就是坦然承认自己早年认识不足。毕竟，那是他年轻时的观点，他可以自己的思想正在不断发展中为由，面不改色地承认那句话是自己所写，再郑重其事地强调自己目前思想的超越性，这样就令人信服地否认卡斯特里奥的讥嘲了，因为，早年观点无法企及现在抵达的高度，不仅是可能的，还会对他目前思想的非凡性——当然是自封的“非凡性”——起到强调作用。说起来，美国杰出的联邦大法官小温德尔·霍姆斯也遇到类似场合，1931 年，当一位政府律师试图用霍姆斯 1907 年的判决意见替自己当事人打压媒体言论的行为辩解时，年逾九旬的霍姆斯微微一笑，从审判席上插话道：“写那些话时，我还很年轻，马卡姆先生，现在，我已经不这么想了。”

但是，谁也别指望加尔文“微微一笑”。此刻的加尔文，正陷入一种暴君所共有的人格兼行为盲点，当他以上帝的唯一使者自居时，他不可挽回地陷入一种认知偏执，认定自己负有一项崇高责任，必须向臣民确保自己永远正确。在他看来，任何对自己思想或行为失误的微小承认（类似中国古代皇帝偶一为之的“罪己诏”），都将以“蚁穴”之力打破他自封的承诺，并最终迫使其精心构筑的体系大坝毁于一旦。所以，无论他被卡斯特里奥的高明战术揍得何等狼狈，他都咬牙死扛。决不承认错误，既是他的立身之本，也是他维持高危统治于不坠的唯一法门。

他无法在纸上找回胜场，只能寄望于纸外。凭着一种狗急跳墙的本能，他当然知道，卡斯特里奥获胜的唯一前提，其实不在纸上。卡斯特里奥的批评必须依赖公共空间和公众舆论，加尔文若能借助某种釜底抽薪法，使卡斯特里奥的公共空间消失，那样的话，即使卡斯特里奥把加尔文批得满地找牙，批评仍归无效：因为，谁也没看见。在这种情况下，胜负就不再取决于卡斯特里奥的雄辩，而是取决于加尔文脸皮的厚薄了。为了上帝，他可以舍弃一切，遑论脸皮。他发现，只要强令公共空间和公众舆论不存在，实际上也就抹除了自己的满地找牙的尴尬。加尔文证明，在强大行政铁腕的辅佐下，“鸵鸟政策”仍有用武之地：不是把自己的头埋进沙中，而是将旁观者的头——首先是眼睛——集体埋入沙堆。卡斯特里奥的雄辩如果是一艘正待扬帆远航的无敌战舰，加尔文的对策是，在其未出船坞之前，先把它凿沉。

茨威格告诉我们，“加尔文一听到来自巴塞尔的消息，还没有来得及读一读《论异端》这本书，就坐在写字台前，写信告诫瑞士各宗教会议禁止此书流通。特别是，再也不能允许讨论了。”——这后一条补充，正好说明了异端的起源。英国大哲约翰·密尔在《论自由》一书中表示：对于信奉言论自由主张的人，世上本无所谓异端，只要让思想处于公平、充分的探讨和竞争中，没有任何思想会是危险的，每一种具有内在伟大性的思想都将在竞争中脱颖而出。就此而言，异端是思想专制者的附属品，如果心存专制且决意将某一种理论奉为只能尊奉、严禁质疑的绝对真理，那就无可避免地开启了异端之门。茨威格写道：

> 对一个独裁者来说，只要在它势力范围内有一种独立思想，它就永远不能无忧无虑和充满自信。

对现代极权统治深有体认的波兰诗人切斯瓦夫·米沃什在《被禁锢的头脑》里对此有过精彩补充，他说，对当时的莫斯科统治者而言，“朋友只能是那些百分之百赞同莫斯科路线的人，如果有谁只接受百分之九十九，他就会是隐藏的敌人，因为从那百分之一的区别中，就有可能产生一个新的教会。”异端，就认知机理来说，和嫉妒一样，遵循近距原则。基督徒不会视佛教徒为异端，斯大林眼里的最大异端，乃是同属社会主义阵营但与自己学说构成竞争关系的托洛斯基，而不会是某个资产阶级学说，尽管依其自命的意识形态属性，后者原是他最大的敌人。卡斯特里奥为异端提供的非凡定义是："当我思考什么是真正的异端时，我只能发现一个标准：我们在那些和我们观点不同的人们眼里都是异端。"这个发现判定了"异端"的本质：它是一个无效概念。他人思想之所以沦为异端或反动思潮，不过是因为那个固执己见者恰巧拥有无上权力而已。真理无需用权力来捍卫，反过来说，凡是用火和剑加以推行的思想，必与真理无涉。

三

我们已经知道，卡斯特里奥充满知识分子气质的战斗檄文，在它最该发挥作用的历史时刻，实际上却"什么都没有发生！这令人眼花缭乱的攻击，这光彩夺目的要求宽容的呼吁，看来没有产生任何效果"。它被加尔文凿沉了。人们重新读到它，已是时移事易的一百多年后，世道发生了沧桑巨变，从加尔文苛酷教义中发展出的清教精神——茨威格在"两极相通"一节里写道：

> 经过奇特的和缓过程，竟促成了政治自由观念的诞生。荷兰，克伦威尔时的英国，以及美利坚合众国，这三国最先设计出现代意义的自由主义；是它们为国家的自由民主观念开拓了宽阔的领域。近代最为重要的一份文献——美国的《独立宣言》，便产生自清教徒的精神；而这篇宣言，又转而对法国《人和公民的权利宣言》的制订，产生了决定性的影响。

茨威格接触到的卡斯特里奥遗文，本身是一种打捞物，当它重新打捞上来时，龙骨散架，支离破碎，看上去还有过篡改，因为——茨威格告诉我们——“不幸的是，我们只能通过加尔文所编辑的一本评论集来猜测卡斯特里奥的原话，而加尔文是只要篡改原话能占敌手的上风，就会毫不迟疑地去做，他甚至不惜篡改圣书。”尽管如此，伟大的思想仍然会找到自己的天路，有迹象表明，“笛卡尔和斯宾诺莎很可能直接受到卡斯特里奥观点的影响”，两百年后在日内瓦得到庇护的伏尔泰，也受益于卡斯特里奥。这也许就够了，思想的传播不依赖稠人广众，思想力量无需借助宏大的广场和高分贝扩音器，只要有幸遇到一位知音，思想就可能达成使命，从此汇入人类智慧的长河，滔滔汩汩，不绝如缕，哪怕后人已无法从中辨识出卡斯特里奥的笔迹。

卡斯特里奥最终幸免于难，纯属意外。在贫病交加中，死神先加尔文一步找到了卡斯特里奥，使他在 48 岁之年，勉强得以自然死亡。原来死神也有他的仁慈。

《异端的权利》的作者斯蒂芬·茨威格，在二战时因其犹太人身份尝尽颠沛流离之苦，最终在遥远的巴西里约近郊，和妻子一起双双自尽，时为 1942 年 2 月 22 日。他拥有一颗比卡斯特里奥更加柔弱的心灵，却遭逢比加尔文残酷百倍的现代魔鬼——希特勒纳粹德国，于是，当死神不忍打扰他，他只能主动寻求死神的庇护了。

卡斯特里奥去世一百年后，英国诗人约翰·弥尔顿对加尔文心目中的上帝评论道：“哪怕因此会把我放逐到地狱里去，但这样的上帝我无法敬重。”如果时间可以穿越，卡斯特里奥可以等到弥尔顿写出《论出版自由》的那一天，他即使仍然无法避免落败，至少，他会在尘头起处，看到一支驰援大军，从而大感宽慰。

约翰·弥尔顿

上：诗人公民

他首先是一位公民，然后才是一个诗人，一个不幸的人。他不是把精力用来证明自己应当免受法律约束，而是用来证明法律本身应当改变。

——沃尔特·雷利爵士

邦狄乌斯评伊拉斯谟的话似乎也适用于弥尔顿：他只确定要批判什么，而不确定赞同什么。

——塞缪尔·约翰逊

一

1944年，正值英国诗人约翰·弥尔顿捍卫言论自由的演说《论出版自由》发表300周年，作家乔治·奥威尔参加了国际笔会俱乐部组织的一个纪念会议。会前，主办者向与会者散发了印有“杀死一本书同样也是罪恶”这一名言的小册子。不久，奥威尔大感不爽，他发现，作家和出版商对道德自由——“即在书籍中公开讨论色情问题的自由”——更感兴趣，“没有一个人提及政治自由”，同时，不少人还竭力“为苏联的大清洗辩护”。奥威尔得出一个结论：“我发现，如今，几乎无人能够像三百年前的弥尔顿那样，率直地为思想自由辩护了，”他补充道，“弥尔顿的演讲还是在内战期间做的。”

奥威尔是英国人，相对说来，现代史上的英国一直是个给予知识分子更多宽容的国度，“自由主义”一词即来自英国坎特伯雷大主教的发明，时间在 1707 年。法国思想家雷蒙·阿隆不无企羡地评价道：“在英国，争论从本质上说是技术性的，而非意识形态的，因为人们意识到不同价值是可共存的，而非相互矛盾的。……如果世界上其他国家像英国一样明智，那么大争论就会因其无聊而完全停止。”谁都记得，流亡中的卡尔·马克思在伦敦找到了宁静的学术环境，得以从容书写他那志在毁灭寄居国制度的无产阶级革命学说；法国启蒙群贤（如伏尔泰、卢梭）在本国遭受迫害时，也在英国得到庇护。法国大革命高标倡导的大量新锐观念，感染了无数仁人志士，唯独英国人例外。因为，那些观念在当时的英国大多已成为现实，只是英国人不像法国人喜欢将浴血女神的形象用作自由的图腾罢了。实际上，没有英国“光荣革命”的卓越示范和英国哲人约翰·洛克的《政府论》作指引，法国大革命也许是不可想象的。

不过，一国政府给他国的受迫害者提供庇护，理由多种多样，未必都值得尊重。法国人也曾给《利维坦》的作者英国人霍布斯提供庇护，那是因为两国当时属敌对国，本着“敌人的敌人就是朋友”的简单推论，也能解释，列宁、斯大林等人在当时的奥匈帝国得到安顿，日本人庇护中华的反清义士，理由也大致如此。

回到奥威尔的感慨，他发现，三百年过后，弥尔顿的观点在一众国际作家眼里仍显得过于超前和不祥，需要用各种借口将其大而化之，泯而灭之。他当年到底说了些什么？

笔者撰写本书时，《论出版自由》发表已有370年，公正地说，地球上仍有个别国家和地区，对言论自由的态度滞后于弥尔顿的期望。即使在英国，言论自由也非天赐之物，和所有国家一样，它是有识之士不懈争取、奋斗的成果。关于弥尔顿的前辈诗人威廉·莎士比亚，奥威尔有发现：

> 他在发表不合时宜的意见时特别谨慎。他从没有让一个角色说过煽动性的或者怀疑性的言论，如果那个角色有可能被认为是他自己的话。通观他的剧作，凡是尖锐批评社会的人，凡是不受通行的谎言所欺骗的人，不是小丑，就是恶棍、疯子，或者是装疯卖傻的人，再不就是处于癫狂状态的人。

这个说法很精彩——我们总能在麦克白、伊阿古等反派人物嘴里听到特别犀利的话——但也许不够全面。据说，1601年2月7日，就在埃塞克斯伯爵及其下属在伦敦发动叛乱的前一天，“他们赞助莎士比亚所属的剧团上演了一部特殊的、未经删改的莎剧《理查二世》，”《知识分子》的作者保罗·约翰逊评论道，“该剧被认为是对王权的颠覆。”

不管怎么说，我们无法假定弥尔顿发表《论出版自由》演讲时，恰好处于一个言论的安全期，实情正好相反。英国的皇家审查制，出现于1538年，始作俑者系英王亨利八世。该政策除了确保皇家免遭批评，由于政府得以借机控制新兴的出版业，还使皇室获得巨大的经济利益。1643 年，英王查理一世控制的议会通过了新的出版许可条例，我们那位经常喜欢就离婚合法性等问题用小册子发表高见的诗人，将面临突变的压力。该条例规定，任何人想出版一本书或哪怕一份传单，都得事先接受结果难料的审查。一旦遭拒，当事人没有任何法律救济途径，这意味着随便哪个傻瓜，只要被赋予皇家审查官的头衔，立刻拥有对人间杰作的生杀予夺之权。

皇家审查官就像所有专制制度下的书报检查官一样，其职业品质主要由颟顸、专横和愚蠢构成，弥尔顿遇到了麻烦。只要想到六年后（即 1649 年）英王查理一世被克伦威尔领导的革命军处决，我们就会意识到，弥尔顿发表演说之际，正是俗语所谓“黎明前的黑暗”——这位英王还有割人耳朵的嗜好，只要认定对方不信奉英国国教，哪怕你是牧师也照割不误；大街上不时见到被公开鞭笞或戴枷示众的可怜人；一些人被长期关押在伦敦塔里，理由仅仅取决于英王的一时兴致。

二

托贤明父亲之福荫，弥尔顿受过良好教育，他早年在剑桥大学基督学院时，常被推选在学院定期举行的师生大会上发表演说，听众中包括大量从其他学院慕名而来的人。演讲是用拉丁语说的，下面这段从拉丁语翻译过来的话，据说出自他不到 20 岁时的演讲片断，他把批判的矛镞投向了经院哲学：

常常发生这样的情况：那些一心一意从事这种有害

> 争论的人，一旦遇到超出他们平常白痴式的辩论以外的新情况，立刻可悲地表现出他们的无知和幼稚可笑。最后，如此刻苦钻研的最高成就只是把你变成一个更完美的傻瓜、更聪明的空想家，在无知方面更加内行。

知识分子品质大概是天生的，否则我们无法理解，为什么在那个名词“知识分子”都不曾出现的时代，弥尔顿却无师自通，频频就那些代表着公共幸福和公共正义的主题，发表成熟的公共意见。法国学者雅克·勒戈夫在《中世纪的知识分子》一书中考证，13 世纪的西格尔·德·布拉邦提出的“哲人”（philosophus），可能是与现代知识分子语义最接近的一个命名，该词语在启蒙时代获得了新的含义，用来指那些积极参加政治的非正式哲学家，如伏尔泰、狄德罗等，约可视为词语“知识分子”的前身。

弥尔顿的公共批评往往有一个私人出发点，他先是在自己的私人生活中遭遇困境，然后发现该困境关联着公共关切，最终，当他奋笔疾书时，私人因素已蒸发殆尽，人们看到的弥尔顿，只是一位替民众福祉振臂呐喊的知识分子。所以，19 世纪最优秀的弥尔顿评论家之一沃尔特·雷利爵士评价道：

> 即使在这个最典型的个人问题上，他也不是为个人辩护，而是为全体国民说话。他不能把幸福看成可以偷偷享受的个人占有物；它像正义一样，根植于国家明智而平等的法令之中；他所珍惜的唯一自由是法律所允许的自由。

弥尔顿撰写《论出版自由》前，曾就离婚的合法性、幸福婚姻的界定及标准，写出大量志在替全体英国人的婚姻幸福鼓与呼的文章，但萌生这些文章的机缘，却是他本人婚姻上的不幸：他35岁时娶了年龄差不多是他的一半的玛丽·鲍威尔，那姑娘无论是宗教信仰还是政治观念（弥尔顿是志在推翻皇室的共和主义者，妻子一家则是铁杆保皇党）都与弥尔顿有着巨大分歧，该分歧在婚后一个月内即发展到无法弥合的程度：玛丽借口回娘家看看，从此一去不返。

英国皇室于1643年通过的新的出版许可条例，首先意味着弥尔顿的写作遇到了突出的个人问题：他那些探讨婚姻制度的小册子，很可能无法存活。我们知道，一项过于久远的法律，即使未经明文废止，也会被时光磨去锐气，这解释了为什么此前英国虽有出版许可制度，弥尔顿的小册子仍能源源不断地印行发表。当该法律重新颁布时，即使参照“新官上任三把火”的人事和行政惯例，弥尔顿也能预感到它的苛严。就此而言，弥尔顿的《论出版自由》首先是为了声张自己那些小册子的“出版自由”；但只要他敏锐的大脑进入沉思状态，只要他的公民责任感得到唤醒——它从来不曾沉睡过——他就不会将自己的笔用作“假公济私”的利器，《论出版自由》甫一出世，即代表了人类的良知。其中属于弥尔顿自己的，大概只有那份特色鲜明的弥尔顿式激情、弥尔顿式才华，但肯定不包括弥尔顿式利益。弥尔顿的利益早已像盐溶于水那样，溶化在每一位现代公民的切身利益中了。

说到小册子，约翰逊博士一百年后在《论宣传册与时政文的起源与价值——为〈哈利氏所藏杂文集〉作序》一文里，介绍过英国的传统及盛况，他总结道：“针对至关重要的议题发行宣传册，这个做法在英国人当中已经盛行了两百多年。”就是说，在弥尔顿之前，已经存在了上百年。但过程并不顺利，弥尔顿在争取言论自由的过程中，除了仰仗勇敢，还必须结合一定的机智。

米沃什在《被禁锢的头脑》里写道："任何一个受到唯物辩证法钳制的人都不得不承认：每个独立哲学家的思想如果没有引用权威人士的语录加以支持，那他就是在说蠢话。"其实，这是一种古已有之的避罪远祸式写作法，情形多样，不能仅仅因为出现了对权威人士的引用就率尔判定优劣。中国古人向帝王上书时，惯以"臣闻"开头，"臣闻"里的"诗云子曰"可以制造一块缓冲地带，使自己的建议易为君王接受，也可使自己免遭处罚：既然这声"臣闻"与上古圣贤捆绑在一起，对臣子责罚就相当于让尧舜等大德大贤同时受责，再暴虐的君王也可能不敢造次。在弥尔顿时代，设法把自己的看法隐匿在某个圣经故事或贤哲名言之内，也是一个让英王和议会犯难的好办法："有用"不等于高明，但当"有用"足堪应急，"有用"就直通高明。相比之下，那些明明生活在现代自由表述的环境里却仍时时借助攀附式引用向权威致敬的专家学者，就是另一回事了，他们与米沃什说的那种家伙具有相似的可怜，却不宜与弥尔顿的做法相提并论。《论出版自由》的开头，实际上是几行由古希腊悲剧家欧里庇得斯的格言构成的诗句，它们被题献给"英国国会"，意在使国会衮衮诸公心生怯意：

真正的自由，是生来自由的人
有话要对公众说时，便能畅所欲言，
能说又愿意说的，博得高度赞扬，
不能说也不愿说的，尽可保持沉默；
还有什么比这更公平的呢？

同样，在演说之初先对国会诸公作一番表面上深明大义、骨子里私藏暗镖的恭维，也很有必要。在强调自己演说的目的旨在使“我们想获得的自由，并不是要使我们共和国中的怨怼从此绝迹，而是……达到贤哲们所希求的人权自由的最大限度”时，他接着写道：

> 这首先应当赞美上帝——我们的救主的大力庇佑；其次便要归功于英格兰诸位上议员和下议员的忠诚领导和不屈不挠的智慧……如果一个人能对你们已经完成的高尚事业坦然地加以赞扬，同时又毫无顾忌地对于你们如何能够做得更好的问题同样坦然地表示意见，那么他便已经向你们最可靠地保证了自己的忠诚，并且用最诚挚的爱戴和希望，来拥护你们今后的行动。

这也是一种“胡萝卜加大棒”的论战术，它也许不值得今日民主环境下的知识分子师法借鉴，但在任何一个言论自由属于政治性禁忌的时代，却不失高明。在那个“上帝”具有无以复加之尊严的时代，弥尔顿在提及“书籍就像酒和肉一样，有些是好的，有些是坏的。最好的书在一个愚顽的人心中也并非不能用来作恶”时，马上以《圣经》里的某个熟悉场景加以类比，强调“上帝在那个不容置疑的异象中始终说‘彼得，起来，宰了吃’”，也会瞬间获得无可置辩的力量，那等于用上帝的主张来征服世俗的旨意，遭此当头一棒者即使心有不甘，却仍不得不在如何反诘上大费踟蹰。同样，借圣·阿尔巴斯子爵（即弗兰西斯·培根）的妙语来强调“责罚一种智慧就将增加它的威信。禁止一种写作，就会让人认为它是一种真理的火花，正好飞在一个想要熄灭这种真理的人的脸上”，亦能起到四两拨千斤的论辩之力。

更妙的是，就像卡斯特里奥曾经拿加尔文早年的观点来反呛他日后的言行那样，弥尔顿还引用了一位当时正任职于议会之中的学界领袖谢尔顿的见解，以期达到相似效果：

> 我所能援引的证明又有什么能比他的话更好呢？他那部论自然法与国家法的书中，不但旁征博引地搜集了许多大作家的意见，而且还用许多出色的理由与公理用数学的方式证明道：一切看法，包括一切错误在内，不论是听到的、念到的还是校勘中发现的，对于迅速取得最真纯的知识说来，都有极大帮助。

弥尔顿决非一位在言论表达的深刻性、犀利性、生动性上有所欠缺的演说者，18 世纪英国文坛祭酒塞缪尔·约翰逊博士就认为，“弥尔顿天生就是独立的思想者，对自身的才能充满自信，不屑他人的扶助或阻挠”。所以，当他将战略性的引用发挥得淋漓尽致之后，就轮到自己登场了。在《论出版自由》里，类似下面这些铿锵有力、掷地有声的非凡表述，层出不穷，久久地震撼着后人的心灵，启迪着后人的心智：

> 书籍并不是绝对死的东西。它包藏着一种生命的潜力，和作者一样活跃。不仅如此，它还像一个宝瓶，把创作者活生生的智慧中最纯净的菁华保存起来，我知道它们是非常活跃的，而且繁殖力也是极强的，就像诸神中的龙齿一样。当它们被撒在各处以后，就可能长出武

士来。但是，从另一方面来说，如果不特别小心的话，误杀好人和误禁好书就会同样容易。杀人只是杀死了一个理性的动物，破坏了一个上帝的象；而禁止好书则是扼杀了理性本身，破坏了瞳仁中的上帝圣像。

我们知道，在这个世界中，善与恶几乎是无法分开的。关于善的知识和关于恶的知识之间有着千丝万缕的联系和千万种难以识别的相似之处……在亚当尝的那个苹果的皮上，善与恶的知识就像连在一起的一对孪生子一样跳进世界里来了。也许正是由于这一劫数，亚当才知道有善恶，也就是说从恶里知道有善。

如果一种善是隐秘而不能见人的；没有活动，也没有气息，从不敢大胆地站出来和对手见面，而只是在一场赛跑中偷偷地溜掉；这种善我是不敢恭维的。

在我们这个世界中，关于恶的认识与观察对人类美德的构成是十分必要的，对于辨别错误和肯定真理也是十分必要的。既然如此，我们如果想探索罪恶与虚伪的领域，又有什么办法能比读各种论文、听各种理论更安全呢？这就是兼容并包的读书法的好处。

三

当然，今人已经发现，弥尔顿的个别观点尚可商榷。他捍卫表达自由的意志固然坚定，对于宗教自由却倾向于压制，他写道："我不是说要宽容教皇制和公开的迷信。它们既然要消灭一切宗教和世俗的主权，那么我们只要还想用慈悲和同情的方法来挽救懦弱的人和误入歧途的人，就必须把它们消灭掉。"这个观念肯定有其蒙昧之处。他对出版自由的捍卫，也有一个虽情有可原、但终归难称伟大的局限：他只反对针对出版物的事先审查，对事后追惩则不持异议。所谓事后追惩，依照经典的英国式理解——可以英国 18 世纪最具权威的普通法大师威廉·布莱克斯通的表述为代表——指的是这种情况：

> 毋庸置疑，每个自由公民都有公开发表意见的权利，但是，如果他发言的内容不当，甚至违反法律时，就应当对自己的鲁莽行为负责……根据现行法律，对任何已出版的危险、冒犯性言论，可以基于维护和谐及良好秩序之目的，对其进行公正与不偏不倚之审判。

需要注意的是，这里的"冒犯性言论"，不仅包括而且着重针对完全属实的表述。因为，在那种司法语境下，言论的真实性越强，冒犯度越大，随之受到的惩处也相应增大。如果只是谣言，鉴于谣言就像泡沫那样具有易碎性，反而被认为冒犯性不强而有望从轻发落。在美国，对布莱克斯通所持原则——该原则可以看成是对弥尔顿主张的遵循——的颠覆，始于 1917 年联邦第二巡回上诉法院勒尼德·汉德法官在"《群众》杂志社诉帕腾案"中的判决。当时正是一战期间，美国人的爱国主义情绪空前高涨，有人敏感到连"德国泡菜"都要改叫"自由泡菜"的程度，而激进的《群众》杂志竟然撰文攻击征兵制度，这不啻为对沸腾民意的公然挑衅。然而，年轻的汉德法官最终判《群众》杂志胜诉，理由是：

> 不管这些作品是适度的政治推论，还是过激、不当的谩骂，在美国这个以言论自由为权力最终根源的国家里，人人皆享有批评政府的自由。钳制这些可能动摇人民意志的言论，无异于镇压所有对立评论和意见。……言论只有在直接煽动叛乱、反抗等行为时，才构成犯罪，如果把合法的政治言论当作教唆煽动，就是驱逐了民主政治的守护神，是最大的不宽容。

可以认为，汉德法官影响深远的伟大判决，最终使得由弥尔顿《论出版自由》所倡导的言论自由精神，抵达一个相对功德圆满的站点。不必怀疑，若弥尔顿泉下有知，一定会对来自汉德法官的纠正，心存谢意。

素以诗人自命的弥尔顿，将政论文写作称为“用左手写作”，意即那不是他最拿手的写作，但是，由于“上帝要我这样写”，他仍然以天赋的“诗人公民”气质和崇高的责任感，写出大量知识分子文章。如果由他自己加以评价，我猜，他未必将《论出版自由》视为自己最重要的公民作品。作为当年克伦威尔将军帐下一名出色的“秘书”，弥尔顿针对英国的君主制写了大量檄文，对英国的“共和国理想”作了最深情的讴歌、对英王查理一世的君主专制作了最犀利的鞭挞。然而，由于克伦威尔死后不久英国即恢复君主制——他追随的“护国公”克伦威尔，死后两年还被人挖出尸体，首级“被钉在一根 20 英尺长的旗杆上，竖在威斯敏斯特宫的屋顶，好让全伦敦人都能看到”。——弥尔顿就此写下的大量论述，在其祖国就显得不合时宜了。

美国学者安妮特·T. 鲁宾斯坦在《从莎士比亚到奥斯丁——英国文学的伟大传统》一书中表示，虽然弥尔顿的相关文章没有对英国的共和国前景作出实质推动，但他很可能推动了美国的立国进程。鲁宾斯坦认为，弥尔顿的小册子“《论国王与官吏的职权》，……在许多细节上先于我们美国独立宣言中的基本原则，后来杰斐逊在写《独立宣言》时很可能参考过弥尔顿的这本小册子”。的确，如果抹去名字，鲁宾斯坦摘出的下面这段话，后人可能认为出自托马斯·杰斐逊或詹姆斯·麦迪逊之手：

> 显而易见，国王和官吏的权力不是别的，而是接受人民的委托，为全体人民谋利益。权力基本上仍然掌握在人民手里，如果剥夺他们的权利，就是侵犯了他们生而有之的自然权利……由此可见，诸如陛下、天然君主一类的称号，不是妄自尊大，便是阿谀之词。

很难想象，英王查理二世于1660年重回伦敦并恢复君主制时，作为英国君主制度掘墓人之一的约翰·弥尔顿，竟然没有受到更大的迫害（他遭短暂关押，被没收了大约2000英镑的财产，生活一度陷入困境）。这只能归诸英国式特有的政治文化传统，也与英国的地理特征和君主权力有关。英王必须受到国会的掣肘，而英国作为一个数百年来不曾受到外敌侵略的国家，国王也很难理所当然地拥有一支陆军——那种在其他欧洲大陆国家极易转化为镇压国内民众的力量。一支以海军为国防基础的国家，在镇压国民方面当然有着先天的劣势。另外，担任过弥尔顿拉丁文秘书、又是其公职继任者的安德鲁·马维尔，曾勇敢地替弥尔顿辩护，他别出心裁地强调：

> 在查理一世被处死之后不久，弥尔顿就完全失明，处在黑暗之中，这是上帝对他的惩罚，是上帝对被政客误导，迷入歧途的好人的鞭笞，他应该活下来饱尝这名正言顺的黑暗的惩罚。

谁说狡辩一无是处？用得好，狡辩可以达成无尽的善意。不过，这条狡辩是无效的，只要死刑仍被视为极刑，严谨的法官就不会采纳这类辩词，因为那等于自相矛盾，令一国的惩罚机制蒙受讽嘲。所以，当加缪小说《局外人》里那个替主人公默尔索辩护的胖律师抬出类似理由时——他说的是："要求对我已犯下的罪行予以减刑，因为对我最实在的惩罚，就是让我终身悔恨。"——就遭到陪审团和法官的拒绝。可见，这条使弥尔顿最终逃脱死刑的理由，原本只有在不存在死刑的地方才说得通，所以，后人仍得感谢当年那些握有重权者的开明（哪怕是疏忽，也值得感谢）。而站在国王角度，当时他处死的那些人，多少也算冤有头、债有主，毕竟，他们主持杀死了老国王。我们或可顺便联想到三国雄主曹操，他赦免了替袁绍撰文骂尽自己祖宗三代的文士陈琳，理由很独特，叫"唯其才也"。而陈琳面对曹操质问时的那句回复，也精妙得紧，道是"箭在弦上，不得不发耳"。——但是，这种东方式小机灵不在弥尔顿的考虑之列，因为那等于在精神上屈膝投降，把自己降格为一个替主子效劳的文字工具。弥尔顿活了下来，后人并未发现他有过陈琳式求生之举。

晚年的弥尔顿，双目失明，家庭败落，数任妻子皆先他而去，几个女儿又对他充满怨怼（弥尔顿对此倒也并非毫无责任）。

就是在这种困境里，他主要通过口授，写出了英国文学史上最为辉煌的三部史诗：《失乐园》、《复乐园》和《力士参孙》，还有一部《英国史》。

世人心目中的弥尔顿，主要是一位仅次于莎士比亚的大诗人，但当我们回想弥尔顿早年在意大利游历时，他作为“诗人公民”和天生知识分子的形象，就会在我们心里留下无法磨灭的印象。当时他正打算前往西西里和希腊，他在一封信里写道：

> 我得到了一个令人伤心的消息：英国国内发生动乱。于是我改变了主意。我认为，我的同胞在国内正为自由而斗争，我却优哉游哉，旅行国外，岂不太卑鄙了……

这个决定，恰切印证了评论家沃尔特·雷利爵士对弥尔顿的概括：“他首先是一位公民，然后才是一个诗人，一个不幸的人。”换言之，他是一位公民诗人。弥尔顿早年写过一本阐述教育思想的小册子，内云：“我认为完整而丰富的教育，应该造就这样的人才，他无论在战时或平时都能公正、熟练、高尚地行使个人的和公共的职责。”如果把它纳入今天的中小学教育守则，几乎可以一字不改。

下：丛林批评

> 由于一个人的雄辩而使民众的冲动、法官的良心、元老院的法令发生变化，还有什么成就能比它更伟大，

更光荣？

——西塞罗

无论如何，诉讼总是有害于公共关系，一个起诉别的作家的作家从来不被人喜欢。

——保罗·约翰逊

一

这好像是真的，约在1653年，约翰·弥尔顿在与对手血溅五步的笔战中，将法国拉丁文学者撒尔美夏斯（英国流亡国王查理二世的雇佣文人）生生骂死了。是否认领这份战功，弥尔顿略有纠结，他可能认为，撒氏虽咎由自取，自己那支将要写出《失乐园》的扛鼎诗笔，还是远离命案为妥。

弥尔顿如此解释对方死因：

关于撒尔美夏斯，我认为我和他的战斗现在已经结束，因为他已经死了。至于他是怎样死的，我不准备谈，因为我不愿意像他那样把我的双目失明说成是罪恶的后果，而把他的死也列为一项罪名加在他身上。不过，把他的死归罪于我那些过分尖锐的讽刺的却不乏其人；他们说，他为了对我的讽刺进行抵抗，以致病况加剧。……总之，由于他没有能很好地为王族做辩护，已经在王公大臣面前失宠，据说，他为了这件事苦恼了三年，因心病而不是因身体上的疾病慢慢地死去。

我只能通过弥尔顿《为英国人民声辩》（全名为“英国人弥尔顿为英国人民声辩，驳斥克劳斯·撒尔美夏斯的‘为英王声辩’”）一书中的相关引文，领略撒尔美夏斯的文字掌法。这家伙使的尽是杀招，倘能凭文字掌力让弥尔顿五脏崩裂，他不仅可从英王那儿领到一大笔赏金，想必还会喝上几杯。弥尔顿的恨意也不遑多让，他甚至早早就在书里诅咒对方“不得善终”。他是这样写的：

> 你敢说这种“王权起源于万国公法或自然法”吗？你这个禽兽！你对人类这样残忍而没有人性，我为什么要称你作人呢？……古时的狄奥尼修斯从一个暴君变成了一个冬烘先生，你这个文法家就真该变成一个暴君了。这并不是叫你享有皇室的权利来过荒淫无耻的生活，而是叫你不得善终。

笔墨属非暴力器械，所谓“匕首投枪”“字字如刀”云云，只是比喻，难以坐实。上文提及三国陈琳那篇才气横溢、骂尽曹操祖宗三代的凶暴文字《为袁绍檄豫州文》，除了让曹操的痛风病霍然而愈，别无他用。唐代骆宾王的千古名文《讨武曌檄》，最终也只是留下几句漂亮文辞，诗人的华丽预言并未得到历史的凑趣和成全，武则天顶多一时有点郁闷，总体上毫发无伤。古典小说《三国演义》第九十三回，有诸葛亮舌毙王朗一节，第一百回里，诸葛亮还笔杀曹真。两事皆属小说家罗贯中的虚构，真实的曹操养子曹真大将军，直到被孔明笔伐的第二年，方始死去，与孔明无甚关系；王朗同样是善终，且寿命很长。真实的王朗是位大学者，在与钟繇共掌魏国司法系统时，提出了“务在宽恕，罪疑从轻”的非凡理念。诸葛亮单凭几句“皓首匹夫！苍髯老贼！”的俊俏话就能取人性命，于情于理皆难以服人。

除非某人凑巧有严重的心脑血管毛病，不然，人是骂不死的，任何一项统计数据都不会将遭受辱骂列为死因之一。那些道路以目、千夫所指者，从未有过被骂死的先例，他们练就金刚不坏之身，可以直面滔天嘲骂而谈笑风生。勇于担当的人物也很难骂死，民主国家的民选领袖整天在舆论的冷嘲热讽里讨生活，接受嘲谑是他们政治生活的一部分。乔治·华盛顿卸任总统时，费城《曙光报》写道：“此人是我国一切不幸的源头，今天他终于可以滚回老家，再不能专断擅权，为害美国了。”漫画家甚至把他画成一个驴身人面像。当此之时，华盛顿大概只能以威尔士诗人乔治·赫伯特的妙语解嘲：“如果驴子冲你叫，你不要对它叫。”

有些人，每遇嘲骂，不嗔反喜，以为那是“天将降大任于‘鄙人’也”的强烈信号，他正可借用古语“虽千万人，吾往矣”或诗人但丁“走自己的路，让别人去说吧”，来完成豪情万丈的转化与升华。同样在《三国演义》里，诸葛亮竭力羞辱魏国统帅司马懿，还小儿科地送他一套女人服装，试图让对方冲动之下与自己决一死战，一点用都没有。

诚然，凡事总有例外，读罢弥尔顿《为英国人民声辩》和他批驳撒尔美夏斯继任者的《再为英国人民声辩》两篇浩淼长文，我必须承认：只要具备弥尔顿的刻薄才气和无穷斗志，文笔夺命还是可能的。为免不测，撒尔美夏斯的继任者甚至隐去了自己的名字。

与今天的文人笔战相比，那是一个盛行丛林批评的巨人时代，两个走上笔墨擂台的对手，仿佛签下了一份由日月见证的生死协议。他们的论战只有目标，没有规则，若把寻常笔战譬为业余拳击，弥尔顿与撒尔美夏斯、莫鲁斯（即那个匿名文人）之间进行的，甚至不是职业拳击，而是 UFC（Ultimate Fighting Championship），即那种在封闭铁笼里进行的无限制格斗。在 UFC 里，仍有数条限制，如禁止用金属物攻击，禁止抠挖眼睛，在丛林批评里，连这些限制都不存在，无论匿名攻击、谣言攻击还是人身攻击，凡能迫使对手现出狼狈相的，凡能令对手愁肠百转、痛不欲生的，皆在鼓励之列。决定胜败的依据，除了看谁的逻辑更严密，还得看谁更犀利，更俏皮，更狠辣。两勇相遇，智者胜；两智相遇，狠者胜，胜利既取决于花落谁家，亦取决于围观者的痰唾在谁的面门上。

弥尔顿一度被对手骂得颇为狼狈——对方骂他是“一个丑陋、庞大而又瞎了眼的可怕怪物”，“一个狗头人身的怪物”——他不得不花费大量笔墨，向列位看官解释自己还算过得去的身材容貌。话音甫落，他就结结实实地回敬了对方一顿：

> 我应不应该叫它是一个女面驴颈、满身杂毛、从不同野兽那里借来四肢的怪兽或贺拉斯诗中所描绘的那种怪物呢？他就是这样的东西，一个狂诗人，披着百衲衣和羽毛。至于他是一个还是两个仍值得怀疑，何况他也没有一个名字。

附带一说，约翰逊博士肯定过弥尔顿的容貌，他在《弥尔顿传》里写道：“弥尔顿年轻时曾有美艳惊人之名，人称‘基督学院的淑媛’。”

二

如系私人恩怨，无论何等激烈精彩，都与知识分子写作无涉。实际上，两人的论战关联着当时最大的制度伦理和社会正义。弥尔顿代表的一方，是以克伦威尔为首的共和制捍卫者，他们刚刚处决了国王查理一世；另一方则以流亡国王查理二世为代表，他们意在反攻倒算，恢复英国的君主制。受雇于英王的撒尔美夏斯也许没有别样抱负，属于有奶便是娘的无行文人（他自称“费用是国王支付的”）。弥尔顿不然，他把这项工作看得无比庄重，在《为英国人民声辩》序言里，他表示“我所要说的并不是卑微琐屑的事，而是一个最凶暴的国王如何蹂躏法律，摧毁宗教”。他还如此展望自己的成就：

> 我仿佛从突兀的高处，眺望无边无际的海洋和陆地。不计其数的人翘首以待，脸上流露出最强烈的关注和与我最相似的激动神情。……一切热爱自由和美德的人，宽宏大量和明智贤达之士，不管他们出现在什么地方，总是有的暗暗喜爱，有的公开称许；有的向我致贺欢呼，有的长期怀疑，最后才为真理的力量所折服。此时此刻置身于亿万群众之中，我不禁浮想联翩，仿佛看到从直布罗陀到印度洋，世界各国正在恢复他们早已丧失的自由。

如安妮特·T. 鲁宾斯坦所说：“弥尔顿对撒尔马夏斯的回敬没有超过对手对弥尔顿的攻击，但是论据的部分无愧于标题的尊严。”在对撒氏的驳斥里，弥尔顿系统展示了自己的共和国理想，对君主制作出了全面鞭挞。然而，对诗人极不公平的是，他漂亮地战胜了对手，历史却让他成了输家。没多久，英国的君主制复活了，那个复活了的君主制，在后之群贤的努力下，又借鉴了弥尔顿的思想成果，从中催生出的代议制民主，日后反而成了现代民主政体的崇高典范。弥尔顿竭力倡导、殊死捍卫的权利和自由，在那个变了形的君主制下，竟然得到了更好的保护。对此，弥尔顿虽有点哭笑不得，欣慰仍会多于沮丧吧。

最令弥尔顿欣慰的是，约翰·洛克三十年后写就的皇皇巨著《政府论》，动笔原因几乎和弥尔顿相同，也是批评另一个下流文人罗伯特·菲尔麦爵士一本为君主制叫好的书《先祖论》；洛克对该下流文人的批评讥嘲，也是同样不遗余力，直捣黄龙。区别在于，洛克迅速意识到，相比驳倒一个文痞，正面立论更为切要。由于《政府论》的存在，今人即使忽略弥尔顿的政治思想，也未必有遗珠之恨。我们不妨借此领略弥尔顿的丛林批评大法。

弥尔顿对撒尔美夏斯等人的批评，是一种不遗漏任何一处细节追究的全面围剿。反正那个年代的写作不受版面限制，批评文本皆以小册子方式发行，批评者逞才肆性，务求毕其功于一役。

双方皆使用拉丁文，撒尔美夏斯以拉丁文文法家自诩，在拉丁文领域具有更高造诣的弥尔顿，遂把大量精力用在嘲笑对方的种种语病上。鉴于法语与拉丁文的关系更为密切（它曾被“视作拉丁语的一种讹用形式”），熟悉武侠小说的朋友不难想到，一个华山派掌门人被一名崆峒派高手用华山剑法击败，定然颜面无存，恨不得土遁而走。当弥尔顿质问“什么叫‘in persona regis’（在国王的身份上）？谁的拉丁文会用这样的字眼？”我辈虽不明就里，但可以想见，撒尔美夏斯的心理崩溃程度，唯当场被捉奸者可比。

由于对手还以古典学者自居，弥尔顿遂在学术上深挖狠揭对手之短，不放过任何一处引文、典故上的误用滥用。几个回合下来，围观者早已看清，两人的学术能力不在一个量级，较弱的一方却缺乏自知，数度主动挑衅，结果只能非常可悲了。俗语“关公面前舞大刀”，说的就是这种悲剧。

弥尔顿对撒尔美夏斯的嘲讽，洋溢着一股残忍的欢快。当年读钱锺书《谈艺录》，钱先生为了说明南宋诗人陆游写作上的蹈常袭故（有些直是抄袭），一气举出46个例子。他还嫌不够，日后又在补订和增订中补充了数十个例子。举例原是意在说明，当事实已然得到充分说明，继续例举就好像扫射一具尸体。当然，钱先生穷追猛打的举例至少还有资料收集价值，不宜轻非，弥尔顿如此痛击对手，除了一种诗人式的使气任性，想必还有瘫痪对手脊梁、钙化对手精神的用意，他要读者坚信，这号“村学究”笔下，不配出现任何值得刮目相看的见解。

对手私生活上的种种不堪（老实说，我不敢确信），也构成弥尔顿的拳击沙袋，供他展示各种拳法。骂到兴头上，我们的诗人还会突然来一首诗，比如这样：

撒尔美茜，依势胡为，
谁受愚弄，丈夫气微。
来时男子，去时女辈，
泪珠一滴，转眼娇媚。

即使考虑到诗歌在翻译过程中必然遭遇到的意味损耗，我们也能感知弥尔顿的力量。这类即兴涂抹，撒尔美夏斯感受到的，是一种落水狗仍在挨打的痛楚，读者眼里的诗人，则仿佛获胜的拳击手绕场一周，接受欢呼。

最要命的是，弥尔顿的文字诗袋里，随时都能射出一支支刻薄的毒箭，令旁观者笑逐颜开的比喻，常以神出鬼没的方式，猝然杀到读者面前。比如这样：

> 这位演说家是如此地平淡无味，甚至连他流出的眼泪都不够咸。

> 你的声音又是这样微弱难听，我想你纵然给荷马的老鼠当了号兵，它也不会向癞蛤蟆开战。

> 往下我将非常称庆地撇开他那些废话连篇的喊叫，这些字纸只能拿去包鱼。

甚至那些乍看无从下箸的话头，弥尔顿也能找到攻击点。当对方自称“做得像个演说家是不恰当的”，弥尔顿马上嘲讽道：“你真聪明，一切办不到的事，你都能看出来是不适合你的。”当对方提到“实际上他们更加勇敢了”时，弥尔顿又眼明手快地给对手添了个括弧，提示道：“我认为他说到勇敢的人时是不能不令人肉麻地做作一番的。”——遇到这种对手，一死了之未必是最坏的结果。

逞才真好！诗人逞才，就像美人展眸、孔雀开屏，原是世间第一等美事。

三

需要说些题外话。如果不是为了这些题外话，这篇“丛林批评”也许不值得一写。

就像知识分子的古典含义“士”所涵盖的那样，知识人曾是强悍精神的杰出代表，无论出于热爱真理、捍卫正义还是保护自己独创或偏爱的学说，或仅仅是捍卫一己自尊，他们也不惜与论敌展开文字血战。孟子曰：“吾岂好辩哉？吾不得已也。”实际上，他们“不得已”的门槛非常低，霍姆斯大法官尝言：“对于浪漫故事中的骑士来说，仅仅同意他的恋人是位好姑娘，是不够的，如果不承认她尽善尽美，世间无匹，就得找你决斗。”过往的知识人同样如此，即使只在某个枝节问题上存有异议，他也可能与你先书信决裂，后文字决斗。卢梭如果不是那么轻易与好友结仇并激辩，他的思想成果肯定大打折扣。他的伟大对手，如伏尔泰、狄德罗、达朗贝尔，差不多也这样，而思想随之增进，文明随之灿烂。

思想者对观点差异越敏感，对反方观点的包容度越低，常常越能营造灿烂的思想星空。另一方面，更加成熟的社会，对言论也更加宽容，对具有丛林特征的批评，不至于见风就是雨，动辄召唤有司介入。后者仿佛足球队员在球场上恶意蹬踏后，不是仅仅接受一张黄牌或红牌，而是被突然闯进来的警察铐走。

正如足球比赛有“合理冲撞”一说，相对更不容易产生实质性肢体伤害的学人争辩，对“合理冲撞”的界定理应放得更宽。尽管丛林批评里不乏令人皱眉的旁门左道（我决不认为弥尔顿的批评无懈可击），我们也很难坦然面对谣言攻击或人身攻击。然

“水至清则无鱼”，给学术论战设定过多规则，即使有一个说得过去的出发点，结果仍可能弊大于利。伏尔泰与卢梭论战时，甚至把卢梭说成日内瓦一家剧院的纵火犯，也没啥大不了，素来不以度量宽宏著称的卢梭对此一笑置之。由于论战是在公共空间进行，只要相信思想市场具有激浊扬清的自净功能，那些手段更下流的家伙，也就很难在众目睽睽之下获得荣光，造谣者往往不待司法介入，即先行在读者的唾弃声里受到更大惩罚。就此而言，担心那个批评手段更下流者更可能获得好名声，实属多虑。

与往昔充满丛林气息的批评世界相比，今天的批评环境过于温和驯良了。别说思想较量和观点交锋，连最适宜用文字辩个明白的寻常是非，如剽窃与否，最近都流行发律师函了，动辄以诉诸法庭相威胁。另一种回避论战的常见套路，是将观点之辩转向态度之争，似乎只要从对方文字里觑得几颗火星，被批评者就有了反戈一击的机会，他第一时间就揪住态度不放，于是，再大的观点分歧也被一桶浆糊的态度纠纷所替代。更可笑的是，此时往往出现一种“攒人品”式的仲裁者，用民间老娘舅的口吻呼吁双方“有话好好说”。

“有话好好说”云云，实质是用市井的伦理法则来干涉鲜活的批评法则，用庸俗的道德绳索来捆缚不羁的艺术才情，倡议者软硬兼施地要求批评者背离“文似看山不喜平”“嘻笑怒骂皆文章”的批评大道，哄骗批评者放弃义愤填膺的权利。倡议者还可能怀有一种不值得尊重的兔死狐悲，我们几乎可以肯定，鲁迅在任何时候都不会认同这种呼吁。那其实是弱者的德性，卑怯地恳请对方高抬贵手，缴出批评武器，以便向自己趋同。“有话好好说”能得到广泛响应，多半缘于弱者间的扎堆抱团。

另一种孱头式批评，是伪装高傲，用做作的不屑之情来掩饰软弱，回避论战。钱锺书对此有过一个妙语，叫“实不能而佯不屑”。在国内，甚至有知名人物以自己“社会评价降低”为由，将批评者随意告上法庭。这真是滑天下之大稽，被批评者“社会评价降低”，原是优秀批评的逻辑结果。当弥尔顿痛扁撒尔美夏斯之后，难道我们应该指望撒氏的社会评价不减反增吗？依他们的玩法，弥尔顿将被罚得倾家荡产。

在精神领域同情弱者，意味着强者的处境变得糟糕和危险。我想，弥尔顿、潘恩等先贤与人笔战时，幸亏周边缺乏这类和事佬，否则，读者的损失就太大了。在那巨人辈出的时代，普通读者虽然不是巨人，但熟悉巨人的口吻气场，即使作为围观者，他们的姿态也更为从容。假如批评的演变只会导致弥尔顿、伏尔泰、卢梭、潘恩、鲁迅等思想巨子纷纷接到司法传票并缴纳罚款，那肯定出了问题。我们对弥尔顿的丛林批评技艺抱有一定的赞赏，初衷不是鼓励他人仿效，而是尊重批评世界的多样性，同时认定，对批评技艺约束太过，最终会窄化思想的表达通道，损伤人类的智性空间。

亚伦·德肖维茨说过一件趣事：1977 年，三名苏联官方辩手与三名意大利代表就人权问题进行电视辩论，苏联人赢了，他们兴高采烈之余，向美国发出挑战。美国人接过战书，“三位苏联辩论者将和三位美国辩论者进行 90 分钟的电视辩论，由美国全国广播公司（ABC）作实况转播”。当苏联人获悉美国辩手里有德肖维茨教授，他们马上改变规则，“莫斯科电令苏联队不要参加由我对他们的代表进行质证的辩论”。德肖维茨说。他此前亲赴苏联，替遭受苏联当局迫害的犹太人辩护，苏联人领教过他的厉害。对此，德肖维茨无法克制内心的鄙夷。的确，在重大问题上不敢像斗士那样投入辩论，无论国家还是个人，都意味着丢脸。

当然，有些纷争是可以交由法庭仲裁的，如盗版，因为论战本身不会带给你经济补偿，唯有诉诸法庭才能讨还公道。德肖维茨遇到过一件烦心事，也是非诉诸法庭不可的。他朋友卷入的一桩民事诉讼里，原告证人举证时顺口说到德肖维茨有嫖妓之举，舆论大哗。美国法律为保护证人，规定证人举证时的内容免受庭外滋扰。这样，德肖维茨等于吃了哑巴亏，他的名誉受到损毁，却被剥夺了自证清白的机会。于是，他故意在脱口秀节目和文章里，用颇为蛮野的丛林批评手法，污辱该案原告，诱使对方向自己提起名誉侵权诉讼。一旦德肖维茨成为被告，他将获得澄清机会，可以充分地捍卫清白。

德肖维茨诱人上法庭，不是回避，而是想方设法找到一个辩论战场。最终，相关法院宣布该证人涉及德肖维茨的举证无效，此事才不了了之。

约翰·密尔：知识分子英雄是如何炼成的？

对落日染红了晚霞之美的最强烈的感情，不会阻碍我知道云是水蒸气，知道它遵从所有处于悬浮状态的水蒸气的定律。

——约翰·斯图尔特·密尔

个性坚强的标志之一是热爱客观。

——艾利亚斯·卡内蒂

一

约翰·弥尔顿启示我们，知识分子的性情可能出自天赋；约翰·斯图尔特·密尔将告诉我们，伟大知识分子的能力，除了天赋，还仰仗艰巨的思想训练。密尔的知识分子生涯——以在公共刊物上发表公共批评为标志——始于1822年底，那年他16岁。我们将看到，他为了这一天所做的前期训练，超出想象，他在14

岁时表示“我严格意义上的功课学习结束了”，意味着何等高峻的标准，我们已无法在当今世界的任何学府为他找到合适参照。

密尔的第一篇习作是议论文，主题是抨击“贵族化偏见”。密尔说：“这种主题其实是允许激辩的，而且年轻作者可能也会被建议这么做”，想必他指的是那种玩慷慨、秀姿态、煽情感的知识分子魔术，那是寻常知识分子的必修课兼必杀技，个别享有世界声誉的大人物（如爱德华·萨义德）也极难避免，但少年密尔在此止步了。他初涉公共世界，即将这类与诚实表达和严谨论述无关的花拳绣腿，悬为笔墨禁忌。他这篇习作的最大特点是：用论证构成一切，“没有任何慷慨陈词”。次年，他已在刊物上发表了大量书评、书信类文章，内容是“评论议会里面说的一些胡话、法律的缺陷以及地方行政官员或法庭做的坏事”。——一句话，全是知识分子题材。

密尔晚年写过一本自传，多亏这本自传，我们有幸了解一名伟大知识分子的成长之路。如果打通文字英雄与沙场英雄的界限，则密尔的青少年经历，是一种堪与希腊神话英雄媲美的非凡传奇，而密尔得此奇遇，原因也和希腊英雄（如赫拉克勒斯）相仿：有一位神一样的父亲。

密尔的父亲在后人眼里的成就不算特别突出，但在密尔少年时代，他是一位凭一己之力构成文化重镇的大人物，著述极丰，题材广泛。《英属印度史》《政治经济学要义》《论政府》《人类心灵现象的分析》等等，这些在今天需有不同领域的学术大腕分别完成的书籍，作者都是一个人：密尔的父亲詹姆斯·密尔。

密尔的教育是父亲一手包办。老密尔信奉学术前辈约翰·洛克的心理学观点：人出生时是一块白板，不带有任何记忆和思想。因此，当长子3岁时，老密尔抖擞精神，着手在白板上描绘儿子的美妙精神。密尔“记不清自己开始学习希腊语的时间了”，但“听人说是 3 岁”。他读的第一本希腊语书籍是《伊索寓言》。到他 8 岁时，老密尔按部就班地让儿子学习拉丁文，由于打下了希腊文基础，小密尔的拉丁语学习看上去就像玩儿似的，并没有我们在其他西方学者那里看到的抱怨。8 岁的小密尔不仅自己学习，还兼任弟妹的拉丁语老师。很难想像小密尔乐于担任这项苦差使，因为他必须“对学生们的功课负责”，但密尔最终承认，“从这种锻炼中我受益匪浅，对于教的内容，我能够学得更全面，记得更牢固。”忘了在哪儿读到一句话：想学习什么，就迫使自己去教什么；教学的责任，会极大地促进学习的热情和成效。密尔还是小小少年，就验证了这句经验之谈。

密尔的童年“几乎没有玩具和儿童读物，只是偶尔有亲戚或熟人送给我这样的礼物，其中《鲁滨孙漂流记》是最好的，我整个童年时代都很喜欢”，他的童年心性还表现在对两本航海读物的“百读不厌”上。在他 8 岁到 12 岁期间，主要阅读书目如下：

> 拉丁语书籍有维吉尔的《牧歌》以及《埃涅伊特》的前六本，除了《抒情诗》之外贺拉斯的全部作品，费德鲁斯的寓言，李维《罗马史》的前五卷（由于喜欢这个主题，闲着的时候，我自愿读了前十卷的剩余部分），萨卢斯特的全部作品，奥维德《变形记》的大部分，泰伦斯的一些剧本，卢克莱修的两三本书，西塞罗的好几本演说集和关于演讲术的著作，以及他给阿提库斯的信件。父亲不辞劳苦，为我把蒙戈尔特注解中的历史说明从法语翻译过来。我通读了希腊语的《伊利亚特》和《奥德赛》，索福克勒斯、欧里庇得斯和阿里斯托芬的一

> 两个剧本（但从中受益很少），修昔底德的全部作品，色诺芬的《希腊史》，狄摩西尼、埃斯基涅斯和利西阿斯作品的一大部分……

这仅是密尔接受教育的一小部分，他还在父亲指导下学习了算术、代数和几何。他童年的最大乐趣之一包括“实验科学——是理论上而不是实际意义上的实验科学”，他“贪婪地阅读化学论文”。由于父亲“谈笑有鸿儒，往来无白丁”，少年密尔的求学过程还包含种种可遇不可求的奇遇。古典经济学大师大卫·李嘉图作为老密尔“最亲密的朋友”，在小密尔刚刚接触政治经济学时，李嘉图即亲切地邀请小密尔“到他家里，和他一起散步，以便讨论这个主题”。老密尔曾从当时的英国学术泰斗杰里米·边沁的书房借来大量书籍供儿子阅读，边沁在书上写的心得札记，想必也滋养着小密尔的大脑。年长密尔近一个甲子的边沁，早就是小密尔的忘年交了，密尔 7 岁时，有幸与父亲和边沁结伴远足，“游览了牛津、巴思、布里斯托尔、埃克塞特、普利茅斯和朴次茅斯”。密尔日后去法国，也是住在边沁的兄弟、将军塞缪尔·边沁爵士府上。在此过程中，他“熟悉了法语，也熟悉了一般的法国文学”，还持续以一种令人叹为观止的学术奇遇，迭获高人指点：密尔的高等数学课程，是在“蒙彼利埃大学的朗泰里克教授的单独指导下”完成的，在往返巴黎的途中，密尔在父亲的朋友、著名政治经济学家“塞伊先生的家里逗留一阵子”，他还见到当时“仅被认为是个聪明的怪人”的空想社会主义代表人物圣西门。

父亲老密尔的教育观是：“不仅要求我尽最大努力做力所能及之事，还极力要求我做力所不能及之事。”换句话说，深为中国人诟病的“揠苗助长”，恰是老密尔教育的不二法门。父子俩都曾在逻辑学领域有过精深研究，他们遇到中国式“揠苗助长”的质疑，多半不屑一顾，并且只须一句话就构成有效反驳：人是苗吗？类比术虽是最常见的论证手法，但也是论证效力最低下的一种，盖“异类不比”乃是逻辑初阶。若干年后，小密尔通过现身说法，对父亲的教育观作出积极回应。他说：

> 在童年时代，父亲努力给予我属于高等教育的知识，这种知识在成年之前很少能获得（如果真能获得的话）。这个实验的结果证明了这件事要办到其实很简单，也深刻揭露了学生们要花那么多年宝贵时间，学习一点点拉丁语和希腊语，纯属浪费时间。这种浪费让很多教育改革家有了把这些语言从普通教育中完全取消的轻率提议。如果我生来就理解速度极快，或者记忆力精确持久，又或者性格极其积极、充满活力的话，那么这个试验可能不具备决定意义。但是我在这些天分上，低于标准，而非高于标准。我能做到的，任何能力一般、体格健康的男孩或女孩肯定都做得到。

密尔这种粗暴的谦逊，估计不太能引起共鸣，尽管其中也包含至理，即，少男少女的潜力常遭低估，教育者以关心的名义实施的循序渐进策略，如果不是掩盖教育者本身的平庸（毕竟，资质平凡者总是多数），则往往起到了确保孩子成长为特定庸人的作用。一个从未有过不切实际之念的孩子，泯然众人即是他的精神归宿。读“美国知识界良心”苏珊·桑塔格少女时代的日记，最让人惊讶并折服的是：哇，她读了多少超越年龄的书啊！16 岁时即能与人什么都聊，“从巴赫的康塔塔聊到托马斯·曼的《浮士德博士》，从实用主义聊到双曲函数，从加州大学劳动学院聊到爱因斯坦的弯曲空间理论”。类似托马斯·曼《魔山》、陀思妥耶夫斯基《卡拉马佐夫兄弟》、亚理士多德著作等似乎在任何教育体系里都必须像酒类那样对少年实施管制的读物，她早就厮磨许久。

二

另一方面我们也得看到，如果没有别种能力——尤指思维能力——的有力辅佐，少年郎的博闻强记又是一种表演性大于实用性的才能，在最坏的情况下，还可能堕入中国古人讥嘲的“两脚书橱”。我们习见的“神童诗”很少映射出璀灿的生命晚霞，昔人陈韪所谓“小时了了，大未必佳”的判语，也经常构成大多数神童的生命谶语。所以，虽然密尔的奇遇让人艳羡，然单凭这些奇遇，还不足以把他锻铸成一位知识英雄。知识英雄的内核是超凡的思辨力，正是在这个核心环节上，密尔拥有更多、更大的奇遇。这同样取决于他那位宙斯般的父亲。

密尔告诉我们，他从父亲那里接受的教育从来不是“填鸭式的”，因为“父亲决不允许我所学的东西仅仅退化为记忆的练习”。老密尔的标准是：“任何需要思考才能获得的东西，他从来都不会告诉我，除非我已经尽了最大努力还没有找出来。”在密尔 13 岁时，有一次碰巧用到“观点”这个词，父亲立刻敏锐地质问“什么是观点”，儿子顺嘴回了一句套话，略谓“有些东西理论上正确，但是实践起来需要改进”，老密尔怒不可遏，对儿子痛加训斥，最终，儿子得到了一次受益终生的训诫。老密尔的教学密钥大概是这样的："如果从来不要求学生做他做不到的事情，那么他也决不会去做所有自己能做到的事情。"——正因为人不是"苗"，所以，只要方法得当，"揠"或"拔"是必要的。

密尔说："我比较熟练的早期智力练习，是仔细剖析错误的论点，并找出谬误在什么地方。"他将自己取得的进步，归功于父亲。密尔甚至能在旁人只能看出迂腐和愚蠢的经院派逻辑学中，得到充分训练，并发现，"经院派逻辑如果运用适当的话，没有任何其他东西能像它一样塑造缜密的思想家，这些思想家会赋予文字和命题精确的意义，而且不受模糊、不精确或不明确术语的影响。"密尔还从苏格拉底问答法中，接受了充分训练，以便"纠正错误，在智力允许的情况下澄清悟性混乱"。我在《富兰克林自传》里，读到传主从苏格拉底问答法中获得的突出益处（他对此多少有点大呼小叫），但在密尔身上，"苏格拉底问答法"只是其浩大求学经历中一个小小插曲。在密尔的求学过程中，套用孔子"有教无类"之说，他是"有学无类"，他甚至能从敌对观点中找到可取之处，丰富自己的认知。

父亲让密尔阅读亚当·斯密《国富论》，目的是"让我把李嘉图的卓越观点应用于斯密较肤浅的政治经济学观点，找出斯密论据的谬误之处，或者结论中的任何错误"。他阅读米特福德的《希腊史》时，父亲提醒儿子"警惕作者保守派的偏见，以及他为了美化暴君、诋毁民主制度而颠倒的事实"。最终，小密尔竟把书读到这种程度："我和作者赞同的东西总是相反的，在某种程度上，我甚至能提出反对他的观点。"在密尔的早期写作训练中，他应父亲要求，就同一个主题写两篇演说词，"一篇是谴责伯里克利，另一篇是为他辩护，假设他由于没有出兵攻打入侵阿提卡的斯巴达人而遭到了指责。"这种出色的左右互搏式训练使他日后面对任何学术课题时，都能自如地从对立双方的立场、视角加以衡量，最大程度地排除先入之见，逼近真理或真相。法国随笔家蒙田说过："我是一个不让先入之见左右判断的人。"这是一个好态度。但密尔证明，只有通过有意识的自我训练，"态度"才会升格为"能力"。

密尔的前辈、英国 18 世纪旷世批评家约翰逊博士，大概也经常从事这种训练。他的传记作者包斯威尔告诉我们，即使在日常聊天时，"他明明知道自己错了，仍然固执地运用机智与歪理，坚持自己的论调。他开始会这样说：'啊，先生，至于玩牌是对是错的问题——'套一句加雷克的话：'他正在想这一次该站在哪一边。'"约翰逊博士曾这样赞美埃德蒙·柏克："任你挑选一个话题，他都能给你说得头头是道。"他本人也是如此。约翰逊博士（包括柏克）的非凡成就，使我们不便把他们贬为见风使舵、脚踩西瓜皮的舌辩之士，相反，他们经常说出如此雄奇瑰伟的见解，恰在于他们擅长从反方观点受益。我们下文还会专门谈到约翰逊博士。

这样，少年时代的密尔已是卓荦不凡，他为了每天向父亲汇报而写的书面大纲，后来成为父亲撰写《政治经济学要义》的笔记。22 岁时，他接受了一项看似不可能的任务：应边沁指定，他受命编辑边沁文集，其中一部篇帙浩瀚的专著，系边沁分三次写成，且每次中间都有很长的间隔，风格也不同，"每次都没有参考前面的内容"。密尔必须将这三大本手稿"浓缩成一本专著"。少年时也是一位神童的边沁，向密尔提出一个特别要求："从自身出发，尽力去填补他遗留下的任何不足。"

这是一个超出想象的学术佳话，其审美价值绝不限于体现功利主义哲学泰斗杰里米·边沁的超凡胸襟。我们拿印象中的类似故事来比附，都嫌斤两不足，如钱锺书弱冠时替父亲钱基博捉刀，为钱穆学术著作《国学概论》写序，就与密尔不成比较。毕竟，钱穆当时只是一名中学教师，尚未成为“国学泰斗”，钱基博对儿子高看一眼的私心也使该佳话成色不足，而“序言”又是一种对诚实表述可予通融、对虚假恭维未加厉禁的独特文体，故青年才子不妨倚马万言，一挥而就。钱穆获悉钱锺书捉刀后就在书籍再版时撤掉了那篇序，也算是否认了这则佳话。替边沁编纂文集并随时加以充实就不同了，该补充必将作为边沁学术生涯的结晶及盖棺论定的一部分而垂诸青史，故包含着大师边沁的厚重嘱托。密尔说：“我为此读了有关《英国证据法》最权威的论文，对边沁没注意到的、英国统治中值得反对的几个地方作了评论。”边沁对此的回应是：无视密尔的婉拒，坚持将密尔的名字列入编辑一栏中。密尔在花了整整一年完成这项浩繁工作后，自评道：

> 之后我写的每一部作品，比之前写的任何东西都明显好很多。

与我们记忆中的神童故事相左，在密尔的成长过程中，老密尔始终留意一件事：不让儿子听到“赞美之词”，以免助长他不必要的自满和自得。父亲做得非常成功，以致相当长一段时间，密尔“根本没意识到我的成绩在那个年龄来说，有什么不寻常”。在密尔的记忆里，父亲只有一次暗示“说我比其他受过良好教育的年轻人懂得多”。当今的教育宝训里有这么一条：“表扬和鼓励永远不是多余的。”无论老密尔还是小密尔，对此都不予认同，而且用实际行动把这条“宝训”还原为平庸教育的特征。

三

1823年5月，老密尔为儿子在东印度公司印度通信检察署谋了一个职位，儿子在这个岗位上兢兢业业工作了三十多年，直到东印度公司不复存在。一个受过超人式教育的精英，甘于在如此凡俗的岗位上奉献终身，今人怕是难以理解。实际上，同样在东印度公司位于伦敦的会计账房里奉献终身的英国随笔大师查尔斯·兰姆，就在退休时大感庆幸，他悻悻地表示，自己最主要的"作品"乃是那些大账本。但密尔不这么看，他将这项工作当成学术历练的平台，他珍惜该工作给予他"观察、学习实际管理公共事务"的机会。密尔的工作特点是："以书面形式办理在地球另一端生效的公共事务。"这个职业让他"习惯于看到、听到每一项事业里面的困难，以及消除困难的方法"，更重要的是，它以公务的责任迫使密尔磨练慎重表达的技艺。密尔解释道：

> 作为管理政治通信的书记，我发布命令或表达观点时，必须让各种各样的，和我完全不同的人满意，觉得这件事适合实施才行。因此，我所处的有利位置能够让我通过实践找出方法，让不习惯接受某种想法的人，很容易地接受这个想法。

一个长年身居伦敦的公司职员，向万里之外的印度属员提出具有可行性的命令，难度可想而知。密尔由此受到的训练，只需稍加转化即可无限接近一百年后美国政治哲学家约翰·罗尔斯在《政治自由主义》一书中拈出的"公共理性"表述理念；与罗尔斯为该概念的实践者所列举的理想人物——美国联邦最高法院的大法官——也具有最高的相似度。大法官书写司法判语时，同样是在一座远离双方当事人的大楼里，就一件难缠的司法案件写出“必须让各种各样，和我完全不同的人满意”的判词，并且，使他们满意的前提还绝对不能是取悦，而必须是法律上的信服。

《论自由》的作者在踏上工作岗位后，继续以一种不可思议的速率成长着，他很早养成一个习惯：

> 这个习惯就是，如果困难只解决了一半，就不能当成全部解决。永远不放弃任何一个难题，而要反复研究，直到完全解决为止。永远不允许因为看似不重要，就忽略一个问题不引人注意的角落。在完全理解一个问题之前，永远不能认为自己完全理解了它的任何一部分。

从1821年冬天读边沁作品起，15岁的密尔即立志“成为一名社会改革家”（在另一处他写成“思想改革家”）。他多次表示，“我一直在思考人类总体的命运，并且不能把它和我的命运分开”，他尤其“希望对公众思想中有关自由和民主的部分产生有益的影响”。为了达成这份宏大志向，他以坚忍的态度磨砺写作技艺，属于密尔名下的全部作品，都是按这种方式写成的：

> 每一本至少写作两遍，每部作品从头到尾完成初稿，然后再回过头来重写一遍。但是在重写时，我依旧沿用原稿的所有或部分句子，这些句子很合我意，根本不需要重写。这种双重编纂的方法优点很多，与其他写

> 作模式相比，这种方法更好地把早期思考的新鲜感和活力与长期思考后的高度缜密性和完整性结合起来。

这方法实在太妙了，但是，它又多么累人啊！不用说，《论自由》就是这样写成的，甚至还不止。作者自述，他起初只想把它写成一篇短文。1855 年 1 月，他与妻子外出旅游，就在登上罗马朱庇特神庙台阶时，密尔“第一次产生了把它写成一本书的想法”。密尔接着告诉我们，“我的作品中没有哪一部像这本书一样作了细致的构思和孜孜不倦的修改。像通常那样写过两遍以后，我们就把它带在身上，时不时地拿出来，从头翻阅，字斟句酌。”最终，“里边的每一句话都经过了我们多次认真地思考和反复地推敲，我们细心地去除了所发现的所有思想上或表达上的错误。”——“我们”中的另一位指密尔的妻子泰勒夫人，密尔坚持告诉我们，他那位不幸在阿维尼翁因突发肺部充血而去世的夫人，不仅应该与他同享署名权，而且做出的实际贡献比他大得多。——对此，我们作为外人就不要妄加评议了。

关于《论自由》的著名谦逊，还有一项，密尔声称：“我对自己署名的《论自由》一书中的学说没有原创权。”密尔的理由大概是这样的：对自由的声张和阐释，是西方一项悠久传统，古希腊人就对自由作出一定的捍卫，在罗马人的著述里，“自由”更像是一种帝国关键词，后人几可在任何一名罗马作家笔下见到。在密尔所处的时代，大量前贤（如法国启蒙三杰伏尔泰、孟德斯鸠、卢梭）都对自由作了热切讴歌和精妙阐述，他自己所属的大英帝国——正如约翰·弥尔顿声称的那样：“说英语的民族在自由方面的成就是独步古今的。”——大量前辈同仁同样为作为一种学说、作为一种精神、作为一种权利的自由提供了海量卓见，一贯谦逊的密尔在博采众长之后，似乎已无法断言其中哪些观点具有自己的独创性。我们已经知道，他甚至能从反对者的观点里汲取营养，他人文章但有一言可采，他即不忘汲取，比如，密尔虽对法国学者奥古斯特·孔德后期的观点很不满意，但他始终记取从孔德处获得的教益：一种名叫“反演法”的逻辑学概念。他尤其推崇托克维尔在《论美国的民主》一书中展示的论证方法——托克维尔擅长揭示民主的弱点和不足，目的是为了更好地捍卫它——这样，他对自由的阐述就有了一个绝然不同于所有前贤的特点：他是在反复掂量、充分质疑过自由的种种不足之后，对自由加以肯定和捍卫的。对自由最热爱的人，同时也是最洞悉自由之局限的人。

试以弥尔顿为例，弥尔顿关于言论自由的观点大多当得起“难能可贵”的评价，但该评价本身包含一个限定性前提：后人尊重他的努力，谅解他的不足。卢梭等人的自由观亦是如此（实际上，卢梭的见解在今天更多地是批评的对象，而非取法的源泉），它们在诞生之时，仅仅表现为一个热切的呼号，一种不失为一家之言的观点。密尔不同，密尔对自由的阐述，几乎是在自由的终极理念上，一步到位地完成了情感讴歌和原则确立，它是那样地清澈完整，在此之前，作为一个与人类权利具有最大关联的概念，自由从未得到如此百般照拂的表达和阐述。密尔的自由观是一套完备主张，几乎具有抗拒质疑的威力。他的姿态尽管温和平易，笔下的观点却俨然一支征服者的大军，勒令反对者“无条件投降”。世上那些决意对自由另作盘算的专制或极权政府，通常的做法是回避密尔，假定他的学说不存在，而不是直面它。因为，任何直面密尔的人，都会被他无懈可击、绵密如环的论证弄得毫无还手之力，比如下面这段关于保障言论自由的经典主张：

> 首先，那些被迫噤声者，言说的可能是真理。否认这一点，意味着我们假设自己永远正确。其次，就算那些噤声之语存在错谬，但也可能，而且通常是，包含部分真理。任何普遍意见，又或主流意见，都不可能囊括全部真理，只有让各种观点彼此辩驳印证，真理才会越辩越明。第三，就算我们相信眼前的意见都是真理，若不容它接受对立意见的挑战和检验，人们对待这一意见的态度，将如同保留偏见，对它的理性依据将缺少领会与感知。

在书中，围绕这段话的前后，还有大量穷理尽相的精彩阐述，它们构成密尔式自由学说的扎实地基，足以让任何对自由另持异议者灰头土脸。事实上，密尔的自由观已构成一种文明的检验口和校验器，对密尔观点加以拒绝，几乎意味着某种反文明取向，而对密尔观点的深入领会，也构成了对自身民主制度的点滴推进和完善。

试以霍姆斯大法官为例，他在深入学习、揣摸密尔的著述之前，对言论自由的领会并不深刻，后人考证过他在态度作出重大改变的那个夏天的阅读书目，发现了密尔（还包括《政府论》的作者约翰·洛克）等人的影响。今人重温霍姆斯那些响遏行云的表述，如“可憎的思想依然有其存在的自由”（Freedom for the Thought that We Hate），不难发现它们就是密尔思想的浓缩，属于霍姆斯的独创性，只是他那充满诗人气质的美妙修辞。同样，霍姆斯关于“思想市场”的著名表述，亦无法主张“原创权”，其源头仍须公正地归诸密尔。好在思想鼓励传播，法学又是对“原创性”格外警惕、拒绝轻易将其视为美德的学科，法学总是更强调对传统的恪守、对先例的遵循，因此，霍姆斯的格言因固守“密尔先例”而失去了若干“原创性”，但仍不失伟大。

四

在密尔之后，人类关于自由的探索当然不可能停止，后之贤达也做出了大量贡献，大而言之如以撒亚·伯林强调了对“消极自由”的关注，小而言之如美国大法官路易斯·布兰代斯提出的隐私权、独处权等概念，但所有这些或大或小的现代自由观念，都不构成对密尔式自由观的质疑，而只是进一步夯实了密尔的卓见。在密尔的时代，他当然不可能预见到 20 世纪方始出现的现代极权制度，但是，他仍以自己严谨务实的推导，向后人提出了适时警告。他在自传中写道：

> 某个特定学说体系会适时地得到周围大多数人的支持，建立与之相符的社会制度和行为方式，通过教育使新一代人牢记新的教条，而不用告诉他们得出这个新教条的思想过程，渐渐地这个教条取得了与它所取代的教条相同的压制力。这种有害的力量是否会发挥作用取决于人类在那时是否意识到它会阻碍人性的发展。只有到那时，《论自由》的教导才会有最大的价值。

公正地说，密尔如此迥异于常人，部分理由也得归功他所处的开明时代。密尔写作《论自由》时，英国处于强盛的维多利亚时代，一个“其疆界已经变成了一切海洋的海岸”的“日不落帝国”。在密尔生活和写作过程中，他从未遭逢任何与惩戒、迫害相关的恐惧，他摇动鹅毛笔时，无需承担卡斯特里奥、弥尔顿或左拉等人所承受的代价——乔治·奥威尔说过：“（英国）是一个人民生活了好几百年而没有发生内战的国家，法律相对来说是公正的，官方的新闻和统计数字几乎可以一概信任，最后，但同样重要的是，持有和发表少数派意见并不会带来生命的危险。”——因而无需用一种与诚实表述无关的勇气来激励自我。这赋予他从容命笔的条件。卡斯特里奥式的勇气固然可贵，但是通常，这类勇气也可能对公允平实的探讨带来损伤，使思想的表达被一层情有可原的戾气缠绕，无法散发出纯净的理性之光。

既然构成密尔式成就的条件如此苛刻，密尔式知识分子写作没能在后代知识分子那里得到广泛传扬，也就不足为怪。令人沮丧的是，在密尔之后，几乎所有在知识分子领域获得好莱坞明星式声名的人物，都是在背离密尔式思考和写作准则的情况下取得成功的。密尔为知识分子写作划定的标准过于高峻，曲高和寡成了他的宿命。

密尔没能对中国走向现代文明的进程作出更大推动，纯属一种民族不幸。本来，他属于有望对吾族吾民作出自由启蒙的西方贤哲之一，并且拥有捷足先登的条件，他的两部杰作《逻辑学体系》和《论自由》，早在清朝末年即被我们的译界先驱严复分别以《穆勒名学》和《群己权界论》的译名介绍到中国（严复将密尔译成“穆勒”，在当今汉语语境里，那更像一个德语名字），那意味着我们曾经有过最好的机缘来接触这位自由思想的大师。最终，也许缘于民族气质上的睽隔，我们与他错过了。

塞缪尔·约翰逊：文人英雄

真正的文人，不论其是否被世人公认，总有这种神性：他是人间的光明；是世人的教士；——他像一条神圣的火柱，引导人们在艰难的人生征途中不要浪费光阴。

——托马斯·卡莱尔

他通过自己的写作表现来证明自己评判的权力。

——塞缪尔·约翰逊

一

世人即使不了解塞缪尔·约翰逊，也听说过他的凌厉格言：“爱国主义是流氓最后的庇护所。”对有些学者来说，评议爱国主义却放着这句杀手级格言不引，会有一种割爱感。标准的约翰逊格言一直被认为具有这种力量：“即使他的枪未击中你，他也能用枪柄把你打倒。”

这句格言出自詹姆斯·包斯威尔的名著《约翰逊传》，由于原书系“上百万言的典雅、精致、正统英文”，国内未见完整译本，我读的中译本是哈泼诺版的浓缩本，不识在此可有节略。据我所见，包斯威尔未提及语境，只说传主约翰逊博士——“约翰逊博士”是后人对他的尊称——与朋友谈到爱国主义时，“突然用强悍而坚决的语气”吐出了这句话。那就是说，这句“旷世名言”并非白纸黑字写在书上，而是聊天时“突然”冒出的警句。作者强调“突然”，意在说明在座者懵然不解此话来由。包斯威尔当时也在座，且已决心日后替身边这位文学大佬撰写传记，为了不错过约翰逊源源不断、信手拈来的妙语，他还练就了速记法，并在每天晚上加以整理，他不可能听错。但是，英国当代历史学家保罗·约翰逊在《知识分子》一书中谈及卢梭，却好像知道这句话的来历，他写道：“约翰逊博士有关的评论似乎令人困惑，但他一针见血地戳穿了卢梭的诡辩：‘爱国主义是流氓最后的庇护所。’”——哦，是针对卢梭的。

约翰逊博士确实反感卢梭，他认为卢梭“是世界上最大的坏蛋之一，一个无赖”，并将英国等三四个国家接纳保护卢梭的行为视为“奇耻大辱”。奇怪的是，保罗·约翰逊在另一部著作《美国人的历史》里，又将这句名言作了随机应变的调整，变成针对当年美国的波士顿茶党了，他脸不变色地宣布：“约翰逊博士把茶党事件看作是盗窃行为和流氓行径，并引出了他的旷世名言：‘爱国主义是流氓的最后庇护所。’”——约翰逊博士仇视当年正在闹独立的美国人也是事实，他说过：“除了美国人，我愿意爱所有的人！”但一句即席妙语，不可能既针对“卢梭的诡辩”，又针对茶党的“流氓行径”，这位历史学家肯定错了一处；也可能两处都错了。——当然，也许我错了，诚望有机会读过未删节版的读者有以教之。

保罗·约翰逊显得不够专业，我唯一可以确认的是，他对这位与己同姓的本国文学前辈满怀敬仰，以至不管是否切题，总要提及他的妙语，以便替自己的判断加投一份保险。比如，他提到剧作家易卜生忽视朋友，“总是使友谊处于紧张的状态”时，也不忘用约翰逊的“劝告”来完成最后一击：“他（易卜生）不会遵循约翰逊博士的劝告：‘友谊的维持必须依赖于不断地修补’。”约翰逊的这句“劝告”，仍是与朋友聊天时顺口说说的。当然，说得非常精准，非常符合约翰逊式格言的特点：乍听突兀，细思却意味绵长，充满人生智慧，令人颔首。

引用权威语录来强化观点，虽属世上小文人、小学者的共同爱好，但也一直受到有自尊、有抱负人士的轻蔑。因为，那不仅露出思维惰性，还显出文字奴性，似乎不搬弄一点观念权威，不倚住一座思想靠山，作者就失去立论之勇。而在缺乏“诗云子曰”传统的西方，一直存在一种警告，告诫文人学者不要这样做。古罗马哲人塞涅卡曾告诫一位后生：

> 你没有必要追求大量的语录，因为这类东西在其他作家是摘抄来的，在我们却可以自己不断地写作出来。这就是我们为什么不热心于装饰门面的缘故。……对于无疑已经取得很大进步的成年人来说，仍然只依赖自己的记忆力，全靠几句名言支撑，那就很不光彩了。因为这正是他进行独立思考的时候，应该自己发表这样的警句，而不是去背诵了。已经年老或已步入老年的人还只能从笔记本中获得智慧，那是不体面的。

另一位古罗马哲人西塞罗特地区分了“外在的论证”和“内

在的论证”，并将“主要依靠权威”的外在论证贬为“非技艺”的。法学教授亚伦·德肖维茨提到过杰里米·边沁的著名讥讽，也指向“外在的论证”：“当人们想遂行己意却又不想说明缘由时，便会援引自然权利。”德肖维茨补充道：“而且不想说服多数人时。”因为，援引权威“等于堵塞了论证的空间”，使得原本具有开放性的议题，骤然闯入某个不可抗拒的对象。我曾提到米沃什对当年波兰知识阶层的一项观察：“任何一个受到唯物辩证法钳制的人都不得不承认：每个独立哲学家的思想如果没有引用权威人士的语录加以支持，那他就是在说蠢话。”不过，在当时的波兰，蠢话与聪明话是颠倒的，引用特定权威的现实收益是确保人身安全，这就足以诱使人们鱼贯而入了。

“外在的论证”且略过不提，因为我此刻想说的是：约翰逊博士是一个例外。他是一位特殊权威，人们尽可放心致敬、频繁引用，不必顾虑“外在论证”之讥。

我们经常看到，一些个性孤傲、性喜白眼看人的精英，每每以认同约翰逊为荣。耶鲁大学文学教授哈罗德·布鲁姆有着目空一切的评论气概，但他坦然承认：“我的英雄偶像是塞缪尔·约翰逊博士。”他的《西方正典》里供奉了二十位文学大师，评论家只有一位，布鲁姆解释道：“约翰逊博士的入选在于他是西方最伟大的文学批评家，迄今难有与之比肩者。……（约翰逊）是各民族中空前绝后、无与伦比的批评家。”他还认为，在著作里不时提到几句约翰逊的“座右铭”，有助于丰富作品的情味，包括这句：“除了傻瓜，无人不是为钱写作。”

弗吉尼亚·伍尔芙将自己心爱的文学随笔集命名为《普通读者》，也是为了向约翰逊致敬。她写道：

> 在一些藏书很多但地方太小，不能称之为图书馆的私人书房里，很适合题上约翰逊博士《格雷评传》中的一句话："能与普通读者的意见不谋而合，对我来说是非常高兴的事，诗歌的荣誉，在经过所有高雅的敏感和教条主义的评判之后，最终应该由那些未受文学偏见污染的普通读者的感觉来评定。"
>
> 如约翰逊博士认同的，普通读者不同于批评家和学者。普通读者没受过太好的教育，上天也没有慷慨地赋予其天分。总而言之，他读书不是为了传授知识或是纠正别人的观点，而是为了快乐。

约翰逊博士当然不是"普通读者"，他是西方读书界公认"最特殊的一个"；犀利评论过《尤利西斯》的伍尔芙女士同样很不普通，"普通读者"才不会啃这部天书呢。但是，两人都认为，身为文学精英，假装与普通读者有着内在一致，是一种高雅的世故。

眼界极高的哲学家叔本华，看得起的人屈指可数，但他并不介意强调自己与约翰逊的"英雄所见略同"，在文章里兴高采烈地写道：

> 约翰逊博士却赞同我的意见："一个习惯于处理钱财的有钱女人，会小心翼翼地花钱。但一个在结婚以后才首次获得支配金钱权力的女人，会在用钱的时候大胆妄为，她简直就是大肆挥霍。"不管怎么样，我都要奉劝那些娶贫穷女子为妻的人不要让她们继承本金，而只是领取一份年金。他们尤其需要注意，不要把孩子的财

产交到她们的手上。

其实，叔本华是举世闻名的憎女者，他是女权主义者的天敌，而约翰逊博士对女性的处境却饱含同情，且时常发表令女性大为满意的高见。比如，他将女性易在文字世界受到诋毁，解释为“因为写作的才赋主要掌控于男性手中，迄今被泼乱世害人的脏水的，总是广大女性”。可以想象，约翰逊活到叔本华的年代，绝不会认同后者对自己的引用。话说回来，以叔本华之智，他也能意识到自己正在强约翰逊之所难。但是，他不想管这么多，毕竟，在文章里时不时地与约翰逊保持一致，是使自家文字为人接受的一条屡试不爽的捷径。

海明威最为人熟知的格言，出自《老人与海》笔下的老渔夫桑地亚哥：“人不是为失败而生的。一个人可以被毁灭，但不能被打败。”我注意到，约翰逊与人讨论疾病时，早就说过：“我宁愿被征服，而不愿投降。”当然，老渔夫没必要引用约翰逊；约翰逊的态度可以在古巴老渔夫身上得到佐证，恰恰从另一面证明了约翰逊式观点的亲和力。他虽然不是“普通读者”，却与“普通读者”息息相通。

例子不劳多举，总之，引用约翰逊格言，有一种眼见的文字收益，质疑约翰逊则不无危险。我见到一位学者对约翰逊某个文学见解表示异议，旋即补充道：“他不是说错了就是说到了点子上但又失之简略。”出拳又收拳，给自己预留余地，似乎唯恐潜伏在约翰逊观点背后的强大反弹力，把自己震倒。钱锺书提到过约翰逊对作家的一项观察：“观诗文有恃显微镜者，精细而不睹结构行布之全；有藉望远镜者，目穷千里而失之眉睫之前。”言外之意是，约翰逊本人在考察对象、评判文艺之前，手上既有显微镜，又有望远镜，双管齐下，他不是那么容易被批倒的。

二

约翰逊是知识分子吗？考虑到18世纪还没有“知识分子”一词，我们无法用今天的标准加以评估。与法国启蒙诸贤伏尔泰、卢梭、孟德斯鸠等人约略同时的约翰逊博士，也具有那几位法国巨子的通才特征，甚至更加强悍。伏尔泰等人皆有文学作品传世，约翰逊也不例外，除了名扬天下的文学评论外，小说、诗歌也样样拿得出手。偏爱约翰逊的布鲁姆教授甚至认为：“在英语世界里，我想不出还有哪位诗人具有约翰逊的才能却有意拒绝重要诗人的地位。”好像是说，假如约翰逊愿意，英语世界本来有望出现另一位莎士比亚或弥尔顿。

约翰逊从事过知识分子式工作，有时正经，有时不正经。他自署“小人国的参议员”，为国会两院写咨询文章，还“用假名代各发言者写稿，将那人的真名用字谜的方式隐藏在假名里面，让人稍用心猜译即可得知真相”。据说，“国会对这些文章感到神秘莫测，而又敬之如鬼神，最后不得不对这诡计采取必要的行动。”虽是恶作剧，但又确实是以独立思想者的身份“议政”。他也曾以证人身份，在法庭上庄严作证，令一位无辜者无罪开释。

假如强调态度，约翰逊距知识分子更近。他曾昂然表示：“没有任何以文为生的人像我一样具有独立性。”约翰逊写过一封“流传千古的信函”，收信人是当年的英伦权贵齐斯特菲伯爵。当时，约翰逊独立编写的《英文字典》接近完成，齐斯特菲伯爵假意殷勤，在报纸上发表两篇赞美的书评，试图拉拢作者，暗示自己对《英文字典》也有促成之功。约翰逊毫不领情，回了一封洋溢着刻薄式豪情的信，内有句云：

> 世所谓“恩主”者，与本人一向无缘，今后亦不敢有此奢望。……现我功成名就，又何劳他人锦上添花，代为吹嘘。此乃肺腑之言，并非一时意气之争，尚希仁人君子不至于误解本人乃忘恩负义之徒，因我既无恩可忘，更无义可负也。
>
> 本人工作已近完成阶段，以往既未蒙任何文坛先进、衮衮诸公，提携奖掖，如今亦不会因此而伤心欲绝，肝肠寸断。对于一切事后溢美之词，最好能省即省，能免则免。对于曩昔信以为真，全心以赴的千秋大梦，本人已梦醒多时！

“我既无恩可忘，更无义可负。”豪迈语里似也暗含幽怨。实情是，约翰逊博士编写字典前，该伯爵许诺资助，但中途变卦，终至一毛不拔。待意识到约翰逊编订出一部足以名垂青史的伟著后，又盘算着亡羊补牢，重续前缘，顺手分一杯羹。沮丧透顶的约翰逊，遂将满腔悲愤化为无敌傲慢。包斯威尔记录过传主的一次冲动：“约翰逊用脚猛踢一块大石头，直到反弹回来的力量，大得令他激动地说：‘我用这方法反驳他！’”显然，齐斯特菲伯爵也被类似力量踢伤了。这么看来，布鲁姆教授尊为座右铭的那句话——“除了傻瓜，无人不是为钱写作”——恰在约翰逊本人身上得到了反证：他聪明绝顶，囊中羞涩，有时偏偏不屑为钱写作。博学的艾萨克·阿西莫夫提到过约翰逊编完《英文字典》后的真实处境，那其实谈不上“功成名就”：

> 塞缪尔·约翰逊编写完不朽的《英文字典》(1755)后六个月因负债被捕。他欠人5英镑18先令。成功的小说家塞缪尔·理查森送给他一笔钱，使得他免被关进王室内务法庭监狱。约翰逊当时又病又累，曾患过神经崩溃，蹲监狱会比死更糟。

美国学者拉塞尔·雅各比在完成名著《最后的知识分子》后，也在前言里写下几句约翰逊式声明：

> 我不是一个完全的学术圈内的人。十几年里，我已经游走于七所大学并涉猎了好几门学科。我不止一次地想做一个自由撰稿人。也许我还得申明，这本书的撰写既无基金支持，也没有大学的资助；我不会感谢那些研究助理和研究生，也无需感谢未曾给予我支持的这个或那个高级研究中心。

爱德华·萨义德非常注重知识分子的独立性，强调知识分子表达观点时不应接受稿费、讲座费之外的嗟来之食；胡适也格外在乎这一点，为了确保言论的中立客观，他屡次拒绝入朝为官，甚至无视总统职位。生计困窘且终身未获腾达的约翰逊博士，也许未必算得上捍卫独立性的楷模（他后来接受过国王的年金），好在后人热衷引用他的妙语皆与此无关。

拜包斯威尔《约翰逊传》之赐——这本书长期被视为“天下第一传记”——我们或许可以探索约翰逊之谜，即：为什么人们频繁引用约翰逊却不必顾虑受到“外在论证”之讥。

他不是权贵，他是来自底层的智者。除了超凡的智慧和富有人性的经验之谈，他没有额外物件可供招摇。他的大脑令人生畏，身世命运又叫人同情。无论生理还是心理，他都不无缺憾：满脸疤痕，一只眼睛接近失明，还长期患有抑郁症，体型魁伟到近乎滑稽。潦倒困顿的身世，竟然匹配了神一般的智力，于是，人间世相得到一道天光的照拂，我们有幸读到大量沉郁至极又锐利无比的靓语，使自己的认知得到刷新。他说："凡遭逢不幸打击的人，看到你的哀戚和悲伤，总认为不够。"他说："不要以为一个利用罪恶而获得财产的人，他的良心非逼得他自杀不可。"——每句话都出人意表，又包含至理。看上去像是即兴语，我们却相信，他不是随便说说的。托马斯·卡莱尔提到约翰逊时，使用的一个词正是"神性"。

约翰逊有自己的政治主张，但并不惹人注目，他本人也无意多加强调，所以，喜欢约翰逊不等于不信奉一种主义，追随一种党派主张。人们不会因为政治或宗教信仰上的差异对他另眼看待。他对谁都合适，他的格言适用于任何慕智向善的人，比如这句："能否给穷人适当的供养，是对文明的真正考验。"只有暴君才会另持异议。

生活中的约翰逊极为好辩，仗着黑熊般的身材，他有时还会做出过火举动："一位先生说话时两手挥动，以便加强说话的力量，约翰逊看了很不顺眼，一把抓住他的手放了下来。"他听说某位学者被自己惹毛了，回信说："我蔑视你的愤慨。"但是，他的好胜心从来没有超过对真理的谦卑，包斯威尔告诉我们："每当约翰逊作不公平的谴责时，没有谁比他道歉得更快。"他内心自有操守，力避"自我宣传的错误"（他本人从未自称过"约翰逊博士"），这便带来了引用约翰逊金语的另一个方便：引用者不会有攀附人格之嫌。说到攀附，国内个别言必称鲁迅的作者倒有这类倾向，通过对鲁迅某类格言的忘情引用，他们流露出一种祈愿，希望读者相信他具有与鲁迅同型同款的嫉恶如仇人格。约翰逊的妙语不会给引用者带来此类人格进账，当然也不会带来道义压力，引用者不必绷紧腰、板住脸。布鲁姆将约翰逊的写作界定为“智慧文学”，如此，引用约翰逊的最大收益，无非是向智慧致敬。这原是一个魅力无限、令人无法割舍的收益。

约翰逊的缺点几乎和优点一样多，也和优点一样迷人。

> 有一次，他应邀参观一大群书商的餐会，餐会设在一间很小的房间里，他被大家请上首席，位子刚好挨近火炉；这时火势熊熊，室内温度甚高，热得难受，他宁愿咬紧牙关忍耐，也不愿放弃他这个位置，以免让任何一位书商坐在他的上面。

很虚荣不是？但也很可爱。若没有那么多接地气的脾性，他的智慧不会如此令人叫绝。与蓄意为之的格言家不同，约翰逊的妙语多是无意得之。不过他年轻时就要求并训练自己，无论说什么，都要挑最生动的说。在他意识到年轻的包斯威尔可能在一边默默记录时，还可能激发出表演欲，使他的日常表达更加俏皮生猛。看起来，他的缺点只是丰富了他的人性，促进了他的完美。人的完美，本身也需要适度的缺憾作为药引。他诚恳地告诉包斯威尔：“在我们尽可能一切都诉诸良心时，就会发现自己也不是什么品德高尚的人。”引用约翰逊，不会使引用者滑向说教，但能柔化他的评论姿态，使他的表达更具人性。

当然，归根结底，约翰逊博士是一位“文人英雄”（卡莱尔语）。卡莱尔对约翰逊效应的著名理解是：

世界需要智慧之光。使世人变得聪明智慧，世人就能胜利地进行斗争，人类就能创造美好的世界。

四

文人概念已大幅收窄，光辉不再。今人心目中的文人，除了特指舞文弄墨之士，还兼喻无能之辈，类似“一为文人，便无足观”“百无一用是书生”等断语，似乎罩住了他们的命运星。犹记多年前，某编辑发表拙文，依惯例要求作者提供一个身份标签，我回说“文人”。编辑先生提醒我不必自贬若此，他建议改成“自由撰稿人”或“独立学者”之类，我顾左右而言他。依我小见，将一种每位有自尊的同行都理应追求的品质，暗示成独家特色，属于不必要的傲慢。托马斯·卡莱尔说，约翰逊博士有着“特殊的真诚”，但“从不吹嘘他的‘真诚’”。对“独立”和“自由”，也当作如是观：你只管履践就是了，不必声称此物自家独多。

另一个小见是，我不以为“文人”是个贬义词，虽然我知道，文人横遭奚落，在我国也算古已有之。清人毛伦、毛宗岗父子评点《三国演义》，替东吴“书生大将”陆逊辩护，写下一段牢骚话。我们据此当可猜想，文人（“书生”）饱受奚落（“轻量”），已是当年的流行看法：

书生而有大将之才，不得以书生目之；亦唯书生而有大将之才，则正以其书生而取之。先轸悦礼乐而敦诗

> 书，晋之名将，一书生也；张巡过目不忘，唐之名将，一书生也；岳飞歌雅投壶，孟珙扫地焚香，宋之名将，一书生也。每怪今人以书生相诟詈，见其人之文而无用者，辄笑之以书生气。试观陆逊之为书生，奈何轻量书生哉？

“奈何轻量书生哉？”，问得好。但西方世界不是这样，一度，文人还是英雄的主要款式。卡莱尔撰《论英雄和英雄崇拜》，在历史长河里归纳出六类英雄，其中要笔杆子的竟雄霸两科，分别是以但丁、莎士比亚为代表的诗人英雄，以文人约翰逊、诗人彭斯、哲人卢梭为代表的文人英雄。——另四类依次是神明英雄、先知英雄、教士英雄和帝王英雄。卡莱尔坚称：

> 如果从真实意义上来谈论英雄，那么，应该说文人英雄对人们所尽的职责永远是光荣的，永远是最崇高的，而且一度曾经被公认为最高尚的人。

这是一个搁在今天必然遭人耻笑的观点，但在当时，卡莱尔并未故做惊人之语，他的见解还呼应着前辈先驱，如德国哲学家费希特。卡莱尔说，费希特称“文人为先知，或更喜欢称他们为不断向人们显示神性的教士”。

约翰逊告诫我们，“要恰当地评判一位作家，我们必须让自己置身于他的时代”。如此，我们试着“置身”一回，以进一步了解这位“文人英雄”。学者告诉我们，约翰逊时代的英国，“文学”（literature）的内涵远较今日丰富庞杂，它“既可以指想象性、虚构性、审美性作品，如小说、诗歌等，也可以指重在传授知识和教诲的非虚构性作品，如历史、哲学、游记、传记等”。约翰逊对理想作家的定位是：“每个民族最大的荣耀都要归于它的作家。”

语词自有强大暗示力，你自认为是什么，你愿意接受哪一层级的职业标准，你就会往哪个方向培养能力和胸襟气度；你认为不是什么，就会在某些领域及时止步，并判定那不关自己的事。确信天将降大任于我辈者，断然不会满足于做一名石匠，尽管石匠原有一份自足。比如，以启蒙主义者或“百科全书派”自居，则无论逻辑上还是心理上，都可能将与真理相关的一切知识，纳入自己的写作事务；诚意接受18世纪的文学定义，他就会将尽可能多的著述领域，视为自己的笔墨领地，而不会认为身为文学评论家却涉足小说和诗歌创作是一种不务正业，不会认为身为字典编纂者却对英法两国发生在北美地区的殖民地战争发表看法，属于脚踏两只船。对“文人英雄”来说，熟悉三教九流是他的义务，横跨多种学科是他的职责，成为万事通是他的使命。犹太裔俄罗斯作家阿萨克·巴别尔有一句著名口号：“你必须无所不知。”有人以此来概括美国著名公共知识分子苏珊·桑塔格，用来形容约翰逊博士则更加合适。

反之，在习惯于将专业性视为最高褒奖的当今，人们自觉地收缩创作和学问领域，并逐渐形成一种共识，视跨界者为狂徒或外行。这种知识气氛同样会播及文学界，比如，以先锋小说家自居，他就可能将从事现实主义写作判为变节，甚至培养出一种倾向：过度推崇想象力，将一切志在清晰的表达视为文字二等货；以杂文家自命，他可能心安理得地视学术著述为身外之物，并努力培养“一叶落而知天下秋”的巫师型洞察力，他还可能形成小觑审慎结论的气质。这当然未必是缺点，我们可以肯定的是，像约翰逊博士这种近乎超人的“文人英雄”，难以在今日出现了；即使出现，只怕也会活得无比艰难。熟悉美国高校文学教育行情的哈罗德·布鲁姆忧心忡忡地断言：即便雄强如约翰逊，“在如今大学的道德王国里也难以找到一席之地。”

五

我们再试着汲探一下“文人英雄”约翰逊的文字伟业。

有人称他是当年文坛的“大独裁者”，他极具个性的文体也有一个专有名词：约翰逊体（Johnsonese）。他所处的18世纪中后期，原是一个英雄层出不穷的时代，《罗马帝国衰亡史》的作者爱德华·吉本就是约翰逊的朋友；法国还有伏尔泰、孟德斯鸠、狄德罗和卢梭等一干启蒙主义者，“百科全书派”的称呼即缘自狄德罗担任主编的《百科全书，或科学、艺术和手工艺分类字典》。但说到博学，似乎无人及得上约翰逊。他是当年英国公认读书最多的人，包斯威尔的一位博士叔叔这样评价他：“一个力拔山河的天才，生下来就为了揪住整座图书馆不放。”约翰逊对于写书的要求是：“一个人写完一本书，至少要掀翻半个图书馆才行。”

使约翰逊的惊世博学走出传说、回归现实的，是他历时七年、独立完成的《英文字典》。这项工作的骇人之处在于，通常认为不适合由个体完成，而应由某个权威机构主持，由一个专家团队合力完成。当年也有一本《法语词典》，算是约翰逊的竞争者，参与者众多，编纂时间长达数十年，质量却远逊约翰逊。至于狄德罗主编、知识界精英协力促成的《百科全书》，素有解释随意、寄托任性、把字典当启蒙火炬高举的特征，作为工具书颇显不伦不类。也许，东汉学者许慎独立完成的《说文解字》，才是约翰逊的合格前驱。《英文字典》今天固然只剩下历史文献的价值，不再被学者视为案头必备，但卡莱尔数十年后给予它的热烈评价，仍然令人动容：

> 即使约翰逊只留下他那部《字典》，人们也能从中追溯到一种伟大的才智，一个真诚的人。只要看《字典》定义的明确性，总体上的可靠性、真实性、洞察力以及成功的编纂方法，它就堪称所有字典中最好的一部。它有一种建筑上的壮观，像一座已经竣工的坚固宽阔的大厦，完美匀称，巍然屹立，人们可以断定，这是一位真正建筑师的杰作。

在《论团结之难》一文里，约翰逊将“希望团结众人的力量做成大事”，视为一种“深具诱惑力和欺骗性的谬见”，理由是，“众人的合力好比是个巨大的幻影，只要有人轻轻碰触一下，便化为无影，散入茫茫的太虚中。不同的理解力，不协调的情绪，相互冲突的利益，很难令众多的人协力完成一项事业”。国人乐道“众人拾柴火焰高”，意思固然正确，场景却限于“拾柴”；用“拾柴”来比附编字典，约翰逊大概会视为不得要领的类比。话说回来，也只有约翰逊这种“至少要掀翻半个图书馆”的文学超人，才有资格鄙薄“团结”。再说，他还有着过目不忘、持续终身的超凡记忆力。

另一个例子也很有趣，值得顺笔提及。包斯威尔有一次问他：“所谓评论稿，是否都是作者自己的手笔，或者只是书本上的摘要?”约翰逊认为这不重要，“不管什么，反正都是稿纸”。

包斯威尔不同意，他从报酬入手，认为出自作者亲笔的作品，与那些只会东拼西凑的书摘按相同标准获酬，不公平。于是，约翰逊吐出一句让包斯威尔冷汗涔涔的话：

> 不，这是合理的。其实自己写一张稿纸的文字，比把一册八开本的书摘录成一张稿纸还要容易。

附带说明，约翰逊绝不可能抄袭他人，不是因为人格，而是能力使然。“文抄公”这种文字懒汉趋之若鹜的笔墨外快，对约翰逊却只能算吃力不讨好的赔本买卖。包斯威尔讪讪总结道：“对于思想丰富、创作力旺盛的约翰逊而言，我相信他自己创作确实比做摘要容易多了，但对一般人来说，情况可能就不一样了。”包斯威尔作证，约翰逊“最杰出的一些作品，都是以一种狂热而横扫千军的快速力量完成的”。

世人大多记住被包斯威尔写进《约翰逊传》里的格言睿语，它们通常出自日常谈话，而写作中的约翰逊另有高标，与生活中总是占人上风的作派判若两人。他拥有随时说出令人拍案叫绝的妙语的能力，却更愿意在写作中节制这份能力。他断言“所有尖刻的话语为求简练往往要牺牲掉一定程度的准确性”，不管这份牺牲会带来多么巨大的名声回报，他拒绝作此牺牲。英国诗人蒲伯将“巧智”形容为“以前常有人思考过，却从未表达得这么好”，约翰逊偏爱蒲伯，对这句话却不予认同，他说：“蒲伯的表述仍然有失准确；他降低了巧智自然庄严的格调，使其从思想的力度沦为语言的得体。”约翰逊对玄学派诗人的讥讽，表明了自己对这一派文风的摒弃：“他们一心想着怎么语惊四座才好，所以就无心表现世人所共通的心理，而恰是这种心理使我们能够体味和激荡起别人心中的悲痛与欢喜。”

他追求审慎的判断，坚持把理智放在首位，在致包斯威尔的信里写道：“想象力是上帝赋予我们的才能。……想象力可以是我们的知交，而理智才是我们的良师。”包斯威尔提到：“约翰逊一丝不苟、绝对诚实无欺的性格，是众人皆知的。甚至在天南地北的闲聊中，他所提到的最小的事实也一定凿凿可信。”

如果说生活中的约翰逊有一张人见人怕的利嘴，时不时让人难堪，文章里的约翰逊则富有人情味和恕道，好像老在担心伤害他人——尽管那不意味着失去犀利。证据是，他嘲笑过所谓的好好先生：“这些人声言反对傲慢的态度，刻薄的言语，不过本人并不认为他们比其他人更具仁慈的心肠或谦和的作风；在本人看来，他们内心的真实目的不过是想靠自身的温和老练引起他人的注目。有些人谦恭虚己是因为他们心虚胆怯，有些人不吝于赞美是因为他们希望别人将来报之以李。”

他谨慎附议一个观点：“真正的批评家有一大特点，那便是只指出作品的优点而不必指出它的缺点。”虽然他承认例外，比如，“众所承认的优秀作家如果作品存有缺陷，往往危害较大，因为他们作为榜样的影响更为广泛；而学术的要务就在于先将优秀的作家挖掘出来，再从他们身上寻找‘污痕’，如此方能把他们确立为经典的作家、权威、不容置疑的前辈”。他奉为终极的批评原则是：

> 不管如何，批评的职责并不在于通过片面的呈现来贬损或推崇一位作家，而是不管揭示什么东西，都要举起理性的明灯，不管“真理”指示了什么，都要将它的规则公布于四海。

就像世袭贵族不易有炫耀财富的暴发户举动一样，才华上从未觉得窘困的约翰逊，对于在文章里逞才扬己，反而兴致不高；他更介意的是约束才华，不让它横溢。他提醒自己："一位作家不能因为想要标新立异而违背最本质的原则。"约翰逊生活中是位虔诚的教徒，写作上同样充满虔诚。他对史诗写作提出的要求，同样符合"文人英雄"的见识，该要求是：

> 只有当他全面掌握了本族的语言，能辨析言辞的所有微妙含义和词语的所有感情色彩，懂得根据各种不同的韵律来选用音色不同的词语时，他才是真正有资格写史诗的人。

和费希特敬仰的德国文豪歌德一样，约翰逊对自然科学也有强烈爱好。不得不说，那也是中国文人最难养成的业余消遣。歌德的书房里陈列着若干头盖骨，据说，人类的腭间骨就是歌德率先发现的。约翰逊业余时间摆弄最多的物件，是一套化学试验仪器。由于一生多病，"三折肱而成良医"，他对医学也有一定研究。读约翰逊日记，读者有时会误以为作者是科学家，他在日记里记下这类日常小景：

> 1768 年 7 月 26 日：上午磨剃刀的时候，偶然想到修指甲，趾甲脚底修了大约八分之一寸，手指尖修了大约四分之一寸。这样一量，就可以让我知道指甲长了多长。

> 1783 年 8 月 15 日：我在一株葡萄树上剪下了 41 片叶子，共重八盎司半。我把这些叶子搁在书架上，看它们干了之后还有多重。

生计困窘的约翰逊，在独立自主、决不乞食方面，也给后人树立了“文人英雄”的榜样。他超强的敏感和自尊，还会让他做出过分之举。他年轻时穿一双破破烂烂的鞋，“有人偷偷放了一双新鞋在他门口，他愤怒万分，把鞋子扔出去”。此外，他的模样决不文弱，不仅形象像一只黑熊，力量上也接近黑熊。包斯威尔对此有可信的发言权，他叹服道：“如果真有人要去侵袭约翰逊，我毫不怀疑地说，虽然他已垂垂老矣，然而他的一身功夫，仍然和他的智慧一样，强得令人难以置信。”

六

钱锺书在《管锥编》里写道：“莱辛谓锐识深究每发为反对；或且以为行文多作反对者，其人构思，必擅辩证，如约翰逊是。”他指的应该是约翰逊一项著名的自我训练。

在日常交流中，约翰逊会随意选择正方反方，借机磨砺分析力和判断力。包斯威尔说：“在言谈中，他明明知道自己错了，仍然固执着运用机智与歪理，坚持自己的论调。”他不见得是在固执己见，因为他“固执”的未必是“己见”，有时是“他见”，他尝试用一种真正的游戏精神，最大限度地换位思考；他佯装反方观点的辩护师，目的则是检验自己观点的牢靠度，同时避免沦为自家观点的盲目拥趸。如果他错了，他会这样告诉对手：“关于我们的争执，昨晚我想了一夜，发觉你是对的。”这种有意识的训练，或许可以让他更深入地了解对方观点，使自己最终成型的见解，在客观化程度上无懈可击。哈佛教授劳伦斯·科尔伯格设计过一组道德难题，对学生们进行道德推理测试。《正义之心：为什么人们总是坚持我对你错》一书的作者乔纳森·海特告诉我们，科尔伯格最有影响力的发现是："道德发展最完善的孩子正是那些经常有机会进行换位思考的孩子。所谓换位思考，即设身处地，从他人的视角来看问题。"——我们知道，普通人的思维习惯是推己及人，将心比心，甚至以一己好恶为准绳，那就差得多了。

约翰逊熟悉人的虚荣，了解人的认知盲点，他说过，"对大部分人而言，个人观点的重要性，远超过理性的判断"。他不屑与这个"大多数"为伍。约翰逊正式发表的见解之所以难逢敌手，正与他强悍的辩证力有关，他脑海里大概经常上演类似情景剧：对手自以为高明的论据，还不及约翰逊替他设想的辩词来得高明，他恨不得再次分身，用"左右互搏"法自我挑战。所以，美国当代著名辩护律师李·贝利忍不住赞叹道："一名理想的辩护律师，就是包斯威尔心目中的约翰逊这样的人：'如果你和他持相反意见，他对你就是一个十分危险的人。'"

世人对待自己观点，多少有点守财奴心理，总是像捂紧钱包那样拼命捍卫，约翰逊则用开放态度同时检验两方理据，自家观点只有接受公开讨论的检验，才算确立。结果，约翰逊日常聊天时有多偏激，他写在书上的观点就有多公允持平。他注意到"正是虚荣心才使得很多批评者把自己尚待学习的东西传授给读者，以此来拔高自己的形象"，他的自我形象可不能沾染此弊。

七

作为英国人，至少从约翰逊时代起，发表政治观点已不再具有政治风险。约翰逊知道这一点，他在《论宣传册与时政文的起源与价值》里写道：

> 只要我们的公民有闲工夫，好奇心或虚荣心，我们的政治体制都会赋予他们探讨公共措施合理与否的权利；相应地，被授予国家事务管理权的人也有义务说明自己的举措，以满足几乎所有民众的要求；由此自然可以想见为何英国会产生不计其数的宣传册，而在独裁政府的统治下这是绝无可能出现的。

他还说，在英国，“我们每个人都可以自由地表达自己的思想，每个人都有机会向公众传达新的观点，而不必有被讥讽或谴责的危险”。听上去有点搞笑，仅仅“被讥讽或谴责”，在英国就扯得上“危险”。总之，在舆论环境过于温和、政治迫害几近消失的国家，意欲客串知识分子事业的作者，很难从言语姿态上表现英雄气概：他说什么都可以。没有迫害，就无所谓抗争；在爱国不构成表演、“卖国贼”不成其“国骂”的地方，知识分子不妨平心静气，只凭理性说话。话虽如此说，读到约翰逊在《1756年形势观察》里针对英法两国在北美争夺殖民霸权的战事所发表的评论，我仍然大吃一惊。他写道：

> 关于目前这场战争，全天下人都已经知道得一清二

> 楚。英法两方都承认冲突最早源起于美洲大陆，两国一直在为定居点的边界线，为山川大地争吵不休；两国唯一能宣示自己所有权的方法便是武力，只有通过侵占与剥夺，它们才能把合法领主和原始居民的土地据为己有。面对这样一场战争，大凡正直的人士都不会真心希望任何一方获胜。

在探索战争起因时，他对自己的祖国和交战国各打五十大板，好像自己来自中立的第三国。他如此悠悠道来，立场坚定，口气淡然，仿佛一点都没有意识到，在除英国之外的任何国家，这段话都可能让他吃不了兜着走。他当然意识到了，只是并不介意。他还以非凡的人文道义，将这场战争定性为“不过是两个强盗抢了路人后分赃不清的争执”，并认为“两方同归于尽才符合印第安人的利益”——为了替不幸的印第安人鸣冤叫屈，他不惜诅咒自己的政府。奇怪的是，英国人仍然视约翰逊为爱国者，约翰逊也自认为是一名爱国者。

他的确是一名爱国者，是那种身上无一丝民族主义气味的伟大爱国者。他虽然说过“我们英国人的勇气胜过世界上任何民族”，但又百般警惕好战分子；他不曾有过军旅经历，但深知战争的可怕。在《爱国者：致大不列颠的选举人》一文里，他把批判的矛头对准那些动辄挑动民族战争的煽动家：

> 战争是一个国家所面临的最深重的灾难之一，是涵括了人类所有苦难的灾祸之一；它使公众的安全受到威胁，中断了商贸往来，令国家陷于经济凋敝；它让成千上万的人曝露于苦难、危险、被俘和惨死之下；一个人

> 若是希望国家繁荣、人民富裕，就不会把细微的伤害严重化，强调那些无足轻重、尚存争议的权利，以此煽动公众的憎恨情绪。

当然，他首先是一位不世出的“文人英雄”，他“通过自己的写作表现”争得的评判权力，值得全人类倾听。

托马斯·潘恩：十万貔貅一支笔

构思普世帝国是作家的特权，他关注的是所有人类，尽管不能命令他们服从，却可以为他们分派职责。

——托马斯·潘恩

若要在死后尸骨腐烂时不被人忘记，要么写出值得人读的东西，要么做些值得人写的事。

——本杰明·富兰克林

一

美国的“国父”群像里，没有托马斯·潘恩的位置。虽然在《大西洋月刊》于2006年12月邀请10位历史学家投票选举的美国最具影响力的百位历史人物榜单里，潘恩位次不低，荣列第19位，压过了“国父”家族里的约翰·亚当斯（第25位）。潘恩的盖棺之论是：“美国历史上第一个伟大的激进主义者。”

“伟大”和“激进”殊难调和，思想家尤其如此。“伟大”需要恰到好处的优秀，有时还需要恰到好处的不足。通常，志向远大者都会着意培养优秀品质，谁也不会特地培育“不足”。“不足”之于个体，总是一种无可奈何的意外，当其翩尔返身，就会羽化为唯我独具、不可复制的优势。我想，潘恩的成就如此不可思议，他必然受益于某些“不足”。

潘恩自己都不曾预料到成功来得如此突然和巨大。

那场发生于1775年、后人冠以“独立战争”之名的美英战争，起初与“独立”无甚关系。孤立地看，“波士顿倾茶事件”和那声来自列克星敦的“举世闻名的枪声”，都不曾明确指向“独立”。诚然，北美13州人民对宗主国大不列颠的诸多做法（主要与收税有关）非常不满，他们需要捍卫权利，为此不惜拿起枪杆。但是，只要英王乔治三世满足殖民地人民的诉求，他们还是乐意继续成为大不列颠的臣民。直到战争打响后的1775年7月，大陆会议向乔治三世呈递的，仍是一份“橄榄枝请愿书”，重申了北美人对宗主国的效忠，他们争取的，不过是一个“永久的和解”。

总之，北美人的诉求是随着危机加深而不断变化的。其中一个重要转折，来自潘恩的小册子《常识》。当《常识》表达的思想成为多数北美人的“共识”，战争才无可避免地走向了“独立”。后人早已指出，《常识》里并无多少常识，“常识”（Common Sense）一词在书里总共只出现三次。使《常识》中的反叛思想和独立意识迅速得到接受，缘于托马斯·潘恩超群绝伦的煽动才华。附带一说，《常识》之名来自潘恩朋友拉什的建议，原书名叫《显而易见的事实》（Plain Truth）。

潘恩撰写《常识》时，对自己能否得到认同，尚乏信心。他在序言里出语谨慎地表示“下文提到的观点，或许还不足以流行到能赢得大众普遍的青睐”，为此，他只能通过“毕竟时间比理性更懂得如何转变人们的思想”的说法，来预留余地。当他谦逊地表示“智者和杰出人士不需要借助这本小册子的成功来扬名天下。……至于本书作者是谁，公众大可不必知道，因为受关注的主体理应是主义本身，而不是作者本人”时，他对自己的暴得大名，显然缺乏准备。《常识》署名是“一个英国人”。

《常识》出版于1776年1月，一年内仅平装本就卖出15万册。这是什么概念？当年北美13州的人口为300多万（一说250万），其中约有50万黑奴。之前北美地区最大的畅销书，除《圣经》外，大概是本杰明·富兰克林博士逐年更新的《穷理查年鉴》，每年可售出1万册。富兰克林的精妙格言附在日历册上，而日历另具实用功能，对格言兴趣不大的普通农夫，也不妨置上一本，故而无法与《常识》进行同类比较。在那个出版发行相对落后的年代，如果合理地假定每本《常识》平均被五个读者读过，再排除任何社会都难以避免的拒读阶层及文盲和奴隶（当时的奴隶被剥夺受教育权），那就可以肯定，当年每一个对殖民地前途抱有关切的人士，都是潘恩的读者。

在《常识》之后，潘恩的影响力持续高涨。托马斯·杰斐逊在致潘恩的一封信里写道：

> 我的好朋友，我们的人民一致同意共和主义的原则，对它坚定不移，最好的证据便是他们喜欢你的著作，津津有味地阅读。每张报纸都摘登你的《人权论》的最后一部分，就像以前摘登《人权论》的第一部分一样。

《人权论》是潘恩与英国哲人埃德蒙·柏克进行的笔战，未来的美国总统约翰·昆西·亚当斯，当时在波士顿一家报纸上发表系列文章，以类似今人报道 NBA 总决赛的热情，持续报道柏克－潘恩之争。另一位未来总统、时任议员的詹姆斯·门罗在致杰斐逊的信里提到："弗吉尼亚州各处都在谈论柏克－潘恩之争。"

潘恩最大的笔墨神迹是：1776 年圣诞夜，正值华盛顿军队连吃败仗、士气消沉之际，潘恩为当前形势撰写的系列文章《美国危机》第一篇，被人用快马送到前线。华盛顿集结了部队，命人在冰天雪地里向瑟瑟打颤的士兵高声朗读："这是考验人们灵魂的时刻!"士兵群情激昂，他们趁着夜色渡过特拉华河，袭击了英军营房。战争迎来了转折点。

潘恩何以至此?

二

富兰克林博士在他那本著名自传里，提到自己创建了北美第一个"会员图书馆"，在他带动下，图书馆作为"一项伟大的事业"，在北美"持续扩大"。他认为：

> 这些图书馆改善了美洲人的谈吐，使得一般的商人和农民也和其他国家大多数绅士一样拥有智慧，也许在某种程度上，它们对全殖民地人民纷纷奋起保卫自身权益也作出了贡献。

不用说，这些"一般的商人和农民"，是通过成为潘恩的读者，才作出那份贡献的。说到当年北美人的文化水准，托克维尔在《论美国的民主》里有过一个经典概括：

> 我认为，世界上再没有一个人口与美国大致相等的国家会像美国这样，无知识的人竟如此之少，而有学识的人又如此不多。

作家华盛顿·欧文19世纪初走访英国时，也有类似观感，他写道："出版界的影响力，没有哪个国家能跟美国相比，因为我们的教育普及到了穷人，每个人都能读书看报。"这个难得的特征，好像是替潘恩度身定制的。潘恩的目标读者不是饱学之士，粗通文墨最好。

在潘恩的人生轨迹里，找不到作家的成长心路。他1737年出生于英格兰小城诺福克，父亲是平民，一名女用紧身褡裢制造商。潘恩没有受过高等教育，他从事过女性内衣业、海员、税务官、教师和小店主等工作，他37岁来到北美时，近乎一无所有。包袱里唯一的资产，是一封富兰克林的介绍信，内云："我诚心推荐持信人，他是一位有着独创精神的高尚青年。"来北美前他刚刚因为平生第一篇政论文《税务官员的状况》而丢掉了工作，他还结束了自己的第二次婚姻。他第一任妻子是个女佣，死于难产。也许出于自伤自怜，他替《宾夕法尼亚杂志》撰稿时，用过一个笔名"老鳏夫"。

意大利哲人维柯评论但丁时，有过一个怪论："如果他不懂拉丁语和经院哲学，他或许会成为一位更伟大的诗人，也许仅是托斯卡纳俗语就足以让他与荷马齐名。"据说，莎士比亚就不懂拉丁文，他有关希腊罗马的戏剧，得益于当时刚被译成英语的普鲁塔克《希腊罗马名人传》。潘恩也具有这个缺点式优点，他不懂希腊语和拉丁文，读过的书也不算多。他的老朋友杰斐逊可是9岁就进了拉丁语学校，少年时代就掌握了希腊、拉丁两种学者语言。杰斐逊尝如此论道潘恩："所思所想多过他读过的书"，说不清算恭维还是讥讽。潘恩则这样评价自己："从不读书，也没有研究其他人的意见，只想自己所想。"

柏克将潘恩比喻成"猪一样的群氓"，"一个不学无术的人"；在北美，潘恩也曾被贬为"劣等的生产者"。约翰·亚当斯算得上潘恩的受益者，若非潘恩竭力鼓吹北美独立，亚当斯说不定只能终身以律师为业，无缘成为第二位美国总统，但他将潘恩式影响称为"黄热病"。同样不知感恩的还包括美国总统西奥多·罗斯福，他在潘恩去世一百年后，仍愤愤不平地称他为"一个矮小粗鄙的无神论者"。事实上，"美利坚合众国"的名字都来自潘恩的灵感，在《美国危机》第二篇里，他首次使用了这个名称，宣告"在这个世界上或在历史长河中，'美利坚合众国'会像大不列颠王国一样盛大壮观地回响"。

作为天生的平民，潘恩只喝平民阶层的朗姆酒，而非白兰地。他的朋友杰斐逊的酒窖里则装满了欧洲的美酒，据说杰斐逊还是升降式电梯的发明者，以便把地下室的酒运往客厅。

读书少不会自发地成为优点，除非作者拥有一颗卓越的思辨型大脑；缺乏文人气也未必是优点，除非代之以一股生鲜野气。潘恩的文字再次证明了一个事实：强悍、生动的表达力，是一种天授，而非后天努力。潘恩不擅长引经据典，但可以在需要的时候即兴创造一个伊索式寓言，如"爱神与婚神"，令普通读者瞬间明了北美人与英国的悲惨关系。当他需要挖苦某人时（他永远有此需求），他不必费心寻找比喻，绝妙的比喻会以应接不暇之势，主动叩开他的脑门。

作为英国人，潘恩具有饱满的理性，他是天才的格言炮制者，又是深入骨髓的理性主义者，相比繁花似锦的文学才能，说理才是他的强项。另一方面，离开了华丽修辞，他的思想也可能一无足观。潘恩的文字无法以素颜示人，它需要一套招摇的劲装。他尽量不用会麻烦读者查阅词典的语词和典故，他深谙简化的魔术，擅长把观点制作成便于读者大脑——包括灵魂——随身携带的口号；他文字背囊里另两件宝物是激情和比喻。

潘恩的文字必须有一个笔战对手（这有点像鲁迅），他总在寻找一头文字猎物，在把猎物弄成大快朵颐的战利品之前，他不会放弃文字追击。人们常常不是被他观点的内在辨析力而是被他表述观点的戏剧化方式说服的。他像一个乡村歌手，一曲甫终，总能得到多少有点粗野的轰鸣掌声；他更像一个斗牛士，习惯于在牺牲品的血泊里，接受喝彩。他具备这个能力，哪怕读者更认同对手的观点，他也能单凭俏皮话，令读者临时改变立场，向己方投诚。

比如，当他将对手蹩脚的论证形容为“企图用一只捕鼠机去逮住狮子”，学识不丰的读者就可能真的以为对方非常笨拙。当他指责信奉和平立场的教友派信徒“就像老处女一样，看不到自己身体已经发生的严重畸形，只是愉快地把皱纹误当作酒窝”，粗豪的读者也觉得潘恩言之有理，哪怕历史证明潘恩错得离谱。他对进犯北美殖民地的英国将军威廉·豪的犀利讽刺是：“不管他们到哪，唯一使您以公平而著称的正义情形——如果可以把它说作是正义的话——就是您一视同仁地抢劫所有人。”仅此一语，豪将军已永世不得翻身。

三

潘恩对自由与平等的热切追求，对公民权利的无私捍卫，对代议制民主的再三强调，对君主制和贵族制的犀利鞭挞，在在都能见出伟大。关于政府起源于恶的思想，虽非潘恩首创，潘恩却把它表述得最为简洁有力。他毫不含糊地写道：

> 社会在任何状态下都是人民的福祉，然而政府，即使在其最好的状态，也不过是一个无法避免的恶魔，在其最坏的状态时，则令人无法忍受。

但是，立下绝世伟功的潘恩仍被后人冠以“煽动家”的恶谥，也是事出有因。伟大的思想最好辅以堂堂正正的表达，启蒙者不宜借鉴宫廷权谋的招数，不应有那么多针对人心的算计。为说服北美人认同他的独立主张，潘恩在《常识》等书里不断援引圣经，还以“在《圣经》中，君主制被认为是犹太人的原罪之一，而且他们也为此受到诅咒”为例，证明君主制的邪恶。在《美国危机》第一篇里，为表达一个谈不上真诚的祈愿，他声称自己正怀揣着“一个基督徒的所有虔诚”。实际上，潘恩从不信奉基督教，他日后与老友华盛顿等人疏远，在美国郁郁不得志并最终弄到尸骨无存的地步，皆和他死命攻击《圣经》及其代表的上帝有关。他在1776年就对约翰·亚当斯说，他“对‘整个圣经’都报以轻蔑”。因此，当他展示“一个基督徒的虔诚”时，在深明底细的人听来，就像一个赌徒正拿别人的老子赌咒，一个骗子正拿他人的房产抵押。

英国法庭曾以“煽动叛乱罪”逮捕潘恩（他抢先一步逃到法国去了），亦非事出无因。身为英国人，潘恩对英王的谴责和诅咒，北美人都听得暗暗心惊。我们知道，杰斐逊撰写的《独立宣言》里，不乏针对英王乔治三世的愤怒声讨，但在正式发表前被杰斐逊的同僚建议删除了。潘恩称英国国王为“王室畜牲”，他认为：

> 在英国，国王除了制造战争和卖官鬻爵之外，很少还能有什么作为；坦白地说，他的工作就是使国家贫穷和制造纷争。

他继续写道：

> 就像一个悔罪者一样，英国该到倒霉的日子了，这一天来得越早越好。因为我不断地这样盼望，我希望这一天来临，但我仍然希望这个报应来得尽可能轻一些。

公正地说，乔治三世算不上暴君，卢梭避难英伦时，他还给予卢梭每年一百镑的年金。乔治三世顶多有点平庸，罗素曾这样提到他：“即便是极度诚实的政治家也可能非常有害；可以乔治三世为例。愚蠢和无意识的偏见通常比受贿更有害。”落脚点在“愚蠢”上，前提却是“极度诚实”。乔治三世唯一与暴君有染的行为，大概是吃砒霜。有研究者认为，就像古代世界的个别独裁者一样，乔治三世在饮食中长期服用低剂量砒霜，他日后身体和心智严重毁坏，可能与此有关。另一个因素则是哀恸于幼女的早夭。麦迪逊说过，“如果英王乔治三世 1776 年前就严格管控美洲大陆上的媒体言论，恐怕我们现在仍是‘悲惨的殖民地，在外部枷锁下苦苦呻吟’”。那等于承认，乔治三世还算开明。

潘恩一手杜撰了乔治三世的恶行，读者受到感染之余，难免越瞅越觉得乔治三世不像话，北美的烽火随之燎原。

在潘恩强调“美国的事业就是全人类的事业”时，几乎没有一个北美人抱有相同看法。与其说潘恩发现了这个事业，不如说他发明了这个说法。当年的北美人绝没有此等心气志向，他们不清楚何谓“普世帝国”，也无意面向“所有人类”。在《独立宣言》里，杰斐逊分明是假设世界上其他国家的人民都生活得不错，他只想表明，北美人同样有权利生活在自由的世界里。我们还知道，美国建国之初长期信守的国策就是孤立主义，在国际事务中保持中立，与他国关系仅限于生意往来。就此而言，所谓“美国的事业就是全人类的事业”纯属潘恩一厢情愿的虚构。然而，“埏埴以为器，当其无，有器之用”，当这番说辞被潘恩表达得那么辉煌壮丽，北美人也可能心旌摇荡，热血澎湃起来。

在《美国危机》第三篇，潘恩阐述了对托利党人（即保皇党人）和辉格党人（即独立者）的甄别方法，他以一种雅各宾党人的严酷，断然写道：

> 用一个陈词滥调来说，一个人必须是一个不折不扣的辉格党人或者是一个不折不扣的托利党人。……政治原则必须贯彻到所有事务上，要么站在这边，要么站在那边。他不能在这个阶段是一个辉格党人，另一个阶段却是托利党人。……这场争端中的任何阶段都没有任何中立立场存在的可能。在所有的问题上，我们或英国要么绝对正确要么绝对错误。

他接着提到“一块考验人们的试金石”，要求各州议会参照执行，以甄别叛徒。于是，美国独立过程中的一大污点出现了，大部分州议会通过了测试法律，“要求居民做出各种形式的宣誓，回答是否支持《独立宣言》及是否忠于英国王室，很多州还任命了特别的爱国者组织对被怀疑忠于英国王室的人进行摸底，有很多人因此被捕、监禁。一些顽固的效忠派被涂上柏油、插上羽毛，游街示众”。潘恩听信一则谣言，唆使当局将仅仅信奉和平、宽容立场的教友派信徒打入另册，“要求革命政府对他们采取坚决措施”。一些教友派领袖被流放到弗吉尼亚州，其中两人在流放地死亡，事后证明他们是无辜的。

不太有趣的是，信奉“生命不息、战斗不止”的职业革命家潘恩，若干年后在法国大革命的现场，又因反对雅客宾党人的恐怖主义政策、反对处死路易十六而被拘禁，险些命丧法国。——伟人总是一言难尽，思想具有阶段性特征的潘恩，更是如此。

在日常论战中，潘恩机变百出，还不时要点流氓气。与克图（即威廉·史密斯，费城神学院院长）论战时，他刚刚表示“我们对于人，是宽宏大量地保持着友谊，而对于主义的一切偏见，则要展开斗争”，又马上指出，“可是不要让克图以为这番好意对他也适用；他是被剥夺了受到这种分别对待的权利的；他不配接受这种待遇”。本来，规则只有在严苛的条件下才更能显出制约力，动辄宣布某人不配享受规则，最好慎用，哪怕只是作为修辞。好比我们不能声称某人罪孽太大，以致不配接受普通死刑的待遇。但是，当读者预先站好了队，潘恩的文字拳脚越凌厉，他们爆发出的尖叫也就越酣畅。

潘恩提出了一个问题：思想家用非凡文辞，煽动性概念和夸诞事实，从事一项伟大工作，后人该如何评价他？只看结果，还是争取看得更深远一些？不规范的知识分子写作，有时有利，有时坏事，我们只在对人类事业有利时加以喝彩，就可能在其为害人类时无力阻止，人类命运遂沦为赌盘上的骰子。

煽动也是一种珍奇才能。在需要别人迅速投入行动的情况下，煽动家只需说些貌似有理的玩意就够了，不必深究细察。读者思考得越深，行动越迟缓。世人将法国大革命归功（或归罪）于伏尔泰和卢梭，但大革命发生时，两人去世已有 11 年。在潘恩的时代，思想家的任务更加迫切，他必须兼任巫师，确保自己在翌日召唤出一轮喷薄红日。潘恩袖里袖外，头顶脚踢，不辱成命，大功告成。

他思想伟大而手法可疑，一支笔当得起“十万貔貅”，他是独一无二的。后人感念他，又得警惕他“魂兮归来”。

切斯瓦夫·米沃什

上："小地方人"的抉择

正是米沃什的出现，才让我们拥有了"另一个欧洲"的概念，而其著作更是完整地展现了20世纪的悲剧。

——亚历山德拉·莱涅尔－拉瓦斯汀

有时，我们要下到井里看看繁星。

——瓦茨拉夫·哈维尔

一

切斯瓦夫·米沃什是波兰诗人，1980年诺贝尔文学奖获得者；由于写过《被禁锢的头脑》等批判性著作，他被视为代表"另一个欧洲"的伟大知识分子，尽管他40岁就离开波兰，直到89岁时的2000年才重返故土。读他的书，体会他的文学传统和写作环境——那无时不在、无处不在的“小地方人”特征和“次一等”属性，令人愕然。在尘霾般侵袭众生的政治生态里，无论诗人还是知识分子，都无从保持超然。

至少在最近二三百年，如波兰民族那般多灾多难的，实不多见。美国“国父”当年设计政府制度时，即以波兰为戒，亚历山大·汉密尔顿在《联邦党人文集》里提醒北美人留意波兰的地方自治政府：“关于这种制度所造成的灾难，不可能提出任何更为惊人的证明了。由于既不能自治又不能自卫，波兰早就听任其强大邻国的摆布了。”在18世纪末，波兰先后三次被普鲁士、奥地利和俄国瓜分。

第二次世界大战始于波兰，它用一夜间的溃败，成就了纳粹将领古德里安“闪电战”的威名。接着，“三周之内，德国人和俄国人占领了波兰全境，数十万波兰人被关进纳粹或苏联的集中营”。由于波兰长期被认为“没有能力维持强大而有秩序的政府”，对它抱有善意的西欧强国，顶多把它当成偏远山区的穷亲戚，道义上声援几声，不会全力以赴驰援，结果，几大强邻总是随意处置它。之前普鲁士首相俾斯麦初展威名，即拿波兰祭旗。他在给妹妹的信里表示：

> 严厉打击波兰人，使他们对自己的生命绝望；我同情他们的处境，但是如果我们想要生存，除了灭绝他们没有别的办法。作为上帝的造物，狼无须对自己的天性负责，……只要有能力，我们就会杀掉他们。

深受世人钦敬的学者马克斯·韦伯在一次演讲中说：“英国没有社会问题，是因为它非常富有。它非常富有，是因为它拥有一个帝国。它能够把那些不良分子——爱尔兰人、无产者等——运走，……德国也有一些不良分子——波兰人、无产者等——因此，德国也必须把这些人渣倾倒到殖民地。”初闻此论，不由想起笛卡尔的感慨：“没有什么荒谬的、不可信的东西没有被这位或那位哲学家所主张过。”

说到二战前夕那个臭名昭著的绥靖政策，波兰人并无太大诧异。米沃什在《米沃什词典——一部20世纪的回忆录》里说到，某德国人在1942年将波兰白纸黑字地定义成“世界的阴沟”（似乎还可解释成“世界肛门”）。纽伦堡审判时，纳粹空军司令戈林对战胜国主持的审判鄙夷不屑，但当英国法律组负责人戴维·马克斯维尔-法伊夫爵士“将询问集中于1944年春天德军杀害55名英国皇家空军战俘的事”，“自以为继承了条顿骑士精神”的戈林元帅手心出汗了，他后来承认，这是“整场战争中最严重的意外事件”。不过，如果拿纳粹对波兰人的罪行来问责，戈林会保持淡定：德军视波兰人为“低等人类”，处决波兰人时，“为了不让他们呼喊抵抗与自由的口号，纳粹用生石灰堵住反抗者的嘴”。对英军和美军，纳粹不会这么做。据说，“沙漠之狐”隆美尔离开北非战场时，有些英军士兵还感到遗憾，因为隆美尔被认为“富有骑士精神”“善待英军战俘”。波兰人对此肯定莫名其妙。

生于1911年的米沃什，视维尔诺为故乡。那其实是一个“城头变幻大王旗”的城市，米沃什写道：

> 最近半个世纪维尔诺曾轮流属于不同国家，人们在街道上见过各国的驻军，每改变一次政权，油漆工的工作量就增加很多，因为他们要把政府门前的牌子和名称

> 刷上新的官方语言，城里的居民又得换上新的护照，努力适应新的法律和禁令。维尔诺的统治者依次为俄国人、德国人、立陶宛人、波兰人，而后又为立陶宛人、德国人、俄国人。今天它是立陶宛苏维埃社会主义共和国的首都。

波兰人命定要承受苦难，1945 年，当全世界大多数人民都在庆祝解放，波兰人却只不过换了一个外国统治者。刚刚摆脱纳粹铁蹄的波兰人，转眼沦为苏联的卫星国，必须在意识形态上与那个东方帝国保持高度一致，时刻接受莫斯科中央的指示。如有不从，以古拉格群岛为象征的苏联集中营，将随时向波兰精英开放。米沃什的朋友和同事，不少都在古拉格找到了归宿。波兰人认为，“德国人来了，我们会有丧失自由的危险，俄国人来了，我们则会有丧失灵魂的危险”。但是，波兰人没有选择权，丧失自由还是丧失灵魂，强邻说了算。

这或许是波兰人爱国主义热情持续高涨的原因，而一个更加强大或更加安逸的国家，不易产生恁多爱国激情。“大剂量的爱国主义”（米沃什语）往往是国家的不祥之兆。

爆发于 1944 年 8 月的华沙起义颇能说明问题。那原是波兰地下抵抗力量抗击德国占领军的英勇行动，也未尝不能视为对苏联红军的军事配合，因为苏军抗击德寇的军事行动正处于战略反攻阶段。蹊跷的是，在人数不多但武器精良的德军大肆屠杀波兰义军和华沙市民的过程中（共有二十多万波兰人牺牲），驻扎华沙郊外的苏联红军以休整为由，按兵不动，听任德国人将拥有百万人口的华沙变成一座末日废墟。

真相是这样的：波兰精英的大规模死亡，符合德国人的意志，更符合苏联人的意愿。哪怕德军与红军打得血流成河，也不妨碍他们在波兰问题上达成共识：波兰精英必须消灭，他们不值得在地球上生存。米沃什写道：

> 对于德国人来说，起义者甚至不是敌人；他们是应该消灭的劣等种族。而俄国人则认为，起义者就是“波兰的法西斯”。

他接着表示：

> 我们找不出任何逻辑理由，以使俄国人帮助华沙。俄国人带给西方的不仅是从希特勒手中的解放，而且是从现存秩序中的解放。他们想以自己认为的好秩序，即他们自己的秩序来取代现存秩序。“地下国家”和伦敦的流亡政府是推翻波兰资本主义的最大障碍；与此同时，在红军身后已经有一个由莫斯科支持的波兰政府在运转。无疑，华沙的被毁利大于弊，因为，在街头巷尾战死的人们，正是那些可能给新统治者制造最大麻烦的人。

两大强邻也有激烈冲突，但只要涉及波兰，就能保持一致。早在1863年波兰人发动反抗沙皇的起义时，普鲁士军队就协助了沙皇。纽伦堡审判时，起诉书指控纳粹在卡廷森林谋杀了1.1万个波兰战俘。半个世纪后，俄罗斯联邦政府正式承认，谋杀系苏联秘密警察所为；波兰人被有组织谋杀的人数，达到惊人的2.2万人，全是波兰的军界精英。

德国人将大规模屠杀犹太人的奥斯维辛集中营设在波兰，另有方便之处，因为波兰人曾经和德国人一样乐于看到犹太人倒霉。2014 年奥斯卡最佳外语片奖获得者、波兰电影《修女伊达》涉及了这个曾经的禁忌题材。波兰人的理由与希特勒虽有本质不同，却另有一份卑微：施暴者大多觊觎犹太人的财富。米沃什告诉我们，“在 1945 年夏到 1946 年之间，1000 多名犹太人在波兰遇害。即使在城市，他们也并不总是安全的”。那是战后的事了，纳粹政权已不复存在，纳粹的受害者竟如厉鬼转世，幻化为纳粹遗志的继承者。

战争开始时在华沙大学图书馆一边做门房，一边从事诗歌创作的米沃什，目击并感受了这一切。诗人特有的人性尊严，与一种被贬为次等民族的苦涩记忆，把他的人生弄得支离破碎，毫无韵律可言。

二

作为诺贝尔文学奖获得者，米沃什也算获奖专业户了：1934 年大学毕业时，诗作获奖，并接受波兰国家文学基金会资助，前往巴黎游学。他日后还获得过欧洲文学奖、波兰笔会诗歌翻译奖、古根海姆基金会奖金和纽斯塔特国际文学奖；从加州大学伯克利分校退休时，获颁代表该校最高荣誉的“伯克利荣誉奖”。但米沃什认为，频频获奖与自己 1960 年后获得的美国身份有关：“我敢肯定地说，如果我留在欧洲，我不会赢得它们。”

他自称“小地方人”，他说，“我到过许多城市、许多国家，但没有养成世界主义的习惯。相反，我保持着一个小地方人的谨慎。一旦我在一座城市中住下，我不喜欢冒险走出我居住的区域”。其实，米沃什在美国自始至终就是精英——“我从来不是那些除了体力和肌肉便无可出卖的移民中的一员”——却记得美国人是如何看待波兰人的：“（美国）20年代通过的法律在签发签证的数量上对东欧与南欧的劣等国家有所限制。”据说，波兰人隶属的“斯拉夫人”（Slav），也是欧洲多种语言及阿拉伯语里“奴隶”一词的词源，历史学家丹尼尔·布尔斯廷指出：“这是西方历史上第一次出现的情形：奴隶的地位与种族差异相吻合。”沃尔特·李普曼列举过上世纪20年代西方世界对若干“庞大群体的笼统判断”，斯拉夫人得到的评价是“愚昧无知”。作为对照，爱尔兰人是“反复无常的”，法国人是“讲究逻辑的”，德国人是“遵守纪律的”，而中国人和日本人分别是“忠心耿耿的”和“不可信赖的”。——当然是偏见，但在特定时期，偏见拥有常识之力。

评价知识分子，很难忽略他的文化和民族背景：英国学者易让人感到自由主义底色，其见解即使缺乏新意，一般也不会让人诧异；法国知识分子的言论总是精彩的，但我们又得警惕其过火之处，他们的精妙见解有时会夹杂着观念错乱；面对西班牙语系的知识分子，读者得准备接受大量隐喻及有关饮食男女的丰富联想；俄罗斯知识分子似乎永远在激情与消沉、迷醉与控诉的两极摇摆。说到波兰知识界，人们就瞠目结舌了。

与经常崛起于边缘地带的文学不同，影响世人的思想观念，大多属于强势文明。一位美国人文学者较之他的印度同行，获得世俗成功的概率更高。塞缪尔·约翰逊博士尝得意地说：“只有居住在伦敦的人，才能得知伦敦的乐趣。我敢说，我们现在坐的地方周围十里内的知识与文化，比全国其他部分加起来还多。”他毫不客气地将朋友包斯威尔的家乡苏格兰称为“沙漠地带”，包斯威尔并不敢反驳。同样，来自波兰的诗人型知识分子米沃什，也难免“沙漠地带”的自卑。

米沃什承认，“在我青年时代，诗歌的学徒们如果是来自地图上的空白点，就得到巴黎接受短期或较长期的训练。”米沃什本人就是如此，他有位在法国长大的远房堂兄，是一名法语诗人，给了他很好的指引，打开了他的文学天窗。不仅米沃什，如他所说，“波兰的教堂和宫殿是意大利建筑师修建的；波兰的诗人十分热爱并模仿法国诗歌的形式。”若非来到法国，出生于波兰的居里夫人不会两次获得诺贝尔奖，米沃什同样不会摘取文学桂冠。我们知道，波兰另一位伟大小说家约瑟夫·康拉德，是在加入英国籍并改用英语写作后，才成为文学大师的。

所谓“地图上的空白点”，系指米沃什所属的那片区域，即德国以东那片地区，一个欧洲文学地图上的“狮子出没地”。正因为它是那样无足轻重，丘吉尔、罗斯福才与斯大林合谋，在雅尔塔会议上“如此轻易地把这些空白区的一亿个欧洲人当作一笔亏损那样勾销掉”（米沃什语），任由斯大林发落。

米沃什感叹本国历史上的伟大诗人，无法达到类似普希金的影响力，即使前者的诗艺并不稍逊。因为，在他的祖国，连弘扬民族文化都不无危险：在以苏联官方意识形态为绝对统领的那个东方帝国里，弱小民族的民族主义，具有一种反动的阶级性，可能被定性为“具有反俄性质”。米沃什还提到“某个人民民主国家”，“有人委婉地建议一群学者不要发表他们的科研成果，因为这些成果过于优秀会给人留下他们要在这个领域与俄罗斯科学家竞争的印象。”伟大属于斯大林，光荣归于俄罗斯。当“俄罗斯的舆论宣传坚持把众多发明归功于俄罗斯人（其实，他们无论是在桥梁结构还是在生产汽车的发动机等方面，甚至在很多极小的细节上，都抄袭了美国的技术)”，米沃什试图在文学上出类拔萃，就会招致那个强大民族的嫉恨。何况，文学上出人头地的道路极为狭窄，在他离开波兰之前，波兰文学家正接受这种思想的约束：“‘人’作为一个品种的概念是不受欢迎的。谁如果要去探究人的内心需求与渴望，就会被指责为有资产阶级思想倾向。”——谁能在这种限制下走向文学的伟大?

不幸的是，连一些未必正面的民族癖好，都必须由俄罗斯人代表，比如，波兰人喝伏特加并不逊色于俄国人，但世人只会把伏特加与俄罗斯人联系起来，轮不到波兰人。“酒精的最大坏处是它能把我们都变成傻瓜。”米沃什如此解剖他的民族：“或许(这只是假设)在波兰人的内心深处，他们根本不喜欢自己，因为他们记得自己的醉态。是这样吗?”

一个在精神和肉体上长期遭受全面打压的民族，民族气质会趋于单调和孱弱。米沃什惊讶于美国同时产生“三位如此不同的诗人：沃尔特·惠特曼、艾米莉·狄金森和罗伯特·弗罗斯特”，他显然想说，这种盛景在波兰不可能出现。身为波兰诗人，米沃什若想就人类命运表达现实关切，他不仅要留意苏联人的脸色，还得与本民族的敌意周旋。毕竟，在长期摧残之下，波兰人的民族气度难免有所萎缩，他们不愿接受一位流亡同胞的批评。米沃什得到诺贝尔奖以后，他国内的文学同行拒绝祝贺，还打翻了一大坛醋，这并不令人意外。

三

的确，是流亡改变了米沃什，使他的表达成为可能。

与索尔仁尼琴相比，索氏的流亡是被迫的，他被克格勃强行押上飞机，扔给了西方世界。克格勃最后塞给他五百马克，任其自生自灭。米沃什则是以波兰驻法国使馆文化专员的身份在巴黎寻求政治避难，站在波兰官方立场上，米沃什属于叛逃；他没有经历过“流放”的惩罚程序，他主动选择了流亡。

索尔仁尼琴在劳改营的苦难经历，使他凭藉受害者身份，拥有巨大的道义力量——尽管，单从文本上讲，饱受苦难并非写出伟大作品的必要条件，英国人乔治·奥威尔就是证明。从未蹲过监狱的米沃什不同，他一度甚至算得上波兰当局的宠儿，他不是共产党员，却获益于当局一种姿态：“委派作家任外交官员，可以在国外产生良好的印象。”在1950年调任波兰驻法大使馆之前，他在波兰驻美大使馆工作过几年；在他决定政治避难时，妻儿已经在美国了。所以，别说国内同行，就连不少法国人都对米沃什的选择不表认同。读者想必记得，上世纪50年代的法国知识界，乃是西方世界对苏联最为敬重、大唱赞歌的一个群体，尤以萨特和波伏娃为最。索尔仁尼琴非常讨厌萨特（他拒绝了萨特的约见），米沃什对波伏娃更有切齿之恨，骂后者是“讨厌的母夜叉”。

索尔仁尼琴遭到流放时，已是闻名遐迩的诺贝尔文学奖获得者，有资格得到西方世界的欢迎：他刚在法兰克福走下飞机，就见到了两百多名西方世界的欢迎者。米沃什于1951年初选择政治避难时，文学成就还不够瞩目，他日后申请赴美签证，也迟迟没有成功，直到九年后的1960年，才得到一份美国大学的教职，成为美国公民。所以，除了不必担心因言获罪，他在巴黎的流亡生活相当困窘。但仅仅得以自由表达，对他就足够了。

真相是，在西方世界生活多年，米沃什的心智发展已与国内同行大异，他对思想自由、表达自由的热衷和卫护，是那些安于国内优渥现状的同行无法理解的——在当时的波兰，只要不被打入另册，作家仍然算得上——用米沃什的话说——“新特权阶级”，生活水准高出普通人一截。

作为诗人，米沃什不愿流亡，他说过多次，“我不愿意成为一个流亡者，就此一下子与祖国断绝关系，变成局外人”。第一部反乌托邦小说《我们》的作者叶甫盖尼·扎米亚京曾在致斯大林的求助信里写道：“在苏联的法典中，仅轻于死刑的刑罚是将罪犯强制迁徙国外。”波兰作家也有类似态度，他们从习俗上就不会对流亡处之泰然。好在诗人的真正故乡是精神上的母语，而非地理上的故土。语言既是诗人的谋身之具，也是他全部的精神寄托。诗囊里带着母语，他与祖国的精神联系就不会中断。诗人拒绝流亡，实质是不忍离开语言的栖息地。但是，只要不断打磨文字技艺，勤勉写作，他会觉得故土就在笔端，祖国徜徉在诗句中。何况，时代毕竟变了，米沃什不可能让人联想到古罗马那位被迫流亡到黑海之滨的诗人奥维德。考虑到古代世界的蛮荒性，当时的放逐等于把你丢进丛林世界；甚至，比丛林世界还惨，因为动物只在适合自身生存的地带活着，而放逐相当于把非洲大象扔到南极，把南极企鹅迁到赤道。显然，无论巴黎还是加州，都不会让人产生类似联想，米沃什的遭遇要好得多。

所有诗人都会礼赞母语，因为诗人正是拥有超群语言技艺的人，他们对母语的种种妙处体会最深，其成就既取决于受惠母语的程度，也取决于回馈母语的程度。在最好情况下，诗人与母语构成一种双赢互惠。

不走运的是，诗人米沃什虽决意与母语长相厮守，波兰语却无力回馈他更多。首先是贫瘠，即“语言之间的不对等”，擅长翻译的米沃什时常为波兰语里缺乏相应词汇而头疼。其次是不够精确，即很难用波兰语从事思辨性思考和交流。米沃什的朋友、波兰小说家维托尔德·贡布罗维奇说过："我们用法语说话就准确，一旦我们改用波兰语，我们就变得模糊起来。"日本诺贝尔物理学奖得主汤川秀树也有类似感慨，他只在日常事务领域才使用日语，一旦思考到亚原子粒子领域，必换用英语。想到国内颇有些学者痴迷于中东欧作者笔下指向莫明的概念，一个词（如昆德拉笔下的"媚俗"）只要很难翻译，他们就认为其中布满玄机，意味无穷，而较少想到那其实是一种语言残疾。对确定性、明晰性不加萦怀和尊重，就会拥抱一切暧昧。

一位波兰诗人批评本民族，与英国作家嘲讽"约翰牛"，难度是不一样的。超强的自尊心无法与幽默感共存，脆弱敏感的心灵总是警惕着外界打击，哪怕是想象中的打击。伟大民族会善待批评者，弱小民族则加以憎恨。不管怎么说，一俟拥有了免于恐惧的表达自由，米沃什即着手撰写他充满知识分子使命的著作《被禁锢的头脑》。我们看到，所有那些命定的不足，那些"次一等"的"小地方"劣势、不幸和苦难，都被他转换成特有的题材优势。关于"狮子出没地"的民族性，关于弱小民族知识分子的种种卑微、猜忌、钻营和明哲保身，都在他笔锋的有效射程之内。

那是另一个欧洲，可能孕育了更多的希望，但首先承担了更多的痛苦，而所谓希望，只有在苦难得到正视、心智得到矫正的前提下，才有望兑现。

下：倒映在“世界阴沟”里的诗眼

这本书（《被禁锢的头脑》）向现代人提出的一个问题是：现代人因为精神空虚（到现在为止这一点还是真实的），陷入一种思想，其后果就是遭到不受法制约束的毁灭的恐惧，因而自己被利用、被当成精神奴役的工具。

——卡尔·雅斯贝尔斯

我也必须为有特权从事某种职业付出代价，所以我必须写出一定数量歌功颂德的文章和诗歌。

——切斯瓦夫·米沃什

一

切斯瓦夫·米沃什开宗明义，点出《被禁锢的头脑》的主旨：“写这本书，目的在导引读者走入波兰、捷克、罗马尼亚和匈牙利知识分子的内心世界去。”他所谓知识分子，不是自愿担荷“社会良心”的人文精英，而是职业知识人，具体到该书，则指波兰为代表的东欧作家和诗人。米沃什本人借助该书及另一本《权力的攫取》，勇敢地客串了一回公共知识分子。他的客串成就斐然，以至人们一度淡忘了他的诗人成就，仅仅注重他的“铁肩担道义”，令他郁闷不已。

《被禁锢的头脑》写到的那些作家诗人，属于拒绝仰望星空的群体。依我的分类，他们是第三世界知识分子：蓄意规避公共正义，对思想自由和独立意志夷然不屑，耽溺于双重生活和双重思想，又奢望拥有知识分子的一切。当然，此非地域性分类，更适宜从精神气质上考察。

米沃什刚从波兰驻法大使馆出走，即着手《被禁锢的头脑》的写作。当时，他声名有限，故执笔之际，身份上的落寞转化成一种内在限制，迫使他火烛小心地表达见解。——当然，有些处境类似的人，会选择放大话语的音量，用狂放表述来招惹视听，摆脱寂寥。

在米沃什批评东欧知识分子内心世界的多种著作中，我总能听到一种压低嗓音的木屐声。他当然想重点声讨带给波兰人巨大苦难的苏俄制度，但对于同胞可悲的国民性，他也想数落几句；如果可能，他还想仿效法国思想家邦雅曼·贡斯当，直截了当地强调“应该受到谴责的不是制度，而是民族”。然而，他本人的处境尚在灰头土脸中，他的出逃无论在波兰还是西方世界，当时都乏人认同（只有两个伟大的名字支持了他：阿尔贝·加缪和卡尔·雅斯贝尔斯），因此，他最好用一种涂抹了保护色的风格写作。

把自己排除在批评之外是鲁莽的，他必须避免高高在上的口吻。为使针对昔日同行的批评不致引起额外抵触和反弹，他得放聪明些，语含悲悯，并不时给自己捅上几刀。当潜在读者可能产生“你有啥了不起”“你有啥资格高高在上”的情绪时，通过文字和卑微语气先行证明自己的确没啥了不起，卸除或缓和他们的敌意，也是一种必要的笔墨世故，否则，文字将寸步难行。

结合他的自述，米沃什可以自如地援照上述笔墨药方行事，他甚至无需刻意保持低调，他“肩宽如立陶宛的棕熊”，骨子里却藏着一份谦抑。他坚持认为，与昔日同行相比，自己并无突出之处，每当揽镜自照，他不仅能看清自己，还能洞察他人。他批评东欧同行的有利条件之一，正在于自己与他们并无二致。东欧知识分子身上那些鸡零狗碎、不登大雅之堂的小心思和小盘算，他本人无不具备。他说：“不仅对我自己的缺陷，而且对我生活圈子里其他诗人、画家的缺陷，我也一目了然。”

他留给别人的印象似乎不怎么好，他以惊人的自省，认可了他人的指摘。在《米沃什词典》里，他写道：

> 我揣摩我的肖像，它浮现于别人的仇恨之歌中，有诗歌也有散文：一个幸运儿。事事顺当的那种人。不可思议地狡诈。自我陶醉。爱钱。没有一丝一毫的爱国情感。对祖国冷漠于心。卖国只卖个手提箱的价。衰弱无能。一个关心他的艺术而不关心人民的唯美派。可收买的人。没有见识（他写了《被禁锢的头脑》）。不道德的个人生活（追逐利用女人）。蔑视他人。傲慢自大。等等。

他补充道：“对我性格的这番描述，常常还有我的一系列可耻行径作为佐证。”他接着表示：“我更倾向于把自己看作各种惯性思维的混乱缠结，一个在迷雾中喝醉的孩子。”——言外固有愤世嫉俗成份，言内却也颇含实情。

也是在自传体的《米沃什词典》里，他提及自己学生时代写作文时的“突然开窍”：

> 我明白了，他们并不是要求我怎么想就怎么写。我得把自己彻底变成一个学生，做学生应该做的事——把连篇空话说得天花乱坠。正在写作的不是我，而是他，一个学生。由于该负责的是他，而不是我，我没有理由努力写得准确，说得真诚。换句话说，我也接受了这样的观念：作文只是一种修辞练习。从那以后，一切都变得很好。我写出了既规范又华丽的句子，笔的迅速移动也给我带来了快乐。

根据这份自认，相比波兰同行，米沃什甚至表现出更高的天赋，可以更早地适应双重生活，掌握双重写作的秘钥。他还早早发现，“在某些情况下，驼背弯腰是有好处的”。他获得出使美国、法国的美差，即得益于恰到好处的“驼背弯腰”：被他在《被禁锢的头脑》中选为堕落作家样板的阿尔法，其原型曾担任波兰作家协会副主席（人称“带辩证法原则的妓女”），正是让他获得美差的那个人。他如此为自己开解：“由于我还没有完成命中注定要做的工作，我愿意苟活下去。”他辩解道：“既然无法摆脱不幸，我们所能做的只是选择一种跟它相处的策略。”当他说出“不能把一个行将溺死的人抓住一捆稻草的绝望手势说成仅仅是一种时髦”，我几乎看到他摊开双手、耸一耸肩的样子。他对读者坦然相告：

> 旅居国外给我提供了很多便利条件，我可以发表放肆无礼的长诗和文章，其中蕴藏着很多违背官方哲学——唯物辩证法的东西。当我感到弦绷得太紧时，我就寄回去点儿足以令人相信我这个人还是可以皈依斯大

林主义的作品。

他对自己的解剖，有时达到忘我程度。在《拆散的笔记簿》里，他分析了自己头脑的构成，进而推导出潜意识里一种倾向，即：

> 或者是，我的头脑由天主教、马克思主义或者欧洲的历史灾变所形成，多少有点极权主义的味道，因此默认了这个观念，即为“大众”提供精神食粮是应当加以控制的。

敢于如此鞭挞自己的人，当他投笔于同类，反而会把自己擢拔为不二之选。我们愿意相信，只有当米沃什开始执笔，东欧知识分子的内心世界才有望得到揭示。此外，批评他人前先把自己打得遍体鳞伤，也有一个修辞上的便利，能避免那种鲁迅式尴尬。在《伪自由书》中，鲁迅自嘲道：

> 十二年前，鲁迅作的一篇《阿 Q 正传》，大约是想暴露国民的弱点的，虽然没有说明自己是否也包含在里面。然而到得今年，有几个人就用“阿 Q”来称他自己了，这就是现世的恶报。

米沃什既已不打自招地承认猥琐，别人再要反唇相讥，反而无趣了。

二

奥威尔在小说《1984》中发明的术语，除“老大哥”“真理部”外，最有名的就是“双重思想”了，那是一种大脑的“迷宫世界”，奥威尔以其天才洞见，预言了如下灵魂场景：

> 知道全部真实情况却扯一些滴水不漏的谎话，同时持两种互相抵消的观点，明知它们互相矛盾而仍都相信，用逻辑来反逻辑，一边表示拥护道德一边又否定道德，一边相信民主是办不到的一边又相信党是民主的捍卫者，忘掉一切必须忘掉的东西而又在需要的时候想起它来，然后又马上忘掉它，而尤其是，把这样的做法应用到做法本身上面——这可谓绝妙透顶了：有意识地进入无意识，而后又并不意识到你刚才完成的催眠。即使要了解“双重思想”的含义你也得使用双重思想。

有机会也有能力验证奥威尔预言的米沃什，在《被禁锢的头脑》第二章，通过一则波斯概念“凯特曼”，丰富了奥威尔的说法。他还借助对奥威尔经典比喻的化用，向后者致敬：“自由正在失去意义，如果凡是学说宣布的一切都是真理，就像说二乘二等于四一样不可辩驳，那么容忍另一种意见，说二乘二等于五，简直就是不成体统。”

在法国人康德·戈比诺所著的《中亚的宗教与哲学》一书中，米沃什找到了“凯特曼”的解释。戈比诺于19世纪中叶在波斯待过数年，他观察到一种现象：在那个地方，“人们必须对他们真正的信仰保持沉默”。不仅如此，当沉默预示着风险——比如被视为对异端学说的同情、隐瞒或认同——人们还必须开始表演，手法是：

> 不仅要公开否认自己真正的观点，而且必须采取一切手段和策略来蒙蔽对手。那时就得宣布一切能取悦对手的信条，参加所有被认为是最荒唐的仪式，贬损和扭曲自己的著作，采取一切手段引对手犯错误，以这种方式他就能争得巨大的满足和功德，他不仅保护了自己，也保护了自己的亲属，在跟异教徒进行可耻的周旋时没有伤害宝贵的信仰。

简而言之，作为一种意在“保护个人的思想和感情”的社会群体游戏，“践行凯特曼意味着在对某事的反抗中实现自我”。当然，这个“自我”是打了折的。不难发现，“凯特曼”正是奥威尔“双重思想”的对应物。“双重思想”必有主从之分，“凯特曼”的精髓在于，通过取悦那个强加于自己的思想，使自己真正相信的思想不为人知，从而在一种冬眠状态里得到保护。“凯特曼”的本质是伪装，伪装的目的是绝地求生。当那个没人相信的思想具有压倒一切的力量，可以左右人的自由和生死，出现如此场景就不会令人意外了：“人们所看到的是无处不在的有意识的群体表演，而不是个别人无意识的本能反应。”大面积的恐惧，使人们在掩饰真相方面形成了团体操般的步调一致，它可以达到这种效果：广场上雷鸣般的掌声，其实意味着没有一个人赞同。

“凯特曼”的成因是恐惧，当众人的恐惧共有一个源头，他们就心往一处拧，表现出机器人的群体特征。米沃什提醒我们，

“机器人”（robot）最初出现在斯拉夫语（robota）里，是由捷克作家卡雷尔·恰佩克发明的。既然“凯特曼”与求生本能相关，它就会在短期内成为一种无师自通的群体技能，人们感受到了相同的恐惧，也有相同的求生本能，于是，个性消失了——

> 人们无论在言行举止或是在衣着与面部表情上，都尽可能做到和大家一模一样，尽量不引人注意。城市里到处都是受统治者欢迎的某个种族群，他们的特征是：男人个子矮小，大腹便便；女人腿短，走路时扭着肥硕的臀部。这就是无产阶级的类型，是由强制性的审美样板过分夸张地培育出的一种类型。

因此，除非具有强悍意志——米沃什、索尔仁尼琴就是突出代表——否则，刻意隐匿真我，将使得真我不复找寻，它被委弃于大脑一角，在行为的不断自我踩踏中扭曲变形，最终他会发现，只有让那个真我放弃抵抗，向虚假的思想投诚，他才能重新安放那颗悸动不安的灵魂。换句话说，只有在默允自己精神下滑、听任灵魂水准大幅下降的过程中，身心才有望复归和谐。何况，对芸芸众生来说，那本身就是一种近乎自然的过程，如米沃什所说：

> 一个人明知自己在演戏并长时间进行这种有意识的表演，他的性格就逐渐变成他所扮演的角色，而且越演越起劲。这就像一个拥有健全双腿的人，经过跑步训练之后，得以成为跑步健将一样。

苏联诗人马雅可夫斯基是另一种类型的代表，他的“凯特曼”症状想必比任何人都更激烈，“革命之后，马雅可夫斯基写了不少巨人症般令人惊叹的修辞术诗歌”（米沃什语），长诗《列宁》更是让他风头一时无两。他的自杀原因不得而知，但他说过：“如果你在体验到灵感的时刻恰好倒在有轨电车轮下，那你也该认为自己占了便宜。”一个对艺术怀抱此等赤诚的人，不可能与“巨人症般”的诗歌相安无事。受米沃什启发，我倾向于认为，他的自杀缘于“双重思想”的爆胎，一种“凯特曼”悲剧。

三

作为一本“抓住几个典型，试图勾勒出东欧作家的画像”的著作，《被禁锢的头脑》里没有知识界的大人物，作者的笔墨聚焦于寻常人事，他写到的作家，多是以舞文弄墨为业的庸人。不过，瑟缩于政治高压下的平庸，与承平时期的平庸，又有质的差异。比如，告密这一在犹太教的律法里属于“今世或来世都不能洗刷赎补”的重罪，在米沃什生存的世界里，不过是一种寻常处世方式而已。

在那种“甚至于夫妇俩在床上也得用群众集会的口号彼此交谈”的恐怖气氛里，米沃什忧心社会道德的整体下滑。他以敏锐的诗眼发现，原本用于自保续命的“凯特曼”，只消稍加挪转，即可能成为大面积告密的酵母。因为——

> 那些不断践行着类似形式的凯特曼的人最容易揭发离经叛道现象：他们很容易就能识别出其他杂技演员也在使用他们自己刚刚使用过的技巧，他们总是一有机会

就去陷害敌人或朋友，这样他们就保护了自己。

用希腊字母代替名字的作家伽玛，作为作家和政论家，原是个低能儿，他擅长“为了使自己免除思考的责任而大叫大嚷，激发不同民族群体的相互仇视，以转移人们对其他问题的注意力”。但他在充当鹰犬和随时告密这件事上，却具有一技之长。他愿意被这样的想法“攫住他的大脑：一个人把灵魂出卖给魔鬼，就是给魔鬼增添力量，让魔鬼更加趾高气扬”。总之，他是一名老练的监视者，干练的告密家。米沃什写道：“伽玛的匕首功效发挥得最淋漓尽致的地方是，每当需要心理学家的智慧时，他的匕首就会去履行政治警察的任务。”他从事的工作，“就是要让庸才趾高气扬，让天才凋零枯萎”。由于他本人恰好是一个不安于庸才地位的庸才，这份微不足道的躁动就转型为一股动力，使他在魔鬼的岗位上成就斐然。最终，“伽玛成了——这次是正式任命的——波兰所有作家的政治监督员和良心管理员。他的职责是监督文学按照党的路线发展”。

小人得志的成果是，“伽玛被一帮马屁精包围着，只要他眉头紧皱，他们就会满脸愁容；只要他说个什么笑话，他们就会迎合他而纵声大笑起来”。这只会鼓励他更加努力地工作，他的工作奖章，由下列事实负责颁发：他管辖下的作家，夜夜感到自己的“床下伸出苏联内务人民委员部探员的皮靴”。

我想起《曼德施塔姆夫人回忆录》里的情景，作者娜杰日达·曼德施塔姆写道：“当我在战后来到莫斯科时，我发现每一家的电话都用一个大枕头蒙着，因为有一种传闻说电话上装有录音装置，在这个能够窃听到人们隐秘思想的黑色金属侦察员面前，所有居民都会恐惧得发抖。所有人彼此均不信任，我们怀疑每一位朋友都可能是告密者。”作者还结合自己诗人丈夫的遭遇，将告密者分成几个类型，如“鉴赏家”型：“他们常常是同行、同事和邻居。这些人事先既不打个电话，也无约定，就会突然跑过来，就像他们常说的那样：‘见你们家的灯还亮着呢……’”更可怕、更危险的是“副官”型：“那是一些文学青年，学术界的研究生，他们十分热衷诗歌，能背诵世上所有的名诗。他们起初的造访目的往往是纯洁的，但后来他们就被招募了。”于是，文学地基开始朽坏，日常生活的道德土壤也沾染了放射性剧毒，所有人都生活在道德毒气的辐射范围内。米沃什写道：

> 如果发生交谈者推心置腹的情况，那一定会坏事：因为人们看似无忧无虑地交谈，对某事表现同情或者打抱不平，为的是引你上钩，引得你口吐真言，你的倾诉将被拿去写报告，以便告密者提高自己在上司眼中的身价。

有幸逃离所谓“世界阴沟”的米沃什——他将当时的波兰概括为“黑暗的核心：不仅没有任何解放的希望，也看不到任何明天的景象。大家只是为了斗争而斗争”——大可过一种“躲进小楼成一统”的洁身自好日子，他的诗人定位也有助于他听从“另一重召唤”，从而小觑政治性写作。他说：“如果我变成了一个政治作家，我就会使自己的可能性变窄，变枯竭。”然而，知识分子责任也是一种庄严诱惑，往往令正义者欲罢不能。米沃什多次解释自己为何对波兰语痴迷不放：“说波兰语在某种程度上意味着和死者交谈”，“我对波兰语的执着仅仅出于作为幸存者的罪疚感”。

其实，他长期过着与普通波兰人不同的日子，他的大半人生都生活在非波兰语环境里。还在学生时代，米沃什就“崇拜上了女演员西尔维娅·西德尼”，普通波兰人大概都没有机会听说过她。那是一位好莱坞女星，我找到她的照片，发现西德尼有一张可以演古希腊美女海伦的脸，一种可以挑起战争的美丽。总之，米沃什大可用一种与故国摆脱干系的方式，像卓越的前辈约瑟夫·康拉德那样，仅仅用自己的诗人天赋去摘取文学桂冠。何况，他的波兰同胞，无论文学同行还是移民美国的波侨，对他都谈不上友善。

不少学者提到，苏东巨变后，许多东欧知识分子都通过“谴责别人来逃避自己在共产党时代的过错”，只有“具有真正英雄气概的波兰异见分子亚当·米奇尼克”等少数内在精英才拒绝这么做。米奇尼克表示，他“过去没做过什么亏心事，所以现在也没必要靠手指别人来证明自己是个英雄”。米沃什同样拒绝英雄的冠冕，却不失为英雄，他坦白道：“我属于那类绝大多数人，他们在自己的国家变成莫斯科的附庸之时，竭尽全力表示自己的屈服与顺从，并且被新政府利用。”他认为，自己之所以与东欧同行在“命运上有所不同”，只是“由于彼此反应上的细微差别”。

科学家告诉我们，人和老鼠也有99%的类似基因，这证明，1%的细微差别，有时足以改变一切。

阿尔贝·加缪：安静的反抗者

我不知道是否有许多艺术家经历过这样的事情。就我来说，似乎在重读已写完的一页时，从未感到过得意。

——阿尔贝·加缪

我不想把自己的判断力留给想象力。

——阿尔贝·加缪

一

我喜欢小说家加缪，以前从未想过他作为知识分子会是啥模样，何况，他习惯以“艺术家”自称。在我的认知谱系里，知识分子并非一个需要额外刮目相看的行当。成为小说家或诗人，本身就直通无憾的人生，莎士比亚和普鲁斯特均非知识分子，其光辉未减分毫；对《局外人》和《鼠疫》的作者阿尔贝·加缪，亦不妨作如是观。

我对男性作家的外貌较为迟钝，但我的确留意过加缪，那种集英气和懒散于一身的特殊气质，绝非凡品，尤其那张轻叨香烟、双手插风衣兜里、两眼斜视前方的半身照片，风采直逼——我更想说“不让”——《卡萨布兰卡》里的亨弗莱·鲍嘉。两人不仅有点像，出生且成长于阿尔及利亚的加缪，或许还能传递出更多的北非气质。请读者明鉴，我并未在信笔胡扯，加缪本来真有可能在演艺界获得成功：玛格丽特·杜拉斯的小说《琴声如诉》搬上银幕前，杜拉斯和导演彼得·布鲁克、女主角让娜·莫罗都赞成加缪出演男主角，加缪本人亦表同意，后因与加缪计划中的写作冲突，男主角才改由让·保罗·贝尔蒙多替代，后者日后成为法国电影界的一代骄子。假如计划没变，当时已是诺贝尔文学奖获得者的加缪因演技出色而在戛纳电影节上荣膺最佳男主角——让娜·莫罗即因该片获得戛纳最佳女主角奖——将会是一个绝无仅有的佳话，画面太美。

不过，那与作为知识分子的加缪何干呢？

是米沃什的书提醒我留意加缪的知识分子事业。我说过，米沃什曾骂西蒙娜·波伏娃是“讨厌的母夜叉”，而当年流亡巴黎的米沃什与波伏娃并无私人交集，他出此恶语，纯系替加缪出头，他在《米沃什词典》里写道：

> 我从未见过她，但我对她的反感直到现在也没有减弱，即使她已死去并迅速滑入她那个时代的历史脚注。……我不能原谅她与萨特联手攻击加缪时表现出的下作。这是道德故事中的一幕：一对所谓的知识分子以政治正确的名义朝一位可敬的、高尚的、讲真话的人，朝一位伟大的作家吐唾沫。是什么样的教条导致的盲目，使她居然要写出一部名为《名士风流》的长篇小说

来诋毁加缪，将他的观点与人们对他私生活的流言蜚语搅在一起。

在“阿尔贝·加缪”词条下，米沃什补充了一些背景情况：

> 他出版他的书《反抗者》时，我一直关注着人们在巴黎对他的所作所为。他像一个自由人那样写作，但后来的事情表明，人们不允许他那样做，因为“反帝”（即反美和拥护苏联）的阵线有一种强制性。在萨特的《现代》杂志上进行的那场丑陋的讨伐中，发起攻击的主要是萨特和弗朗西斯·让松，很快西蒙娜·德·波伏娃也加入进来。……针对加缪，萨特写道：“如果你既不喜欢共产主义，也不喜欢资本主义，我看你唯一可去的地方是——加拉帕戈斯群岛。”

加拉帕戈斯群岛又名科隆群岛，属厄瓜多尔，存有不少罕见物种，有“生物进化博物馆”之称，故萨特拐弯抹角的指斥，大可直译为“你就是个怪物”。他还以知识界领袖兼江湖老大的身份，居高临下地训斥小他 8 岁的加缪：“像你一样，我也觉得这些劳改营令人不能容忍，但是我认为，天天在资产阶级的报刊上对它们加以利用的行为同样令人不能容忍。”

关于加缪的孤胆之勇，米沃什提供过一个私人旁证。他从波兰驻法大使馆出逃时，巴黎知识界无人对他理解和声援，一位法国的精神科医生的说法很有代表性，他认为：“如果某个人在华沙或布拉格的生存能得到保障，但还是决定出走，那么这个人肯定疯了。”加缪是全法国唯一支持他的人。加缪不仅赞赏米沃什的写作，还给予后者最为看重的东西：友谊。加缪于 1957 年（年仅 44 岁）获得诺贝尔文学奖时，他在瑞典皇家科学院的发言，亦语含惶恐地表明了自己的态度——那种决意“站在鸡蛋一边”的态度。他如此介绍自己：

> 像这样一个人，突然得知他一下子便被中止了工作，并被带到明亮的聚光灯下，他怎能不感到某种惶恐呢？在当前的欧洲，有许多作家，其中甚至有许多伟大的作家，在他们家乡的土地上正在承受着无穷的痛苦，他们被迫缄口不言。在这种情况下，他能获得这一荣誉，该是一种什么心情？

不禁想起十多年后索尔仁尼琴在莫斯科拒绝萨特召见时的场景。索尔仁尼琴当时的处境，使他非常需要欧洲知识界的声援，他尤其渴望自己的书能够在欧洲出版，因为，如他在一个脚注里所说：“我国伟大文学的不发达现象在那里完全无人知晓。”但权衡再三，索氏仍然决定拒绝萨特，他心有不甘地叹息道：“他如果不是萨特就好了。……我们是非常不喜欢、不接受他的。”显然，信息闭塞的索氏不了解加缪（加缪数年前已因车祸去世），他以为欧洲知识界悉在萨特掌控之下，谁知加缪早已在获奖发言里，将包括索尔仁尼琴在内的所有“被迫缄口不言”的作家，视为更值得“获得这一荣誉”的同行了。两人素昧平生，缘悭一面，但我们不妨设想，如果加缪与索尔仁尼琴见面，一定会有另一个故事。

20 世纪有一些“哲人王”式的大思想者，地位尊崇，呼风唤雨，一言九鼎，尤其喜欢通过公共演讲、发表通电全球的倡议及站在游行队伍最前列等充满造型艺术的方式，展示自己的知识威望，旗下常常啸聚了一大群知识界跟班。但奇怪的是，他们或艰涩或非凡的智慧，有时竟连最普通的认知都达不到。萨特或即此中典型，故马克·里拉在《当知识分子遇到政治》里如此感叹："人们常常从《理想国》中引申出的一个实际的教训是：如果哲学家试图当国王，那么其结果是，要么哲学被败坏，要么政治被败坏，还有一种可能是，两者都被败坏。"

相形之下，加缪过于安静了。他曾是法属北非殖民地阿尔及利亚的穷孩子，除了丰富的贫困体验，还对大海和阳光情有独钟。与出身巴黎高师的知识界大人物相比，加缪的求学经历不足挂齿，外人很难通过他困顿的境遇理解其早熟的成就。他说过："每次回到家中，就回到了贫穷、肮脏、令人厌恶的地方。"据说，"他口袋里从来都没有什么零花钱。当中学生的时候，每当暑假他就要去打工挣钱，干过各种临时工的活"。除了中学期间幸遇一位恩师让·格勒尼埃，他没有别的知识奇缘。但是，读他写于22岁的文字《反与正》，和他"一副懒散高傲的面孔"一样，乍睹即非凡品。加缪特有的冷静、简洁和节制，弱冠时已放出近乎纯青的毫光。

加缪曾说"作家的职业在很大程度上是虚荣的职业，尤其是在法国这个社会中"，但他本人独缺虚荣。除了才华和正义，加缪别无优长；有了才华和正义，他也就拥有了知识分子的一切。

二

知识分子不必是法学家，法学素养却最能检验知识分子的成色。热衷公共事务却对法律懵懂无知，是公共讨论中常见的灾难性场景。盖公共话题不能脱离公民权利、责任而存在，权利与责任又不能脱离法律而存在。加缪以小说家身份介入公共事务，所凭所恃者，并非作家的锦绣妙笔，而是扎实的司法研习、敏锐的正义之心，以及——令人意外——相当的司法实践。他的小说成名作《局外人》就涉及大量司法审判情节，他说过，自己“在生活中有一段时期，由于需要，曾参与过刑事诉讼案”，还“曾经追踪、旁听过许多审判，对重罪法庭审理的一些特大案件非常熟悉”。

加缪是意大利18世纪法理学家切萨雷·贝卡利亚的追随者，倡议废除死刑，他这方面的成果，体现在一篇洋洋数万言的长文《关于断头台的思考》中。

如果我们对作家涉及类似话题抱有先入之见，我敢说，所有我们认为作家较难避免的不足，如举证不力，材料敷衍，理性亏欠，激情澎湃等等，皆与加缪无涉；而那些我们并未寄望于一位小说家的优点，加缪大多具备，包括观点的扎实推进，论据的翔实完备，论证的绵密可靠，表达的冷静节制。

谈论死刑，庸常论者往往从所谓人道主义着手，用反正错不到哪儿去的爱心和情怀，先替自己筑个道德小窝和人格后院，凭此小窝与后院，哪怕观点已百孔千疮，他也自信能挽回颜面。加缪不然，他一开始就与这类怯懦招数划清了界限，他强调：“我同人道主义者们所具有的那种软绵绵的同情心相距甚远，因为那种同情心把道德标准同责任感相混淆，把所有的犯罪等同起来，使无辜者最终失去了他们应有的权利。”

加缪有一支静穆的笔，他的写作信条是“宁不及而勿过，总之是勿饶舌”。学者注意到，加缪提到自己的写作特征，惯用字眼是“限制”“堤坝”“秩序”“适度”“栅栏”等。他深知激情的重要，更明了“含混”的功能，但学者式的严谨与自律，他天然具备。因此，他尽管正在谈论一桩最易引发慷慨激情的话题——关于人的生命是否可以被剥夺——读者的理路却丝毫没有受到干扰，相反，书页里流淌着静谧的水声。

他从父亲的一段经历切入。加缪幼年丧父，对父亲恐无多少记忆，但母亲告诉他，父亲曾生平头一回打算去见识行刑，因为凶手过于残忍（“他杀了一个农民的全家，包括他们的几个孩子”），所以加缪父亲非要亲自看看他是如何受到报应的。但看完行刑后，母亲说：

> 他便飞快地赶回家来，只见他形容异常，什么也不讲便到床上躺了下来。不一会儿，就见他突然大呕起来。……他看过这个场面之后，不但不去想那些被杀的孩子，却怎么也控制不住总是想着被砍下头颅扔在断头台木板上的那副扭动着的身躯。

加缪的长篇论述，遂以一个发问开端：“当公正以其最高的形式出现，并被认为是保护人民时，其效果仅仅是使老实人呕吐，那恐怕很难认为，它会给当地人民带来安宁和秩序，也很难认为这就是它应尽的职责。”

补充一句，关于死刑，笔者并非加缪的同道，虽然也别无高见，概而言之，无非“慎杀”两字。因此，我不是由于贝叶斯概率理论，才认同他的观点。理查德·波斯纳法官曾将该理论概括为：“在两位同样具有说服力的论辩人之间，你会支持你的先入之见赞同的那一位。”我的先入之见不在加缪一边，但我仍然愿意倾听他的见解。他的文字里有一股理性诚意，他的反对意见不会挑逗敌意，而只会让你静下心来，你愿意相信，即使观点与他相左，他的睿智仍会让你受益。何况，你没有一次发现他在故意采取那种引诱你情感游移的文字法术，你觉得他一直在约束自己，唯恐读者失去了冷静。读完他的文字，至少，你不会认为固执己见是一种品德。加缪说过："在艺术上，品德也是一种手段。"学术上同样如此。

加缪为确保观点完整性所作的前期案头准备，纯然是学者式的。他收集了大量材料，包括美国最新死刑案件的进展。他坚信，"法律是否正确，则要看它是否能在具体的时间内和具体的地点中对社会是否有利"。这表明，他不打算从擅长的哲学高度发表一通高论，他将意见交由事实检验。为使检验顺利进行，他还愿意随时考虑反方意见。

加缪质疑了死刑的威慑效力，论证了死刑与误杀间的不可避免，说明了死刑与犯罪率之间的缺乏关联。有意思的是，他特地从犯罪与酗酒的角度展开思考，注意到"在诸多的流血犯罪案件中，因酒精引起的案件，其比例相当之大"。他从一份 1951 年的调查报告里得到如下数据："违犯普通法的犯人中，29%是长期饮酒者，24%有家庭饮酒史，而虐待儿童的犯人中 95%是酒鬼。"他当然不会把论点推进到实施禁酒令的程度，但提醒人们注意一个事实：

> 至于国家行政当局，他们本身就对嗜酒现象放任不管，自然对出现的这些因酗酒而犯罪的人不感到惊慌。总之，他们对此不感到惊讶，却只知道砍头，甚至他们自己也饮酒。他们泰然自若地实施惩罚，并以一个债权

人自居，何时他们才能良心发现呢！

加缪的说法尚不足以推动立法改革，但足以使死刑的坚持者难堪。因为，政府一面从酿酒业里获得大量税收，一面又听任酒精造成的犯罪率居高不下，这至少说明，司法当局对死刑的坚持，不过是一种思维上的惫懒，或一种统治权宜，与正义还很遥远。

笔者无意评价加缪的司法观点，我感兴趣的，是小说家加缪的知识分子姿态。

三

加缪不少杰作，都是30岁左右于二战期间完成的，包括《西西弗神话》《局外人》和《鼠疫》，但战争期间他并未远离国难。他虽不像作家马尔罗和圣·埃克苏佩里那样直接奔赴前线，但同样积极参与了抵抗运动，是其中的“坚强战士”，为此，他于1945年被授予抵抗运动勋章。附带一说，萨特也曾应征入伍，在某个气象小队里从事热气球测定风向的工作，但服役期间（包括后来在战俘营里）主要忙于写小说。

从履行知识分子责任的角度，加缪1943年后陆续发表在报纸上的《致一位德国友人的信》颇值一观。当时，纳粹铁蹄正在蹂躏法兰西的土地，加缪一度流亡到了北非。作为被侵略国家的流亡者，加缪以公开信方式，向一位不清楚是否实有其人的“德国友人”，展示了法兰西不屈的精神和意志，宣示了必胜的信心，也向对方所代表的凶暴纳粹宣判了死刑。——是的，内容大体如是，但拜读加缪的文本，我们几乎见不到涌动的热血，加缪的表达似乎代表了一种更高的外星人文明。

即使当交战国家分属两个欧洲民族：法兰西和德意志，加缪仍首先强调自己“并不是一个民族主义者”，他请求读者明辨，不要把他理解为德国人的仇恨者，他不愿将自己的身份限定在法国人之内，而更想代表“自由的欧洲人”，他以特有的高贵口吻说道：

> 我反对的是两种态度，而不是两个国家，即使在历史的某一时刻，这两个国家采取了敌对的立场也是如此。

实际上，任何将加缪的公开信与记忆中类似场合读到过的战斗檄文联想在一起的读者，都会大感意外。加缪对檄文式写作毫无兴趣。大敌当前，战场上尸骸横飞，作者的当务之急，竟然是向强敌辨析爱国主义的含义，谈论由尊严作为前驱的勇气，以及思考为什么是一种美德。加缪曾在笔记里探讨过战争，他说：“我们过去常常想弄清楚战争的源头在哪里，到底是什么让它那么可恨。现在，我们发现自己知道了战争的源头，战争来自我们心中。”这会儿，他打算与自己正欲绝交的德国友人，继续探讨这个话题，他要论证一个主题：战争在我们的国土，而邪恶和蒙昧在你们的心中。

法兰西常被说成“哲学的民族”，这在加缪笔下得到了充分证明。加缪鄙视德国友人以国家利益为核心的英雄主义，他孤傲地表示：“我们信奉英雄主义，同时又对它表示怀疑。”加缪对法兰西为什么一开始会战败的解释，堪称类似场合最精妙的说辞。他说：

> 正当我们寻求真理的时候，整个欧洲（已变得）一旦需要就投入谎言之中；正当你们扑向我们之时，我们却在一心一意地关注着公理是否在我们一边，这是我们一开始战败的原因。

德国友人或纳粹分子读到加缪的说辞，斥之为借口，而这份“怒斥”其实反而证明了加缪的雄辩，因为，这份态度坐实了他们恰是信奉国家机器的强权动物，而这类动物不配得到任何具有内在光荣的胜利。也许，展示文风的优雅和思辨上的智力优势，也是加缪的修辞策略，他希望用这种优势，令敌人产生智力上的气馁。他继续用一种高调的正义自负，阐述自己代表的“自由欧洲人”与对手的区别：

> 如果我们有时似乎爱正义胜于爱自己的国家，那是因为我们只希望爱正义中的自己的国家，……我们对自己有要求。你们只想服务于自己强盛的国家，而我们想的是使自己的国家站在真理一边。你们满足于服务现实的政治，而我们，即使在我们迷失方向的时候，我们还模糊地保留着我们今天已得到的政治荣誉的思想。

更妙的是这个提醒：

> 当我说“我们”时，我并不是指我们的统治者。统治者微不足道。

用轻描淡写的口气说出“统治者微不足道”，与只会高抬右臂、以45度倾斜角向元首希特勒致敬的纳粹分子，不是同一精神等级的人类。加缪就此完成了对强敌的心理吊打。这不是容易的工作，也就是说，这个活计非加缪莫属。我不清楚加缪的公开信当时起到何种积极作用，但他高蹈的姿态及立足人类精神的阐述，任何时候都会助人思想飞升。

汉娜·阿伦特：不合时宜的勇气

我们依此可以推断，知识分子由于按照不同的准则生活，所以并没有故事，有的只是一种招致不安稳的效应；他掀天揭地，震撼人们，却无法以他的背景或交友来完全解释清楚。

——爱德华·萨义德

假如他干了什么，或者假如他杀人——千万的人类，那么他仍旧不过是个小丑而已。

——汉娜·阿伦特

一

汉娜·阿伦特，20 世纪最富创见的思想家之一，竟同时成了一部传记片的名字，让人意外，令人感动。影片是 2012 年由德国人拍摄的，德国曾是这位犹太裔思想家的出生地兼成长的地方。阿伦特的思维天赋——她还在两位当世大哲马丁·海德格尔和卡尔·雅斯贝尔斯手下接受了出色指点——使她在逃离欧洲前，已把自己锻造得出类拔萃。阿伦特日后被视为美国知识分子，其学术成就多是在1941年流亡美国后取得的。

但是，思想者有啥值得电影工作者激动的呢？思想者是酝酿头脑风暴的人，是天底下最不适宜借助活动影像展示其优秀的人——所以我们无法坐在电影院里听电影人讲述康德：从不出远门、每天像钟点一样准时在哥尼斯堡街头散步的康德，将令每一位导演抓狂。在去世前不久的1975年4月，阿伦特在哥本哈根接受一项由丹麦政府颁发的松宁奖（Sonning Prize），以表彰她对欧洲文明作出的贡献。之前的获奖人中包括尼尔斯·玻尔、温斯顿·丘吉尔、伯特兰·罗素等人，阿伦特借机说明了自己“对公共生活的离弃”：

> 献身于一种理论生活、一种沉思式生活已经预示着对公共生活的离弃，……老伊壁鸠鲁给哲学家的那句劝告，即“在隐藏中生活”，常被误解为一种审慎的建议，实际上它却是非常自然地源于思想者的生活方式。因为与其他人类活动不同，思想本身不仅是一种看不见的活动——一种不向外展示自己的活动——而且它也没有显现的需要，甚至没有与他人交流这一非常有限的冲动。

阿伦特喜欢引用的两条苏格拉底立身处世格言，皆足以说明思想者的本质：“宁可与整个世界不一致，也不愿与自己不一致”；“宁可遭受不公正，也不愿去施行不公正”。思想者的人生主要在自我的精神层面展开，来自大脑皮层及灵魂深处的波谲云诡，既不足与外人道，外人也很难探悉究竟。好比棋盘前的围棋国手，即使大脑里演算着惊天奇谋，肺腑间感受着无涯酸楚，举止仍如老僧入定，缺乏动态的观赏性，如果摄像机对着他们，观众会以为在看一张照片。棋手不是球员，思想者也不是政客，故《论自由》的作者约翰·密尔在《自传》开头，即向读者打招呼：

> 在写自传正文之前，似乎应该说明一下，为什么我认为有必要为自己平凡的一生留本书作为纪念。我从来没有想象过自己讲叙的任何一部分，会作为一个故事或者因为与我有关而引起公众的兴趣。

在自传里，严守思想者本分的密尔一次也没有提到母亲，提到弟妹也仅限于童年时期，意在说明自己曾在父亲指导下接受了苛刻教育。就思想者的精神成长而言，无论密尔的母亲多么慈爱（我对此一无所知），只要与其思想发展缺乏关联，他就不著一字，绝然舍去。阿伦特想必也是如此，虽然她年轻时师从海德格尔，也曾与这位后来因高呼“希特勒万岁”而惹来巨大争议的幽邃哲人萌生些许情意，但任何意欲把两人总体上不失安静的关系绯闻化、八卦化的企图，都是不慎重的。也许，雅斯贝尔斯的态度才最为可取——当阿伦特向这位指导了自己博士论文写作的导师承认年轻时与海德格尔的恋情时，雅斯贝尔斯回应道：“啊，太有意思了。”然后打住。

令阿伦特走向大屏幕的，是一桩重大公共事件。这事件是如此有名，以至导演可以在电影里用一种惊悚片的镜头语言，先练练手感，顺便刺激一下观众。导演知道，除了这么点开场小插曲，故事发展将无可避免地走向沉闷：

荒郊僻径，草低灯昏，一拿着手电筒的男人，走下公共汽车，瑟瑟独行。军用卡车从后掠过，车上跳下三个大兵，麻利地把步行客摁倒，再把他强行拽上卡车。车开走了，委弃于地的手电筒，以一道别扭的光束射向远方，并且——镜头切换——点亮了一根香烟。吸烟者正是远在美国的汉娜·阿伦特。

那是1961年，以色列的摩萨德特工在布宜诺斯艾利斯郊外绑架了战犯阿道夫·艾希曼，并把他引渡到以色列接受审判。艾希曼是前纳粹军官，主持过希特勒最肮脏的“最终解决”方案，是纳粹屠杀600万犹太人的主要执行者之一。作为奥斯维辛集中营的长官，他对死于该营的20万犹太人，负有不可推卸的责任，尽管他的职责并不要求他直接动刀拔枪，或按下毒气室开关。

阿伦特从《纽约时报》上读到相关报道，萌生一个想法：她要去审判现场，她要亲眼见识那个屠夫。

身为犹太人，阿伦特在纳粹上台伊始逃离德国，在法国住了八年。德军占领法国后，她被关进法国人设立的隔离营。不同于纳粹集中营，但也庶几近之，若非设法弄到了赴美签证，她的人生随时可能走向奥斯维辛。她是否会像挚友沃尔特·本雅明那样仓猝间寻了短见，无人知晓——在转道西班牙逃亡美国的路途中，她的行囊里一直珍藏着本雅明交给她的遗稿《历史哲学论纲》。不管怎么说，幸存者阿伦特的命运一度擦着铁丝网的边缘，纳粹皮靴夜夜踩向她的梦境，但（这是真的！）她一次不曾目睹现实中的纳粹，她还错过了纽伦堡审判。战争期间她曾撰文呼吁建立犹太国和犹太军队，不久前又刚刚完成了杰作《极权主义的起源》，成为“第一个将第三帝国放入西方文化背景进行描述的作家”。无论为了学术使命还是严肃人生，她都认为，亲赴耶路撒冷见证艾希曼的审判至关重要。“出席这次审判，我总感到是一种应该对自己的过去所负的责任。”她说。

她给《纽约客》编辑威廉·肖恩写信，申请作为特约采访者前往耶路撒冷。《纽约客》大喜过望，该刊主编唯一担心的是：“哲学家从不遵守截稿期。”

没有迹象表明，阿伦特嗣后的采访及撰稿，会引来轩然大波。《纽约客》无疑只是期待一篇更加犀利、辉煌的战斗檄文，他们需要容忍的，顶多只是阿伦特那种哲学家的过度抽象，以及她因英文不够娴熟而带来的拼写和语法问题——与可以预料的深刻性相比，后者不成问题。总之，他们不仅期待阿伦特的大作让《纽约客》大卖一场，还希望刊物能凭借阿伦特高超的思辨天梯，主持并引导高端讨论。

二

关在笼子里的猛兽，也可能露出楚楚可怜样。阿伦特见到法庭上的阿道夫·艾希曼，她惊呆了。她称艾希曼是“玻璃亭中的男子”，因法庭担心愤怒的证人和旁听者冲动之下把艾希曼给撕了，所以让被告坐在一个玻璃亭里出席审判。对艾希曼这类纳粹战犯，书生意气的阿伦特似乎有一种既定之见，她以为，纳粹战犯必须符合她内心替他们预先绘就的形貌特征：狰狞，凶恶，傲慢，冷血，还有一种魔鬼般的智力，他们决不可能是傻瓜。

她看到的艾希曼，几乎在任何地方都与她的先入之见相悖：犹疑，木讷，惊惶，眼神恍惚，举止飘移，不时挖挖鼻孔，且不说他还是个戴眼镜、穿西装的秃顶汉。换句话说，假如恶人必须符合一定的形貌资质，艾希曼无法入选。这个也许可以算作有史以来最大屠夫的凶犯，竟毫无凶残之相。更令阿伦特意外并鄙夷的是，她发现艾希曼缺乏思考能力，像个白痴。总之，“他一点也不粗野，也不是非人类的人，也不是难以理解的”。事实上艾希曼当时还有点感冒，这加剧了他的“白痴”形态。

阿伦特脑海里立刻浮现出短语“平庸的恶”，这个后来成为名著《耶路撒冷的艾希曼》一书副标题并晋阶为现代政治哲学重要术语的短语，其实出自她丈夫布吕歇尔的口头禅。阿伦特曾写信告诉雅斯贝尔斯，颇以智力自负的布吕歇尔，“常常认为‘恶’是一种‘可笑的现象’”。

阿伦特过于执着第一印象了，她是一流的思辨者，未必是老练的观相家，她对艾希曼形象举止的研判，多半忽略了“此一时，彼一时”的场合差异。“玻璃亭里的男子”未必是弱者，而仅仅是暂时处于弱势。强势者的趾高气扬与弱势者的萎靡气馁，在不同的时空节点，的确可能居于一人之身。实际上，她的导师雅斯贝尔斯在遥远的德国给她提供了补充材料，“能证明艾希曼‘个人人性残忍’的几个审判文件中的证据”。再说，艾希曼也许在人格上真的是个“小人物”，一个第三帝国杀人流水线上徒具人形的零配件，但他也非常可能出于本能的自我保护，在法庭上故意弱化自己。一个无法思考形而上学的恶棍，未必缺乏生存黠慧，阿伦特也许低估了他。最后，就算艾希曼真是个面无恶相的卑琐平庸汉，别人也不能据此低估他的邪恶能量。蹲过集中营且死于纳粹手下的捷克革命家尤利乌斯·伏契克，曾结合亲身观察提醒世人：“卑琐的人未必不能作恶，有时，卑琐本身就是作恶的能力。”

对阿伦特痴迷“面相”的原因，学者阿莫斯·埃隆补充过一条背景信息：

> 阿伦特不仅对外表感兴趣，更对笔迹感兴趣。“面相学”在她青年时代曾风靡德国知识界（对于如希特勒一样想当总理的人，卡尔·雅斯贝尔斯说光看一眼就不寒而栗，而阿伦特的老师马丁·海德格尔的态度则大相径庭，惊叹“瞧瞧他的手啊！”）。

我们记得叔本华专门写过《论观相术》，他的如下见解，大概也曾给予阿伦特过多的启示：

> 人的外表是表现内心的图画，相貌表达并揭示了人的整个性格特征。我们立论的基础就在于此，而这个根据是十分充分的，所以我们由此所作的推论便应是正确稳妥的。

总之，阿伦特对艾希曼形貌的研判，就一位作家来说，不值得钦佩，它甚至可能是错误的。不少学者还指出，《耶路撒冷的艾希曼》里的若干史实描述，不够准确。但真正的思辨之鹰，哪怕踩在一个摇晃的支点上，也能一跃而起，划破长空。在优秀头脑的运思之下，错误的观察未必不能抵达深刻的洞察。

她试图探索一种现象：一个缺乏思考能力，甚至没有主观作恶动机的人，为什么会蜕变成一台杀人机器？她进入艾希曼的内心，指出其本质上的平庸性，本义不是否定或减轻艾希曼的恶行（所有粗心读者都在此误解了她），而是将矛头聚焦于体制之恶，进而思考公民在极权体制下的政治抵抗，以及如何承担公民的责任。因为，有一点似乎很清楚，如艾希曼这类近乎无机物的办公室屠夫或案牍凶手，一旦置身另一种制度环境，也可能成为守法良民。把他送上法庭的，并非一种蓄意为恶的撒旦式动机，而是一种愚蠢的忠诚、一种放弃独立思考的习惯。在阿伦特眼里，放弃思考与泯灭人性，近乎一脉相承。她想借此提醒世人，使人变得冷血和没心没肺，不见得需要一颗撒旦之心，心灵的麻木以及对“元首的命令就是法律”的无条件信奉，同样会把人贬低到可悲境地，极端情况下，可以使人一边堕落为屠夫，一边做出一脸无辜状。艾希曼在法庭上承认，如果元首让他枪毙自己的父亲，只要符合事实，他也会毫不迟疑地执行。说这话时的艾希曼，脸上甚至还有点清新态。

阿伦特探索作为纳粹齿轮的艾希曼，绝非替“小人物”开脱。阿伦特从未替艾希曼辩护，她对主审法官最终判处艾希曼绞刑，也表示认可。非但认可判决结果，还认可法庭的判决依据：法庭最终认定艾希曼比那些实际操作杀人机器的人，罪行更重。

或许可以说，如果艾希曼长着一张梅菲斯特般的魔鬼脸，“平庸的恶”就无从谈起了。就此而言，作为一种重要概念的“平庸的恶”，具有相当的偶然性。但是，阿伦特仍然不会写出如人所愿的文章，她那超越于族群认同和狭隘复仇的哲学家式正义感，仍然可能使她得出令人不快的结论。实际上，当年的犹太人社群主要不是被她对艾希曼的深度理解所激怒，而是因为她在《耶路撒冷的艾希曼》里把矛头对准了受害者。阿伦特只要多一点点的世故，略微降低自己的正义之心，就不会写出由下面这句话所代表的那十来页文字：

> 对于一个犹太人来说，犹太领袖在毁灭自己民族事件中的角色，无疑是整个黑暗故事中最黑暗的一章。

另外，阿伦特还把矛头对准了以色列的国父级人物本－古里安，这位以色列总理出于某种掩蔽在政治策略下的义愤，当时正打算将这场针对个体的司法审判，放大并转化为一场表演性的国家谋略，以便“赢得国际社会对以色列的支持”。在他的幕后操纵下，以色列检察总长吉迪恩·豪斯纳亲自担任公诉人，公诉词变成了一次长达9个小时的演讲，公诉人如此告诉法庭：“我代表着600万起诉者。但是，他们不能再站起来了，没有人用手指着凶手……他们的鲜血在哭喊，但是他们的声音是没有人能听见的。”阿伦特失望地发现，大量出庭作证的证人，其陈述都与艾希曼个人的罪行无关。艾希曼被设定成一个供犹太人伸张正义的现成道具，类似陈列在杭州岳庙里的秦桧跪像，任何人都可以对他吐痰，只要起诉能起到“提醒世人对犹太人的大屠杀这一事实，并教育以色列的年轻人”（本－古里安语）的目的，公诉人并不介意让区区艾希曼替整个第三帝国的种族屠杀罪来垫背。

这是阿伦特无法接受的，她说过：“若不为反对派的权利制定法律条款，就称不上法治政府。”她可能还会想起罗伯特·杰克逊大法官在就任纽伦堡审判检察官时说的一句话：“除非我们准备接受有时不利于本国国家利益的法律，才有可能成功地与其他国家合作，建立一个法律王国。”人不能被额外的重大意义处死，无论犹太民族的苦难多么深重，让被告艾希曼以替罪羊方式承受处罚，肯定有违公正。她强调指出：

> 在法庭受审的不是体系、历史或历史潮流，不是各种主义，例如反犹主义，而是一个人，如果被告恰好是一个职员，他被控告就正是因为职员仍然是一个人，就是因这种职位他才受到审判。……如果允许罪犯代表一

个系统而服罪或抗罪，他实际上就成了一只替罪羊。

三

信守苏格拉底的教诲“宁可与整个世界不一致，也不愿与自己不一致”，让阿伦特付出了惨重代价。传记片《汉娜·阿伦特》对传主相当忠诚，它真实反映了阿伦特的文章在《纽约客》上分五次连载后引起的负面影响。那10页（占全文三十分之一）针对犹太领袖的犀利批评，使杂志社受到海量电话攻击，据《纽约客》主编统计：“截至目前，10页内容中的每一页，都引来100个抗议电话。”阿伦特的同事开始与她保持距离，不愿和她在同一个地方吃饭；校董事会“敬请”她“放弃授课责任”，理由是：“你可能招不到那么多愿意跟你学的学生了。”一位和阿伦特住在同一栋公寓楼的“和气老人”，托门房捎给她一张纸，上写“下地狱吧，纳粹的婊子”。以色列当局派人万里迢迢地向她传话，用威胁口气要求她放弃出版《耶路撒冷的艾希曼》。更恼人的事实在于，几乎所有批评者都没有完整读过阿伦特的文字，在写于1964年的《独裁统治下的个人责任》一文里，阿伦特回顾了自己的窘境：

> 首先，我想对由《耶路撒冷的艾希曼》所引发的那场相当激烈的争论作些评论。我故意说“引发”，而不说“造成”，是因为这场争论大部分针对的是一本子虚乌有的著作。所以，我的第一反应是用那位著名的奥地利智者的话来打发这桩事：“再没有比关于一本谁都没

> 读过的书的讨论更有趣的事了。”然而，随着事态的发展，特别是在后期，随着越来越多的人不仅以我从没有说过的话来攻击我，而且竟还有人为此而为我辩护，这时我逐渐明白，这桩有点儿奇异的事情比单纯的感情用事或玩世不恭要更复杂。

面对一桩当事人和旁观者均已事先持有不可动摇结论的司法案件，哲学可能是多余的，绵密的推敲和辨析也显得不合时宜，因为人们并不认为当下的正义处于扑朔迷离中。群情汹汹之下，人们只需要一种“主场正义”，他们要求阿伦特的只是简单站队。只有当阿伦特的意见不由分说地与看客保持一致，他们才可能欣然接受她的后续阐发。以纳粹受害者为代表的那一方，早已将真理与正义视为囊中之物。他们的自信是如此彻底，拒绝任何异议，哪怕有人采取不一样的言说姿态，也不予认可。比如，拒绝和他们一起呐喊吼叫，坚持用平静的态度、温和的理性进行探索，以便从哲学高度得出更加扎实牢靠的结论。这是比拼立场和姿态的场合，人们只想看到一种表述：它由激越的语言为先导，像一队隆隆开道的文字摩托方阵，中间则是一组组由不容置疑、排除异议的压倒性口气构成的文字方阵，雄伟的排比句必须不时出现，结尾处务必用大量惊叹号来压阵。其中涉及的所有事实，都必须被定性为不容置疑、无懈可击，即便论者一个证据也没提供。

阿伦特的观点没有满足看客的先入之见，她还“摆出高级知识分子的样子，把一场庭审变成一堂哲学课”，这注定了她在那一刻的失败。

时过境迁，我们会难以理解“平庸的恶”所引发的巨大波澜，因为我们已从淡定的时光里获取了超然，再加我们不是犹太人，缺乏受难者那份感同身受的怆烈情怀。回头来看，正是那些期待平庸正义的人，才对“平庸的恶”无法容忍。那是一些时刻准备为了所谓大是大非而放弃思考的人，或者说，思考之于他们，只是一个用来证明己方无辜、对方邪恶的工具，如果做不到这一点，思考就毫无用处。因此，极度讽刺的是，指出“平庸之恶”的阿伦特，遭到了“平庸之善”的全面狙击。“平庸之善”与“平庸之恶”是否构成一枚硬币的两面，则是阿伦特留给我们的一个沉重话题。

阿伦特为阿道夫·艾希曼的审判写下的文字，符合最苛刻的公共知识分子定义。为了自己信奉的真知，她义无反顾，“虽千万人，吾往矣”。此语的核心不是勇气，而是智慧。国人好言“大智大勇”，窃以为该词非并列结构，而是因果关系，意即大智是大勇的前提，徒勇不足言智。不过，凡事莫走极端，阿伦特的表述的确过于高冷，欠缺启蒙者的诚意——电影里的阿伦特曾傲然表示：“我拒绝向傻瓜们解释。”她一边意识到自己对普通公民提出的要求涉嫌“道德问题上的高深或老练”，一边又希望公民养成“与自己相处、与自己交谈的倾向，即投入我与自己之间无声对话的倾向”。站在公共论坛上，却将人民迫切渴求简单答案的问题，擢拔为一种哲学迷思，一种哲人境界，这是阿伦特的卓越，也是她的不足。

不合时宜的勇气也许是不同凡响的思想的炼狱阶段，唯大智大勇者敢于承受并担当。海德格尔当年曾提醒阿伦特：思考是孤独的行为。

爱德华·萨义德：以己为镜

我已经说明，流亡可以造成愤恨和遗憾，也能形成敏锐的观点。

——爱德华·W. 萨义德

长期以来，至少在我们西方自由社会当中，进行批判已不再是有勇气的证明。

——雷蒙·阿隆

一

在动物王国，假如有动物宣称："作为造物主的奇迹，每个动物都应该地上能走，水里能游，天上能飞。如果做不到，你就有义务向具此能力的动物致敬。"狮子和大象听后虽然不爽，但很难抗议，毕竟，技多不压身，三栖动物总比两栖单栖好。不过，当它们发现持此论者竟是一只野鸭，表情就怪异了：你小子，竟把自己凑巧具备的几项薄能抬举成伟大动物的唯一标准，欺人太甚！

读者想必意识到了，我正在不怀好意地喻指爱德华·萨义德。是的，虽然我得赶紧声明：我非常敬重他，他在当今世界取得的学术成就和良心成就——名著《东方学》“繁衍出一个学科分支”——足以令自己成为知识界的狮子王，无论在学院内还是学院外。他以如椽之笔、个人之力扛起巴勒斯坦人的苦难，挑战美国和以色列代表的主流文化界对巴勒斯坦人民的漠视和压制，也让人敬意陡生。他还是一位老练的比较文学教授，他即使不以知识分子为业，也能凭出色的文学评论立足。此外，只要坐在钢琴凳上，他就能弹出仅次于专业演奏家的美妙乐音。

不过，为了平衡本书的分析格局，本章将把主题置诸另一边。

当年读萨义德迷人的小册子《知识分子论》，我曾被深深打动，甚至有点震撼。对一部本该以其精湛思想、深刻见解立足的作品，读者的“震撼”或许不合作者的期待。我们可能被一部灾难片、一项重大史实的披露而震撼，但如果追求用词精确，就不该在读约翰·密尔或康德著作时受到震撼。那些非得经过沉思反刍方能以缓释方式被大脑渐次消化的智性话语，不适宜经由一条名叫“震撼”的管道。理应使人抚案深思的文字，竟让人拍案叫绝，是一种可疑的效果错位，正如我们不应指望一位知识分子拥有令人热泪盈眶的表达能力。就我而言，每当见到知识分子流露出煽情企图，大脑的预警机制就会激活，并随时准备废卷不观。知识分子客串诗人，就算动机严正，也像黑旋风李逵客串外科大夫一样令人不安。

但《知识分子论》的确震撼了我，并引诱我读下去。我震惊于作者华丽的修辞术，他像古希腊的掷铁饼者那样向读者扔出一个个力能扛鼎的结论。与结论的非凡性相比，构成支点的论证部分，稍嫌不足。这也是难以两全其美之事，绵密论证固然有助于夯实观点，但会损伤表述的美感，减弱观点的力度。何况，《知识分子论》原是一组系列演讲，就演讲而论，一个帅到极致的表述——最好辅以一个酷到极点的手势——常常意味着一切。演讲者的成功，或多或少都必须依赖对学术规则的背叛、对江湖诈术的投诚，你的论证严密度每增加一分，读者或听众就流失三成。恪守学术规范乃是静默书斋里的活计，而演讲务必立竿见影。你无法当场震住听众，听众就会用嘘声轰你下台。

我且摘引几则萨义德式断语——

> 局内人促进特殊的利益，但知识分子应该质疑爱国的民族主义，集体的思考，以及阶级的、种族的或性别的特权意识。

> 我把知识分子刻画成流亡者和边缘人，业余者，对权势说真话的人。

> 总括来说，知识分子一定要令人尴尬，处于对立，甚至造成不快。

> 我尝试主张：不管个别知识分子的政党隶属、国家背景、主要效忠对象为何，都要固守有关人类苦难和迫害的真理标准。

我们看到，这些表述除了具有斩钉截铁这一共性之外，还不时让人困惑。作者修辞术的奥秘在于，他用并列法强调的诸种特质，缺乏并列的内涵，而人的思维习性倾向于将并列物视为同质物，就像不管我们看到哪幅画陈列在“蒙娜丽莎”边上，都会假定那幅画同样不凡。在上述短语里，我们可以毫不犹豫地认同“对权势说真话”“质疑爱国的民族主义”等说法，但我们可用同样态度认同“流亡者和边缘人”之说吗？

拉塞尔·雅各比在《最后的知识分子》一书前言里写道：“在今天的美国几乎没有知识分子生活在流亡中。”如果认同萨义德的标准，同时又认为雅各比言之有理，就等于将美国知识界排除在知识分子之外。这不应是萨义德的本义，因为从国籍上说，萨义德正是美国人。诚然，在地球上的某些国家（尤以苏联和东欧国家为最），尤其在某些历史阶段，流亡知识分子是一个普遍现象。如此，萨义德疑似针对全体知识分子的标准，到头来只对某些特定人物适用，他们得以入选，并非自身努力的成果，而是凑巧来自特定地区，属于特定族裔，这肯定欠妥。

读完萨义德的自传《格格不入》，我意识到，至少有一个原因促使他如此看重“流亡者”身份：他自认是一个流亡者。把“流亡者”嵌入萨义德版的知识分子模式，可以让萨义德本人获益。

二

萨义德自认是巴勒斯坦人，不过，若非其父母对开罗大夫的接生术缺乏信任，他原本应该出生在埃及，而不是由技艺精湛的犹太接生婆贝尔太太在圣城耶路撒冷恭候未来大哲的生命大驾。他的童年及少年时代在开罗度过，那是因为他父亲辉煌的商业事务需要一个宏大舞台，而开罗是阿拉伯世界的中心。

萨义德的父亲是当时阿拉伯世界数一数二的文具商人，由于一战时加入了美军，他在萨义德出生之前就拥有了美国国籍。根据美国移民法律，萨义德无论出生何处，都可以从父亲那里“继承到美国公民资格”，条件只有一个：“21 岁之前必须至少在美国居住五年。”对于他的富豪父亲来说，这个条件一点也不苛刻。

爱德华·萨义德的名字几乎预示了他的未来：“萨义德”（Said）固然是标准的阿拉伯名字，“爱德华”（Edward）却是同样标准的英国名字，取自英国的威尔士王子。萨义德家族虽然长着阿拉伯人的脸，信奉的却是英国国教，萨义德的外曾祖父郁塞夫·巴德据说还是“黎巴嫩第一位土生土长的新教牧师”。阿拉伯人萨义德的成长履历里，缺少古兰经的背景，他对游牧民族的陌生感，大概与一个岛国人相当。他永远说不清母语为何，因为，如他母亲所说，萨义德 15 个月大时，就能说“一口完整道地的英语和阿拉伯语句子”。他的法语差不多也是在家族环境里耳濡目染地学来的，他那可与儿子讨论陀思妥耶夫斯基小说的母亲，也像陀氏小说里的俄国知识分子那样，不时穿插几句流利法语。

虽然萨义德直到 16 岁时才搭豪华邮轮“新阿姆斯特丹号”前往纽约，但在此之前，他在阿拉伯世界接受的教育，几乎和一位英国殖民官员的儿子没啥两样。他的授课老师通常是英国人，他还必须在学校里和那些英国孩子一起向英王宣誓。他的父亲正告他：“你是美国人，我们没有国王，只有总统。你效忠的是总统。上帝和总统。”当时，他甚至不明白“总统”是什么意思，但至少知道，自己是美国人。

作为阿拉伯富商的独子，萨义德一直生活在不知艰窘、困顿为何物的世界里。二战期间，因传闻“隆美尔指挥的德军将先扑亚历山大，后夺开罗”，6 岁的萨义德曾随父亲星夜逃亡。对孩子的心智而言，这段经历似乎更像是一种人生插曲而非生命挫折，毕竟，他们的逃亡也是上流社会式的，他们从未汇入难民潮中。在日常岁月，作为生活在开罗的巴勒斯坦人，萨义德也不曾进入过普通阿拉伯人的世界，他们的宅邸和西方殖民者的优雅住宅区连在一起。英国人未必视他们为同道，埃及人却也不曾视他们为同类。如同一个自幼生活在英国的贵族子弟，萨义德的业余生活围绕着网球、板球、游泳、钢琴等欧式消遣展开，他的父亲年轻时曾是足球和板球好手，中年后则痴迷桥牌。反正，都是西方式娱乐。

1943 年，也就是萨义德 8 岁之后，他们一家曾连续 27 个夏天在黎巴嫩的都尔·艾尔·施维尔山村度过。这会有助于萨义德培育乡愁、增添离乡背井的流亡情绪吗？恐怕不会，都尔不仅是一块避暑名胜，还是一个完全的基督徒村落，一块阿拉伯世界的基督徒飞地。在萨义德 16 岁那年，他永远离开了故土，成为一名真正的美国公民。

根据以上简略描述，我们怕是难以认同萨义德的“流亡者”自我定位。流亡作为一种知识分子概念，不仅包含生活上的流离困顿，通常还包括政治上的迫害，两者皆与萨义德无关。

那么，萨义德为何要以流亡者自居呢？说穿了令人扫兴，那缘于一种稍嫌病态的心理。萨义德在自传里提到自己有一种“精神官能症”，他为此看过精神分析大夫。他写道：“在我而言，最痛苦、最吊诡的特征，莫过于许许多多移位失所，使我从一个国家到另一个国家，一个城市到另一城市，一个住处到另一住处，一种语言到另一语言，一个环境到另一环境，不断流动，从无系泊。”他在另一篇文章《最后的天空之后》里，又做了如下补充：“我每次出门，都随身携带太多，即便只是去趟市区，包里塞满的物项之多之大，也和实际路程不成比例。分析之后，我的结论是，我心底暗藏着一股挥之不去的恐惧，担心我会再也回不去了。”

可见，他的流亡与其说是一种现实，不如说是一种心理。当他声称自己“不断流动，从无系泊”之时，实际上却在纽约一住37年。纽约并未亏欠于他，他在纽约如鱼得水。萨义德在《来自第三世界的痛苦报道》一书自序里写道：“美国的大学对于其学术界的研究人员和莘莘学子来说，是一块仅存的乐土——纽约的氛围对于我所做的有关文学评论和阐释的研究功不可没，此书可以为证。纽约，我们时代的心脏，就如百年前的巴黎，汹涌躁动，变幻莫测，生机勃勃，百废待兴，兼收并蓄。”纽约原是当今世界最不适合培育流亡情绪的都市，原住民就像少数民族一样稀少。关于纽约的著名俏皮话是：“纽约城的犹太人比特拉维夫还多，爱尔兰人比都柏林还多，意大利人比罗马还多。”

因此，重要的不在于他是否流亡，在于他顽强地怀有流亡感。他强调知识分子的流亡者身份，缘于他挥之不去的流亡意识，哪怕他的生平履历并不支持这个意识。萨义德表示：“流亡既是个真实的情境，就我的目标而言也是个隐喻的情境。”他没有说出口的那句话是：假如没有那份特殊敏感，他就不可能偏爱“流亡”这个隐喻。因此，当他表示“即使不是真正的移民或放逐，仍可能具有移民或放逐者的思维方式，面对阻碍却依然去想像、探索，总是能够离开中央集权的权威，走向边缘——在边缘你可以看到一些事物，而这些是足迹从未越过传统与舒适范围的心灵通常所失去的”，他把自己的心理症结升华了。

三

再来检讨他所谓知识分子“都要固守有关人类苦难和迫害的真理标准”一说。乍看此条，当然无可非议，细想不然。

萨义德意欲捍卫的那个民族——巴勒斯坦，与他意欲抗击的那个民族——以色列人，至少有一个共性：打从遥远的圣经时代，双方就盛产苦难叙事。萨义德的朋友托尼·贾特归纳道：“两个民族，都依靠关于自己是唯一受害者的叙事来自我维持，为了同一块弹丸之地，跨过自己孩子的尸体，无休无止地争斗。他们中的一方是武装国家，另一方是没有国家的人民，但此外他们又令人懊恼地彼此相似……这样的两个小国，彼此互相仇视，而其中每个国家里都有一群颇具影响力的选民致力于毁灭和吞并它的邻居，这不会产生什么好的结局。”

作为两个民族中弱势一方的精神代表，萨义德的背景世界的确充溢着大量“有关人类苦难和迫害”的史实，他凄怆地写道：

> 今天只要听人提起西耶路撒冷，我总是认为指我童年时期那些阿拉伯区段而言。我至今都很难接受，城中那些我出生、生活并且有归宿之感的地带都被波兰、德国、亚美尼亚来的移民占去，他们征服了那个城市，视之为他们主权独一无二的象征，巴勒斯坦人在里面没有容身之地，似乎只局限于东城，而我对东城几乎毫无所知。西耶路撒冷如今变成完全是犹太人的地方，原先的居民在1948年都被永远赶走。

我们承认，作为巴勒斯坦代言人，萨义德有权利也有责任将“固守有关人类苦难和迫害的真理标准”作为笔墨信念，但对于并未背负类似苦难背景的他国知识分子来说，哪怕他们的正义感并不稍逊，但只要其所在国家尚乏触目的苦难和攸关真理的迫害，他们就未必需要在从事知识分子志业时，先行聆听萨义德的教诲。换句话说，萨义德提供的这些准则，优先适用于萨义德本人，萨义德式标准似乎只是在等待另一位萨义德。一位发达民主国家的知识分子认为：一旦我国出现了巴勒斯坦式苦难，我一定接受萨义德式忠告，但在此之前，还是允许我们先关心一下教育公平、同性恋平权或政党募捐问题吧……

爱国主义亦然。当爱国主义仅仅表现为一种家国情感时，非但谈不上危害，我们还有义务培育并保护它。当它遭到民族主义污染时，它已经不是爱国主义了。对此，戴高乐总统有过最精辟的表达：“当你首先想到的是你对自己的人民的热爱时，那就是爱国主义；当你首先想到的是你对他国人民的仇恨时，那就是民族主义。”

意大利小说家兼知名公共知识分子翁贝托·埃科，有次在纽约坐出租车，一个巴勒斯坦裔出租车司机反复问他“谁是你们的敌人”。埃科没有回过神来，那位司机便耐心解释，“他想知道意大利人目前正和哪个民族打仗，不管是为了领土争端、种族仇恨，还是边界侵略等其他原因”。埃科老实告诉他：“我们没有这样的敌人。”的哥很不满意，认定埃科在撒谎：“一个民族怎么可能没有敌人呢?”看上去，萨义德同样把这个疑问抛给了埃科这样的知识分子同行。与萨义德相比，埃科并非一位等级稍逊的人物，但他能做的，大概只是耸耸肩。

不用说，萨义德对局外人的偏爱，同样缘自对自身性格的偏嗜及升华。在日常生活中——区别于知识分子论域——他经常显出局外人的特征，他多次沮丧地表示，“我明白，我无论怎么做，都会是局外人”。他把自传命名为“格格不入”（Out of Place），首先是一种针对自我个性的描摹，但写着写着，他放大了这一点，将自己凑巧具有的某类性格缺陷，打理成一项知识分子品质了。

四

考虑到萨义德式知识分子写作所面临的孤胆性（他概括成“我为巴勒斯坦的事业孤身一人奋战”），尽管他明了真正的知识分子应该如何做，但为使自己的声音被更多的人听到（他强调“知识分子是以代表艺术为业的个人”），他或许确有必要在写作的姿态上采取激进策略，以便不仅借助观点的“敏锐”，亦且凭借表达者的“风姿”，来达成目标。

这可以理解。需要警惕的有二，首先是“过犹不及”的中国智慧，其次是“风姿”的适用性和两刃性。

“我在阅读萨特或罗素的作品时，”萨义德写道，“他们特殊的、个人的声音和风范给我留下的印象远超过他们的论点，因为他们为自己的信念而发言，不可能把他们误认为寂寂无名的公务员或小心翼翼的官僚。”这是一个带毒的赞美，因为，对严谨的知识分子写作而言，所谓“特殊的、个人的声音和风范”非但不该提供，还应严加节制。假如读者只是出于对他个人魅力的迷恋而接受其观点，思想的表达就接近气功师的带功报告了。

在以色列撤出占领多年的南黎巴嫩地区之后，报上曾登出一张照片，“爱德华·萨义德向跨过黎巴嫩边境的以色列士兵投掷石块”。对此，美国法官理查德·波斯纳幽幽地点评道：“萨义德没有冒险，以色列士兵并不会向他开枪还击。”萨义德或许正在师法他敬慕的前辈：罗素也曾频频入狱，88 岁还“拼命地想让自己在抗议核武器时违反民法而被捕”，他成功了，虽未面临现实危险，却留下了迷人风姿。萨特曾同样“费尽心机”（保罗·约翰逊语）地试图使自己被捕，可惜没有成功，因当时的戴高乐政府拒绝上萨特的当。戴高乐的文化部长，本身也是知名小说家与评论家的安德烈·马尔罗明智地表示:“萨特在协和广场高喊‘恐怖主义者万岁’，总比逮捕他而给我们自己找麻烦要好。”

当某地的知识分子频频因为过激言论惹祸系狱，处在芳翠之地的个别知识分子，却为自己无从入狱而发愁。这个世界，真的存在适用于全体知识分子的标准姿态吗？甲地的英勇或牺牲，到了乙地则沦为做作与表演，在这种现实差异下，呼应萨义德的标准就意味着两种无法通融的结果：使一部分人成为英雄或烈士，使另一部分人成为戏子或小丑。

萨义德写道：“知识分子不能泛泛而谈，因为法国的知识分子在风格与历史上完全不同于中国的知识分子。”善哉此言，不过当他替知识分子拟订准则时，又暂时忽视了知识分子的个体差异——他其实是依照自己的形象来制订标准，或者说，他在以己为镜。

萨义德教授是一位老练的知识分子斗士，富有人文修养，也未尝不曾留意知识分子表达的界限。在与犹太裔著名指挥家丹尼尔·巴伦博依姆的对话里，他强调“我从来都不想用我自己的教学和写作来吸收弟子”，他也不会在文学课堂上夹塞巴勒斯坦苦难，这符合马克斯·韦伯为教师制定的职业守则：教师无权在教室里讲授合乎其私人情感、立场的观点。晚年的萨义德疾病缠身，当白血病正在为他的生命数着倒计时，他仍在埃及《金字塔报》上以至少每月一篇的频率评论中东地区的危险局势。在那么多文章里他只有一次漫不经心地提及疾病。他若多次提及，原是有望在读者软弱的心田里摇曳出更多“风姿”的，但他出于一种高贵的自尊，断然舍弃。想起乔姆斯基有次接受访谈，提问者关切地询问他的健康，他以“这并不是一个极端重要的话题”为由，拒绝搭理，尽管，当时他也只有“几个月可活”。

萨义德替知识分子制订的勇气和风姿标准，成就了萨义德巍峨的知识分子形象，但对于欠缺萨义德式精神背景和人文素养的普通知识分子来说，加以仿效则一点好处也没有，还可能白白落下东施效颦、买椟还珠的笑柄。

翁贝托·埃科：悠闲的愤怒

倘若我们要给知识分子加上一种义务，那么其义务就应该是通过批判——尤其是对自己的同行进行批判——来见证社会的发展。

——翁贝托·埃科

不必热诚地坚持任何一种主张。没有人会热诚地坚持7乘8等于56，因为大家知道这是事实。只有在推崇一种可疑的或者可以证明其错误的主张时，热诚才是必需的。

——伯特兰·罗素

一

《密涅瓦火柴盒》是意大利当代著名小说家翁贝托·埃科的自选集，文章选自他每周发表在《快报》上的专栏，题材多种多样，不限于知识分子话题。“密涅瓦火柴盒”也是他的专栏名称，原指一种装有密涅瓦牌火柴的纸制小盒，作者常把临时想到的灵感或念头，记在火柴盒背面，回家后再坐在打字机前将其扩充成一篇专栏。如你所知，“密涅瓦”也是罗马神话中智慧女神的名号，对应于古希腊的雅典娜，作者双关命名，定然含有智性上的期许，他也许想到了哲人黑格尔的著名比喻：“密涅瓦的猫头鹰，不到黄昏不起飞。”

埃科在前言里写道：“读者会在这本书里看到，即使我采取的是一种调侃的笔调，但表达的却总是一种愤怒之情。我不谈让自己高兴的东西，却总是针对那些令我不开心的事写下自己的想法。”——不愧是“欧洲重要的公共知识分子”，拒绝把责任之笔绽放成一朵悦己愉人的向日葵，只在愤怒时执笔。用“调侃的笔调”来调剂愤怒，也是一种高端优雅，它并非修饰或稀释愤怒，而是通过适度的机智，矫正激情，避免偏激，使结论更加站得住脚，避免将论证过程投付滔滔湍流。

人容易在愤怒中体验正义，在特殊状态下，正义容易在愤怒中滑向反面。雷蒙·阿隆在《知识分子的鸦片》里提到自己认可的两类知识分子同伴：“一种是那些知道不带仇恨地进行战斗的人；一种是那些拒绝在‘论坛’上展开的斗争中寻找人类命运的秘密的人。”后一种人同样重要，但与埃科关系不大，暂且略过。前一种人，与埃科的“夫子自道”正相吻合。“仇恨”与“愤怒”往往是知识分子生涯的起点，但只要他足够优秀，就会在抵达终点时，将怒气和恨意渐始消弭，唯以一派无懈可击的理据示人。愤怒之于知识分子，顶多起到药引之功，言论品质还得靠强悍的理性来压阵。

不过，读完《密涅瓦火柴盒》，重温埃科置于卷首的那句真诚告白，我差点笑出声来。诚然，就像伏尔泰说“希罗多德并不总是说谎”一样，埃科也并不总是缺乏愤怒，但归纳这本集子的性情特征，我数到五十都未必想到“愤怒”，位居前列的，皆与“愤怒”相去太远。我们这就随手例举——

《一本〈牙签论〉》，开篇就兴致高昂地吊足读者胃口：“或许你们从未体验过查询古书目录是一件多么有滋有味的乐事。”接着，仗着百科全书式的渊博，作者向读者罗列了各种趣书，除《论牙签及其不便之处》外，还包括如下名目：《棍棒的功能》——“其中列举了大量遭到棍棒击打的著名艺术家或作家（包括布瓦洛、伏尔泰和莫扎特）”，《德意志种族的巨大排便量》——作者在书中称“一个普通德国人排出的粪便比法国人更多，且气味更加难闻”，《改革派绿帽子协会》——该书“把‘戴绿帽子’的起源追溯到了巴别塔时代”，等等。我读得乐不可支，阅读过程中既不曾想到“愤怒”，也绝不认为作者“调侃的笔调”下藏着“愤怒”。

《海岛度假小记》是写自称“并非一位富豪”的作者“有幸到大开曼岛一游”的见闻，那里是“一个免税天堂”，作者“似乎置身于迪斯尼童话世界”。当然，那里还是著名的离岸金融中心，一座避税者天堂，试图在规避税款方面有所追求的全球富豪，都喜欢在那里注册公司，近年来中国的富豪企业家也趋之若鹜。这早已不是秘闻，埃科在沐浴海风、饱览比基尼女郎和品尝海鲜之余对此略加评论，不过装点笔墨，应付文债，和“愤怒”无甚关系。因为，对一件与自己隔着千山万水，且根本上超出己力的事情表示愤怒，委实有点杞人忧天。相形之下，堂·吉诃德向风车发火，倒还更合理些。毕竟，那只风车当时就矗在眼前。

《罪恶一夜纪事》是说作者某个夜晚寻访网络色情岛的经历，写作时间是 1995 年。就互联网纪年而论，大概相当于仰韶文化时期。笔者就是在那年年初拥有了第一台 386 电脑，没有网卡，当时也不知互联网为何物。大作家埃科先生不仅早早上网，还着手寻觅“大量超清晰的色情图片”，真是先驱。这且不提，在该文里作者的确遇到了愤怒的事，他亢奋过头，着了某个网络钓鱼客的道：美国犹他州“一名极其严肃的道德主义者”许诺提供“超清晰色情图片”，骗取了埃科的信任和邮箱后，给他写了一封长信，对埃科严词训导，说他“有心理疾患，没有朋友（更没有女朋友）”，还说，“如果我（埃科）的祖母知道我的所作所为，一定会因为动脉瘤发作而被我活活气死”。此事猝不及防，埃科看上去有理由“愤怒”一下，但他没有，他只是觉得有趣。文章是这样结尾的：

> 此刻已是凌晨三点了。整夜的色情大餐把我折磨得疲惫不堪。我终于睡下，并梦见了成群的绵羊、天使和温顺的独角兽。

不管作者打算暗示什么，“愤怒”总不在其中。实际上，埃科在本书里展示得最充分的，就是俏皮和贪玩，以及无与伦比的机智。在《糟糕的〈第五交响曲〉》里，他以更加盎然的兴致，介绍了一本“有趣的集子——《退稿信》”，该书“专门收录文学巨著遭到出版社拒绝的评语和回信”。作者以某种涉嫌骗取稿费的作风，整页整页摘抄例句。他显然洞悉读者的兴奋点，即，幸灾乐祸是一种难以割舍的人之常情，再纯粹的文学爱好者，也愿意了解成名英雄的倒霉经历。受到埃科鼓舞，我且摘抄几个片断，以飨读者：

> “也许是我生性愚钝，但我实在无法理解这位先生怎能将长达三十页的篇幅耗费在描写自己如何辗转反侧，无

法入眠的场景上。”——普鲁斯特《追忆逝水年华》

“关于动物的故事在美国根本卖不出去。”——乔治·奥威尔《动物庄园》

“很遗憾，美国的读者不会对任何与中国有关的内容感兴趣。”——赛珍珠《大地》

“先生，您的整部小说都被埋葬在您设计的一堆华而不实的细节描写之下了。”——福楼拜《包法利夫人》

“真令人费解。所有的韵脚都有问题。”——艾米莉·狄金森的第一部诗歌集

作者的玩兴并未至此结束，在另一本文集里，我凑巧读到埃科自创的几封退稿信，收信人包括荷马、不知名的《圣经》作者、但丁和康德。针对康德的退稿信是这样结尾的：“德方代理人告诉我，我社还必须同时出版这位康德仁兄的其他次要著作，共有一大堆，其中甚至包括天文学。建议切勿与这样的人扯上关系，否则仓库里积压的书会堆积如山。”针对萨德侯爵的情色名著《朱斯蒂娜》，埃科轻快地表示：“这就够了。我们不是要寻觅一部哲学著作。今日读者要的是色情、色情、更多的色情，任何形态或形式的色情。”

“婉而多讽”肯定有点，但“愤怒”到底在哪儿呢？

二

我提及愤怒的缺席，并不是讽刺埃科言不由衷。因为，埃科乍看上去有点搞笑的表白，漏泄了一个情有可原的隐忧。

通常，在无需担心被人喝破行藏之时，人们倾向于狠拍胸脯，声称自己具备与从事职业相关的核心美德。因此，教师总会表达热爱学生之情，企业家总会表白社会责任感，会计师总会夸口诚实，政客总会侈言自己充满民主意识，黑道人物也总会强调道上规矩，声称自己属于“盗亦有道”那一类。反正，文字一划拉，美德就到账，比电子转账还方便，如此惠而不费，何乐而不为呢?

埃科提及愤怒，亦可作如是观。知识分子的即兴表态，也是一道常见景致，在这种场合，只有傻瓜才不会把那些切合自身角色需求的东西视如囊中之物。既然他有志于成为值得尊敬的公共知识分子，他就必须让读者相信，自己正是这样一位整天与正义耳鬓厮磨的人。因为愤怒，原是正义的腰带。

英哲大卫·休谟提到天堂时，说过一句话:“看来不言而喻，在这样一种幸福的状态中，每一种其他社会性的德性都会兴旺发达并获得十倍增长，而正义这一警戒性和防备性的德性则绝不曾被梦想到。”就是说，天堂无关正义，一个相对民主、富庶的社会，很可能是一个“正义感”缺乏用武之地的环境。我们在自然界也能看到类似情况，丰美草原上的牛羊，总是悠哉游哉地吃草，互不相扰，而实施食物配给制的猪圈和鸡棚，永远在哄抢争食，几乎每一头猪都在痛感正义缺位。

埃科置身的当代意大利，虽非一流民主国家，但还算民生安宁，富裕祥和。“羞耻啊，我们居然没有敌人！”这是他另一篇文章的标题，笔调仍充满调侃，说的却是实话。一个没有敌人、自身也不愿寻找外敌的国家，不易滋生民族主义情绪，不易产生深刻的社会危机。这样的国家虽也难免包括腐败在内的各种社会问题——附带一说，笔者作为资深球迷，很早就耳闻过该国的足球腐败，而在英、德等国，类似腐败罕有听闻——但不管怎么说，矛盾或问题总还处于可控之中。无论知识分子或记者如何危言耸听，他们揭露出的问题一般不会全方位地激发出读者的正义之心。发发牢骚是一回事，形成民族性的同仇敌忾又是一回事，只要后者阙如，则会反过来制约知识分子的言词格局。

“一旦我不再愤怒，我也就不再有正义之怒所必需的那些结论了：我们是对的，他们是错的”（乔纳森·海特语）。知识分子的愤怒会诱导民众的正义感，民众的愤怒会怂恿知识分子展示正义，但假如民众处于懒散模式，这类互动就无从生发。苦闷、绝望中的人民才是正义的最大客户，我们可以想象，位居联合国人类发展指数前列的冰岛等国不易产生伟大的知识分子，实是由于当地的贤明政治和富裕生活，无法匹配知识分子的正义需求。一位北欧作家倘表现得过于愤激，会予人“为赋新词强说愁”之感。

埃科有篇文章叫《民主如何摧毁民主》，虽不乏调侃，生活在次一级舆论环境下的读者，读来会大感苦涩。

文章大概是针对时任意大利总理贝卢斯科尼的媒体遭遇，有感而发。埃科撰写此文的 1998 年，意大利正由贝氏主政。贝氏是位明星相十足的领导人，像我这种对国际政治并未多加关注的人，也风闻过他不少丑闻和绯闻，后者还更多些。我们知道他是一位富豪，意甲豪门 AC 米兰俱乐部的老板。我甚至不清楚，笔者撰写此文时，贝氏是在监狱里呆着，还是走在通往监狱的路上。对贝卢斯科尼，我有过一个离谱判断：意大利人选择他，主要是看中其娱乐价值，选他就为了嘲笑他。读埃科文章，我发现这个判断居然不算太离谱。

埃科先是提到秘鲁同行巴尔加斯·略萨的一篇妙文，该文“赞扬‘性丑闻’是民主的积极表现”，理由是，政治领袖“越是声名狼藉，就意味着民众的监督越是有效”。埃科没有直接否定略萨，但他提醒读者注意当前的舆论现状：“这种（针对政治人物的）揭露通常都带有恶意，其对象往往是病痛和缺陷、过度瘦削的身材、不光彩的家世、不文明的行为举止等等。”接着，作者要求读者换位思考，假定自己就是某个整天受到报纸攻击的政客：“如果你每天都听到（或看到）其他人对你身体上的缺陷或你的某个荒谬之举指手画脚，说你性无能，说你是个小偷等等，……无论你的意志多么坚定，你都将无法容忍。”于是，埃科亮出了观点：

> 你会怎样做呢？你会让自己躲藏在忠诚于你的那个小圈子里，这个小圈子里的人会安慰你，让你别去理会可恶的造谣者，同时再次向你表示他们对你的忠诚及爱戴。自然而然地，你会认为这个忠诚的圈子构成了你政治生命的心理依靠，同时把重要的职位交给这个圈子里的人，从而形成一个极为坚固的互助圈。

该观点呼应了文章开头的结论：“如此一来，那些对世界负有重大责任的人物往往对于现实世界一无所知。”媒体任性而残忍的揭露，使选出的政治人物日益低能，民众到头来却得承受这番低能的代价，因为，那个笨蛋依旧高高在上。此即“民主摧毁民主”。

这个观点不乏趣味，但未必高明。埃科所指，乃是一种民主制度走向滥熟阶段的富贵病，对于置身该种制度下的民众，不失为一种居安思危；对于远未达到该阶段的人，就像瘦骨嶙峋的流浪汉听富婆介绍减肥妙用，难免嘴巴大张，颇为尴尬。饱汉不知饿汉饥，反之则不成立，因为饿汉总还知道些饱汉感觉，谁也不会倒霉到平生没有吃过一顿饱饭。

同时，我们对于埃科为什么无法兑现“愤怒之情”，也就有了“同情的理解”。

附带一说，约翰逊博士在《论平步青云》一文里，也说过类似的话，只是侧重点不同。随附在此，聊充谈资：

> 凡能行大善或成大害的人物，常会发现身边的人因为野心或胆怯之故不会真心待他。当我们与其他人处于相同地位时，朋友的告诫和对手的谴责常提醒自己切莫忘记本分；而处于社会最高层的人却很少能亲耳听闻自己所犯的过错；如果有人辱骂他的话恰巧传到他的耳朵里，总会有溜须拍马之徒侍奉在旁，往他的耳朵里灌麻醉药，替他文过饰非，减轻他的负罪感。

三

置身滥熟的民主制度下，批评政府和政党领袖固然依旧重要，但的确不容易给知识分子增光添彩了。正因为政府和政党领袖始终处于媒体的凶暴监督之下，长此以往，他们真正值得批评的地方也会逐渐减少，恶性度也会日益减弱。雷蒙·阿隆说："公众更愿意在报纸上找到可以证明他们的不满或要求的论据，而不是找到理由承认：在一些特定环境中，政府的行为不可能会和它原来的所作所为有很大的差别。通过批判，人们可以逃避对某一措施引起的令人讨厌的结果的责任，即使这一措施大体上说是令人满意的。"

在此情形下，如埃科所说，通过"对自己的同行进行批判"，倒可能更有效些。不管该种批判能否"见证社会的发展"，它至少保持了知识分子的活性，起到某种维护枪膛的功能，避免批判能力卡壳生锈。所以，在《密涅瓦火柴盒》里我们不时读到埃科针对知识界同行的商榷和批评，它们通常总是有力和有趣的。在同类相残方面，知识分子从不亚于蟋蟀，好在，这类厮杀有益于文明机体的健康。

此外，当社会面临大规模不义或国家处于战争状态时，知识分子的声音固然会被无限放大，但也会变得生硬糙砺。动荡年代的民众本能地期待简单结论，他们更期待给心灵带来安抚而非给大脑增加负荷的观点。休谟说过："在战争中，我们收回了我们的正义和同情感，而让不义与仇恨来代替它们。"我曾提到奥威尔和加缪的例子，奥威尔在二战期间执意反对英军虐待战俘，强调"民主和法西斯之间深刻的道德差异"；加缪在法国被纳粹占领期间，在"致德国友人的信"里，坚持"为务虚细微的思想而战斗"，避免与纳粹在思想上同流合污。他们的见解非常高明，但也非常不合时宜，所以当时就被淹没了。

在一种政治相对清明的制度环境中，知识分子无需营造慷慨、撩拨正义，倒是有条件"为务虚细微的思想而战斗"，埃科在这方面体现了伟大。闲着也是闲着，密涅瓦牌火柴盒的封皮背面上不适宜发表高屋建瓴的谠论宏议，但不妨把笔弄成柳叶刀，实施精确的外科手术式批评。

比如，关于隐私权，埃科注意到“如今的服装却要刻意露出肚脐、臀部曲线、多毛胸部上的项链、凸起的阴囊”，遂郑重提议：“相关部门的工作重点并不在于向那些注重隐私权的人士（在所有公民中，他们只是很小的一个部分）提供保障，而在于教育那些自愿放弃它的人，让他们懂得去珍惜这种相当宝贵的权利——隐私权。”——说得精准。虽然我们都知道隐私权的重要，但我们在（比方说）微信朋友圈上见得最多的，恰恰是太多的人毫不在乎隐私，愿意将自己去了哪儿、吃了什么，一股脑儿地公开，他们公开自己隐私的程度，甚至超出了他人窥探隐私的热情。

关于现代战争，埃科发现，“在新型战争中，双方不急于消灭敌人，因为面对敌人的伤亡，胜利的一方会遭到媒体攻击。……在新型战争中，一切战略部署都要以‘博取同情’为原则”。也极为辛辣。比如，当代美军由于军事优势过于强大，在与伊拉克等国交战时，早已不再把歼灭多少敌人作为一种战功进行通报，相反，他们希望新闻界不要纠缠于此。狼群攻击绵羊之前，同样不需要进行战前动员。

说到政党的组织偏见，在《清一色右派》一文里，埃科发明“焦距的长短”概念，提醒人们留意此类现象：“对于某些作家，如果我们把目光局限在他20岁左右，那么他看上去的确是个法西斯主义者，但如果我们再看50岁的他，则又成了共产主义者。”结论是：“一张把人划为某组织成员的清单和一张把人开除出某组织的清单是同样危险的。”——与人性的丰富易变相比，政党的组织原则，更像是一把失去准星的猎枪，只会胡乱扫射目标。

针对人们在诉讼中经常行使“道义上的信任感”，埃科像一位真正的哲人那样提出告诫：“‘理性的偏见’并不是个自相矛盾的说法，人们经常从考察某件事物出发，制定出一种推理模式，之后就会觉得应该按照这种模式而不是其他模式假设和思考。”让人想起维弗雷多·帕雷托的一个经典说法：“一个理论可能是有用的，但不表示它是真理。”而人的思维惰性，会诱导他们将一个局部适用的理论，夸饰为“放之四海而皆准”的全面真理。

在埃科的文字世界，批评人民远比批评执政者危险。批评执政者，玩儿似的；批评人民，则意味着玩儿完。因此，埃科若要显示知识分子胆识，就得在批评人民的领域有所尝试。他果然这么做了，埃科对于当时意大利电视台频频播放庭审直播，极为愤慨，民众却张开双臂欢迎。埃科表示，他的专栏发表后，收到大量读者来信，几乎全是误解和反对。一位学生模样的读者愤愤不平地质问他：“对于阿尔马尼尼的无耻行径，你难道无动于衷吗?”天下愤青都一样，他们不是缺乏正义，而是徒剩正义。埃科莞尔一笑，迎难而上，甚至用一种夸张的绘声绘色，故意激惹反对者。他这样恶心他们：

> 观众必须坐在餐桌边观看绞刑直播的场景，这一点是非常重要的。犯人脖子的断裂声、腹部的抽搐声以及双腿的踢腾声必须与观众咀嚼食物的声音相融合；如果是电椅，则要让罪犯吱吱呀呀地尖叫几秒，最好与炉子上煎黄油鸡蛋时所发出的噼啪声相呼应。

笔调是“调侃”的，内含的“愤怒”则不失庄重。在那组文章里，埃科真正担心的是，个体权利会在庭审过程中遭到漠视和剥夺。他为该主题写了多篇专栏，感兴趣的读者不妨移驾一观。

总之，这位凭畅销小说和大量以博学多识见长的著作赢得世界性声誉的作家，有着难得的悠闲。即便在悠闲中，即便被迫在一个“报纸越来越幼稚”的环境下生存，他也无意把笔锋投闲置散。他试图证明，天堂里也可以有知识分子；在不存在政治迫害的地方，敢于无惧冷落，见微知著，发表捋人民虎须的异议，同时又并不自以为正确，也是一种非凡。至于“愤怒”云云，付之一哂可矣。

胡适：天生的知识分子

我的相很难画，因为我没有怪相。

——胡适

辞让之节得矣，长少之理顺矣，忌讳不称，妖辞不出；以仁心说，以学心听，以公心辨。

——荀子

一

1915年9月17日，胡适即将离开求学五年的康奈尔大学，前往纽约哥伦比亚大学，师从他仰慕已久的实验主义哲学宗师约翰·杜威。绮色佳秋景醉人，胡适之心潮澎湃——胡适将康奈尔大学及其所在小镇绮色佳视为“第二故乡”——他写了一首长诗《送友人梅觐庄往哈佛大学诗》，内有句云：

梅生梅生毋自鄙。神州文学久枯馁，百年未有健者起。新潮之来不可止，文学革命其时矣。吾辈势不容坐视，且复号召二三子，革命军前杖马棰，鞭笞驱除一车鬼，再拜迎入新世纪。以此报国未云菲，缩地戡天差可拟。

句句跺脚，字字敲锣，不像是好诗，可取者唯气势，“缩地戡天”尤为惊人。胡适专家还会告诉我们，这是25岁的胡适首次提到“文学革命”。在当天日记里，胡适为这首诗写了一个“自跋”，解释该诗音韵上的独到（所谓“此诗凡三转韵，其实有五转”），强调该诗用语上的别致（“此诗凡用十一外国字”），再慨然以这句话收尾：“其实此种诗不过是文学史上一种实地试验，前不必有古人，后或可诏来者，知我罪我，当于试验之成败定之耳。”

请留意“知我罪我”四字，它的出现实属突兀——换了别人，写此四字多半会挨板子，理由是轻狂和不通。该词出自《孟子·滕文公下》：“《春秋》，天子之事也，是故孔子曰：‘知我者其惟《春秋》乎，罪我者其惟《春秋》乎。’”至圣孔子、亚圣孟子亲自示例，决定了该词的不凡来头，也对后世援用者构成苛刻限定：仅仅是大人物还远远不够，他还必须做出影响深远、优劣难断、功罪待定之重大事件。比如，明显的恶行及公认的善举，哪怕由皇帝亲自发动，也与该词的限定条件不匹配。另一个限定条件是：只有在大事告成，或堪堪完成之时，提及“知我罪我”才算得体。前者如严复，他深知翻译《天演论》《群己权界论》等域外新知的重要性，所谓“一词足以垂千秋”，故在译事杀青之际，再三感叹“一名之立，旬月踟蹰；我罪我知，是存明哲”；后者如英国首相丘吉尔，他深知与杜鲁门总统联合做出向日本投掷原子弹决定的重要性及不可预测性，故在写下若干辩词后，郑重强调："使用原子弹的历史事实应由后人加以评判。"假如丘吉尔熟悉汉语，他此时就会来上一句"知我罪我，其惟青史"。

再看胡适，他写下"知我罪我"时，上述条件一概阙如：他只是一名旅美大学生，虽然擅长演讲并成为学生中的风云人物，距大人物毕竟差得远，在国内更是无人知晓。他拟议中的"文学革命"，八字尚乏一撇，在有限的朋友圈也缺乏响应，属于一己心潮而非群体思潮。胡适事后回忆道："我在美国的时候，在这个问题上差不多处孤立的地位。故我在民国五年八月四日有答叔永书云：'我此时练习白话韵文，颇似新辟一文学殖民地。可惜单身匹马前往，不能多得同志结伴而行。然吾志已决。公等假我数年之期，……倘幸而能成，则辟除荆棘之后，……当开放门户，迎公等同来莅止耳！"口气是豪迈的，意志是坚定的，但"知我罪我"云云，究属托大，除非我们尊重胡适心里那份浩大的身份自觉和历史责任感。

胡适值得尊重，何况历史证明，胡适有资格说这句话。他"单身匹马"创议的"文学革命"，影响早已播及每一名汉语使用者。今人虽公认"白话文运动"为胡适的不世奇功，其中毕竟也有可供商榷之处，如对文言文斩杀过度，是否导致汉语的形式美感及表达空间受到连累，就大可一议。台岛诗人余光中曾抱怨汉语的美感持续下挫，强调文言与白话是"亲家"而非"怨偶"，或即胡适预想中的"罪我"。

试想，一介文弱书生，孤悬万里海外，单凭一腔心潮和满腹才华，即自信能在遥远的祖国掀起"知我罪我"级别的非凡事功，且仅在短短数年间，心想事成，致使举国争说"我的朋友胡适之"，这是何等不可思议。——林语堂创办《论语》杂志时，在卷头罗列若干投稿禁条，其中之一是：“不得使用‘我的朋友胡适之’一类的字句。”——所以，无论胡适予人的形象多么谦和温润、自由包容，我都认定其中另有锋芒。胡适更加真实的一面是，他生来就是一位心胸万夫、睥睨千秋的雄才。也许正因为深知自己志向辽阔，坚信自己将拥有一个无比伟大的人生，胡适才用一种持续终身的低调，舒缓抱负，缓冲雄心，确保功业的达成。胡适曾提及老子的影响，他对“柔弱胜刚强”有着极深领悟，他在自传里写道：

> 老子对我幼年的思想影响很深。记得我在 1909 年（清宣统元年，己酉）作了一首咏“秋柳”的诗。这是一首绝句，在这诗前的小序上，我写道：“秋日适野，见万木皆有衰意。而柳以弱质，际兹高秋，独能迎风而舞，意态自如。岂老氏所谓能以弱者存耶？感而赋之。”

当笔墨机警的温源宁提到胡博士的特殊才能——“他并非风流绅士，却具有风流绅士的种种魅力。交际界，尤其是夫人、小姐们，所欣赏的是‘有一搭、没一搭，说些鬼话’的本领，看似区区小节，实则必不可少，在这方面，胡博士是一位老手。”——我们最好不要受到魅惑，不要因为胡适有时“笑得有点像上海人所说的‘贼忒嘻嘻’”（唐德刚语），就忘却他“独能迎风而舞，意态自如”的刚强本质，忽略他深自谦抑的不羁豪情。

二

有个例子耐人寻味，1923 年，名满天下的英伦大哲伯特兰·罗素在美国某知名杂志上为胡适《先秦名学史》写了篇书评，罗素铺笺挥毫，闷头就赞：

> 对于想掌握中国思想的欧洲读者而言，这本书完全是一个新的开端。欧洲人很难同时是第一流的汉学家，又是合格的哲学家，这是不足惊异的。……一个人不通中文而想知道中国哲学，面对着这一情况简直只好绝望。好了，现在我们终于有了胡适博士，他对西方哲学的精熟好像是一个欧洲人，英文写作之佳则和多数美国的教授没有分别，至于翻译古代中国文本的精确可靠，我想任何外国人都很难赶得上。

罗素的评价虽有套语成分，但对年仅 33 岁的胡适来说，毕竟还算长脸，他若向人提及，也很正常，甚至不应以虚荣视之——胡适大可堂堂正正地表示，隐瞒罗素对一名东方后学的勉励，是一种失礼。然而，没人知道这篇书评，终胡适一生，他没有向任何人道及，他只是精心剪下那页书评，夹在自己价格不菲的日记本里。胡适是如此珍爱自己的名声——他说过："我们古代的老祖宗深信'名'就是魂。"——他坚信自己的日记必然会被后人研究，同时认定，让后人而非时人知晓这篇书评，对自己更有利。当然，胡适也可能嫌罗素的表扬太过肤浅皮相，没能搔到痒处。

在名声的细节方面，胡适从来不曾粗心大意。梁启超曾请胡适为其《墨经校释》写序，胡适略带几句批评的序文写成后，梁竟违背惯例，将自己回应胡适的文字“登在卷首”，而将胡适的序文“放在书末”。胡适对梁氏那“一点点争胜之意”有所不快，忍不住多次提及。

除了为人称道的各种功业，胡适持续一生、从不稍辍的工作是：忠实、全面地记录自己，为自己也为后人，完整保存自己的精神履历。唐德刚在胡适的纽约寓所初次见到他的日记簿，大吃一惊，因为胡适“所用的清一色的红封皮日记簿也是当时美国出版最名贵的一种”。胡适坚称：“别的钱可以省，这个钱不能省！”胡适 1949 年匆忙离开北京时，将几十年的日记原稿遗留在北大，但没关系，他“保留了影印的缩微胶卷”。胡适大学时期写的日记和札记（两者差不多是一回事，胡适常常一天写三五千字），曾交友人保管，保管者当然也可阅读。胡适日记既是学习的有力工具，也是专供发表的文字，他早早就将留学日记公开发表了。他曾告诉唐德刚，写日记要“多记个人思想和学术心得，不应专记日常小事”。赵元任的日记比胡适记得更勤，但胡适不欣赏：“他专门记日常生活中芝麻绿豆的小事！”可以想见，胡适对鲁迅日记也不会有好感，虽然整天记收支盈余的鲁迅日记，更符合日记的体裁本质。

不仅日记，在其他有益于后人研究自己的地方，胡适同样一丝不苟，拒绝向他人提供模糊信息。晚年在台湾，他对秘书胡颂平说：“我总觉得写字叫人认不得是一件不道德的事。”还说，“我的文章，无论写张便条，也都有年月日的。……这个习惯一定要养成，给后人省多少事。”——“写张便条”都要考虑后人，胡博士真不是凡人。这个习惯是否要养，其实得看你自视为何种人，那不是态度问题，而是认知问题，取决于个人的自我评价，寻常人等，似无仿效的必要。我们看钱锺书写信，例不署年份，钱锺书亦是爱惜羽毛之人——他说过："本不妄自菲薄，亦何至借重声价！"——他只是不认为信笔草草的即时书札，值得后人郑重对待，咳唾随风，可矣。

胡适鼓励别人写自传，自己更身体力行，早早写下记录前半生的自传，理由或如唐德刚所言："他认为不但大人物应该写，小人物也应该写，因为这是一般人保存当代史料最好的方法，也是知识分子对文化应尽的责任。"这也是约翰逊博士的意见，但胡适的工作做得过于充分，以至让人疑心另有深意。

我们提到过《约翰逊传》的来历，这本西方世界公认最伟大的传记，原是传主和作者精诚合作的产物。英国18世纪大文豪塞缪尔·约翰逊博士怂恿苏格兰青年包斯威尔日后给自己写传记，为此他主动给包斯威尔提供大量条件，将自己的书信交给包斯威尔保管，还在自己不算大的家里为包斯威尔备下一间客房，便于两人彻夜长谈。这份难得的奇迹，最终成就了《约翰逊传》的不朽声名。著名的《歌德谈话录》，也是德国文豪歌德的秘书爱克曼在与歌德"朝夕相处"后写成的，并且歌德事先知道爱克曼将来会记录自己。伏尔泰说过："要描绘某个首相的性格，要说出他内心多么勇敢，或者多么软弱，要说出他怎样谨慎，或者怎样狡黠，必须和他朝夕相处。"我们发现，熟知约翰逊博士和歌德事迹并与两人地位相似的胡适博士，竟在有生之年亲自培养了两位"包斯威尔"，即唐德刚和胡颂平。

唐德刚提到，他请胡适指点一下自己新写的《梅兰芳传稿》，胡适阅后表示："稍嫌渲染，稍嫌渲染……以后可以认真地写一下！"唐德刚顺嘴以"开玩笑"的口气对胡适说："'以后'替你老人家写传记我一定一句一注，绝不'渲染'！"不想，胡适"认真”起来：

> “试试看嘛！”胡先生倒说得颇为认真，“我可以帮助你，我的材料是现成的！”胡先生真的拿了许多他的“现成的材料”给我看。

在胡适的主动合作下，与未来传主有过多年“朝夕相处”经历的史学才子唐德刚先生（他也借机品尝到了胡适妻子江冬秀烹饪的大量美味），给我们留下了两本有趣的胡适传记：《胡适口述自传》和《胡适杂忆》。为晚年回到台湾的胡适担任秘书的胡颂平，进阶为“包斯威尔”的故事亦饶有趣味。胡颂平感于胡适的言语提醒——胡适曾对记者说：“马相伯先生是我们的‘国之瑰宝’，他的一言一行，应该有一个人在他的身旁，随时把它记录下来。”——立志每天在日记里记录耳闻目睹的胡适“一言一行”。有天下午，胡适见到胡颂平在记录自己，佯装诧异（“佯”字是我加的），又迅速回复平静，对胡颂平做出如下指示：

> 你还是当做我不知道的记下去，不要给我看。将来我死了之后，你的记录是有用的。

约翰逊博士也是这么做的，他自己并没有看到《约翰逊传》。胡颂平的才情不及包斯威尔、爱克曼和唐德刚，但他仗着丰富的第一手资料，终不负所托，通过《胡适之先生晚年谈话录》等作品，向读者刻画出了形态逼真的晚年胡适。

胡适的突出地位，加上本人提供的海量资料，使得胡适研究出现了一个幸福的烦恼，如旅美学者江勇振所说：“现有的胡适资料，已经是浩瀚到了没有一个人可以全盘掌握的地步。”当年唐德刚费尽心思，猜出胡适暗恋“莎菲”（陈衡哲）女士，铁证是，胡适给爱女起名“素斐”，正为了寄托对“莎菲”的怀想：“‘素斐’者，Sophia 也，‘莎菲’也！”唐得意地宣称：“所以新文学、新诗、新文字，寻根究底，功在莎菲！莎菲！莎菲！”唐德刚确有得意之处，但他低估了胡适日记的丰满度，1990 年台北远流出版公司影印出版了《胡适的日记》手稿本十八册，在 1921 年 7 月 31 日的日记里，胡适分明写道：“得冬秀一信，知叔永、莎菲新得一女”，“三个朋友一年之中添两女，吾女名素菲，即用莎菲之名”。——胡适早已亲口承认了，何劳你唐才子猜谜射覆。

三

据胡颂平记载，有次胡适与朋友饭后聊天，提到自己战时在英国的经历：英国“所有的土地都被工业用了”，以往鸡蛋全凭进口，战争期间，“人民就没有鸡蛋吃了”，只有美国制的鸡蛋粉，“炒起来不像样子，也不好吃”。住在英国乡下的退休外交官陈维城夫妇自己养了几只鸡，有次他们“用一小纸包了四个鸡蛋”送给胡适，“算是重礼了”。胡适回到旅馆后，请“三位客人在第二天早上吃早点”，“四个鸡蛋可以请三个人！”

细想，这桩微型善事颇为可惊。战争期间，物资紧缺，风云变幻，四个鸡蛋说不定会在关键时刻救急续命。胡适只要稍存一点情有可原的自私，就应把四个鸡蛋妥为收藏，慢慢消化，那想必也是送礼者的本意，他们未必希望胡适过度慷慨。我曾不无阴险地想：也许胡适天生不喜欢吃鸡蛋。不喜鸡蛋的人虽然少见，但绝非没有，我在生活中就遇到过。有次读傅安明的回忆文章，胡适任驻美大使期间，傅曾“有幸追随适之先生工作四年”，对胡适的饮食爱好非常熟悉，他告诉我们：“胡先生喜欢吃肉，特别是五花肉，不大喜欢吃鱼。……胡先生也不喜欢蔬菜、水果，很喜欢吃鸡蛋。”——哦，“小人之心”的笔者想歪了，己之所欲，普施众人，这才是真正的胡适。

在我谈论知识分子的言语行为时，胡适的形象每每萦绕脑际，他是我心目中完美知识分子的标杆。胡适知识上的发奋培养、学术方法上的自我训练固然相当感人，但作为一名洞悉“君子儒”与“小人儒”之别的中国新派知识分子，胡适在道德人格上的自我砥砺并竭力不留污点的努力，同样值得刮目。胡适知道，中国的舆论场其实是个君子国，而君子国与伪君子国往往可以互换，越是小人，越喜欢以君子标准对他人求全责备。欲在中国成为呼风唤雨的思想家，必须同时接受苛酷的人品检验，而这种多半由宵小发起的检验，程序错乱，手段鲁莽，角度诡谲，发难者一般懒得在事实检验上多费心力（他们也缺乏训练有素的质疑方法），对杀伤力的不懈追求，会引导他们偏信不实之词，总之，这类人品检验在毁掉一个人道德声誉的同时，也会连带撕裂他的知识和思想成就。

晚年“几乎没有再真正搞过哲学”的罗素，有次“在北美的演讲旅行中，一群聪明的女大学生围着他询问为什么放弃了正式的哲学研究，他著名的回答是‘因为我发现更喜欢性交’”。这类混帐也好、洒脱也罢的轶事，胡适是不敢留给他人嚼舌的。年轻时的胡适一度在上海颇为颓废，“从打牌到喝酒，从喝酒又到叫局，从叫局到吃花酒，不到两个月，我都学会了”，一帮没有钱的穷学生，“只能玩一点穷开心的玩意儿：赌博到吃馆子为止，逛窑子到吃‘镶边’的花酒为止”，“花酒”应指狎妓饮宴，依

“人不轻狂枉少年”之说，结合当年的上海四马路兼有文化街和红灯区特征的社区形态，这原是一件不必深责、外人无意纠弹的小事，胡适却反复忏悔，深自戒惕，并通过公开发表的日记昭告世人：

> 吾在上海时，亦尝叫局吃酒，彼时亦不知耻也。今誓不复为，并誓提倡禁嫖之论，以自忏悔，以自忏悔记此以记吾悔。（笔者按：末句佶屈聱牙，引自李敖《胡适评传》）

1938年4月27日，胡适写下一句话：“我不大赴娱乐场，只是因为国家在破败状态，我们应该自己慎重，不可让人因我们而讪笑我们这民族全无心肝。”胡适有次对唐德刚说：

> （梁启超）遗墨真迹今日仍可稽考者约有三万件，而件件足珍，其中没有一件是“苟且落笔的”！何以故呢？胡先生说因为梁氏成名太早，他知道他的片纸只字都会有人收藏的，所以他连个小纸条也不乱写！

头脑敏捷的唐德刚一俟胡适说完，马上想到：“这正是胡适之的‘夫子自道’！”说到成名，胡适并不稍逊，余英时先生说过：“胡适自早年‘暴得大名’以后，每作公开讲演都是人山人海，至老不衰。”胡适长年累月的道德修炼，达到这种程度：值班护士杨小姐见胡适睡着后“一只脚露在被外”，就替病人盖好，梦中的胡适喃喃说道：“谢谢你！”

贤明如胡适，偶尔也会背后论人长短，且刻薄起来照样字字如刀。胡适对自己的学术竞争者冯友兰颇为不屑，他从一份天主教办的刊物上获悉冯友兰在大陆“认过130次的错，自己承认是无可救药的资产阶级”，非但不表同情，还对朋友说：“他本来是个会打算的人，在北平买了不少的房地产。1950年在檀香山买了三个很大的冰箱带回去，冰箱里都装满东西，带到大陆去做买卖，预备大赚一笔的。他平日留起长胡子，也是不肯花剃胡子的钱。”

在现代社会，“正人君子”不是知识分子的标准配置，胡适不然，由于早蓄不世之志，怀揣“知我罪我”级别的奇伟抱负，他有资格认为，只有先在道德人品上把自己打造得无懈可击，更加浩大的启蒙理想才有望实现。

四

“天将降大任于斯人也，必先苦其心志，劳其筋骨……”这是众所周知的孟子励志语，胡适好像是其另类执行者：孟子的说法侧重外在打击和历练，胡适强调自我发展和塑造。我觉得，从15岁起，胡适就大致设计出了未来的知识分子人生，随后他有条不紊，朝着既定目标稳步前行，悠然扎营，以“吾道一以贯之”“‘今日之我’从不与‘昨日之我’挑战”的方式，成就了自己“民主男神”（唐德刚语）的形象。

胡适3岁丧父，童年飘零，父亲胡铁花留给儿子的精神遗产，仍属丰厚。在父亲回忆录里，胡适读到北宋大儒张载（世称“横渠先生”）的名言：“为学要不疑处有疑，才是进步！”如醍醐灌顶，终身受用。——胡适一旦接受了什么，就会终身贯彻，不移跬步。

以张载奉祀孔庙的显赫身份，这句令少年胡适一见倾心的治学心经，竟无人知晓，令人意外，好像偌大中国唯有胡适一人对它啧啧称道。唐德刚是饱学之士，又曾面聆胡适吐出这句真言，却茫然不知所本，遍寻无着后，怀疑“或出宋儒其他语录”。王元化再接再厉，终于在张载《经学理窟·义理》中觅得出处（“观书者释己之疑，明至之未逮，每见每知所益，则学进矣，于不疑处有疑，方是进矣。”），遂证“胡适所记不误”。两位学者态度可敬，但他们的努力只是证明了胡适的“别具只眼”：胡适奉为座右铭的这句话，曾长期遭到其他学者的忽视。

忽视“不疑处有疑”的其他学者，对张载另一句靓语倒刻骨铭心，即冯友兰概括为“横渠四句”的那段话：“为天地立心，为生民立命，为往圣继绝学，为万世开太平。”传统知识分子——包括生活在当代、思维方式滞留于往昔者——遇到这类华丽豪迈语，极易丧失分析力，输心折服，膝盖痒痒地显出“崇拜和倾倒的肌肉特别发达”（俾斯麦语）的模样。倒是胡适，本着“不疑处有疑”的精神，对它抵触反感。据胡颂平记载：

> （胡适）先生又说：“前几天，高平子的孙儿来，他引张载的‘为天地立心，为生民立命，为往圣继绝学，为万世开太平’四句空洞的话。我问他：‘怎么叫“为天地立心”？你解说给我听。’我对他说：‘你的祖父是学天文的，你不应该再引这些不可解的话。’”

一进一出，一拒一纳之间，适见出胡适的另类和“异量”。

一句兼具辉煌和不着边际特点的语录体格言，会给引用者增加道德筹码，降低乃至卸除其质疑责任，在偏爱瑰伟词藻者眼里，似乎谁放弃引用，谁就明摆着吃亏。当你说“费了九牛二虎之力”，不必担心有人质疑，谁都知道那是修辞性夸饰；叫君王“万岁”也比“百岁”“千岁”来得安全，尽管“百岁”已经够意思了，中国历史上还不曾出现过长命百岁的君王。但“为天地立心”和“为万世开太平”不然，它与“先天下之忧而忧，后天下之乐而乐”一样，实质是强调知识分子使命，而使命与梦想不同，唯有具备可行性才有捍卫和履践价值。劈头盖脸就是“天地”、“万世”和“天下”，等于把使命嫁接成梦想，把语言魔化为喃喃作法的旌旗。钱锺书曾归纳“文词有虚而非伪、诚而不实者”，“费了九牛二虎之力”如属“虚而非伪”，“为天地立心”即属“诚而不实”，我们不必质疑张载的坦诚，但他的号召未能踩实大地，无法内在地恢宏知识分子使命——整天以“为天地立心”来自我鞭策，不可避免地会滑向癫狂梦呓。所以，缺乏“实事求是”精神的老旧知识人热衷引用它，而严守知识分子言论本分、心底默念着“拿证据来”的胡适，则断然排斥。

经胡适铭记并向国人郑重推出的名言还有不少。据余英时先生考证，得到国人一致认同的原则“实事求是”，也是胡适率先推荐给国人的。在胡适提及之前，这个伟大的汉字组合曾长期沉睡在汉语的海底，无人问津。助推了大陆改革开放的著名口号“实践是检验真理的唯一标准”，与胡适也隐有关联，胡适不止一次说过：“一切的理论都不过是一些假设而已；只有实践证明才是检验真理的唯一标准。”

这个世界从来不缺华美的格言，由于好为人师者总是多于从善如流者，我们其实一直生活在格言过盛的环境里。因此，你将什么话牢记在心，多半意味着你是何等样人。胡适镂刻心版的那些简明原则和方法，多不曾藏匿在孤本僻典里，而是像“江上之清风，山间之明月”那样，属于“吾与子所共适”。考察胡适“民主男神”的发轫史，国文教员杨千里当年在他“作文稿本上题了‘言论自由’四个字”，也许算得上“第一推动”，那毕竟是1905年，中国尚在大清朝，胡适只有15岁。胡适另两句终身信奉的格言，即“拿证据来”和“大胆的假设，小心的求证”，也是得来全不费功夫，前一句如唐德刚所说：“胡博士读《天演论》也有独到的心得。赫胥黎叫了一声‘拿证据来!’，胡适一听，大有道理，因而也跟着大叫——自北大红楼一直叫到台北大礼堂，叫到死为止!”后一句话更是当年欧美知识界的常识，胡适又是从大众工具书《大英百科全书》里偶然翻到的，乍闻之下，如遭电击，从此念兹在兹，“叫到死为止”。

说到“拿证据来”，这本是人类的理性本能。王安石曾坚信“鼠实无牙”，有人遂“捕一鼠”和他对质；柏拉图给人类下了“无羽毛之两足动物”的定义，有人就“拿着一只拔了毛的鸡向柏拉图去质问”，但胡适的倡议结合了现代科学方法，非比等闲，故一经“大叫”，在老大中国顿时产生巨大的方法示范回响。

胡适俨然拥有一种特殊的精神血缘，他的阐述和论证方式，易令西方学者感到可亲可信，他们会从胡适的文字里嗅出同道气息。我们提到过罗素对他的评价：“（胡适）英文写作之佳则和多数美国的教授没有分别。”据江勇振介绍，英国翻译家阿瑟·韦利眼里的“胡适虽然形体上是中国人的样子，他根本上等于就是西方人”。另一位美国学者认为“胡适写起英文来，行文立论根本就是美国人的思维”。当然，胡适也有着不凡的国学根基和兴味，胡适夫人江冬秀的日常消遣是打麻将（胡适偶尔也打两圈），胡适的日常消遣则是写点考据文字，那是他无法隐去的中国印记。

五

在长文《从〈日记〉看胡适的一生》里，余英时提到胡适和王国维的一次谈话，时为1923年12月16日。胡适在日记里写道：

> 从访王静庵先生，谈了一点多钟。……静庵先生问我，小说《薛家将》写薛丁山弑父，樊梨花也弑父，有没有特别意义？我竟不曾想过这个问题。希腊古代悲剧中常有这一类的事。

胡适缺乏王国维“兼通世界之学术”的大师抱负，误会了“静庵先生”的提问方向。实情恐怕是：追踪欧陆最新学术发展的王国维，留意到当年在西方“髦得合时”的弗洛伊德学说，试图从中国传统典籍里找到弗氏“俄底浦斯情结”（以“恋母弑父”为主题）的对应物，以作进一步推敲验证。王国维不曾留学欧美，他以为在美留学多年的胡适博士对此显学定然不陌生，故甫一见面，即不耻下问。谁知仅仅读过些古希腊悲剧、对西洋最新人文学科发展殊少关注的胡博士，摸不着头脑，“只能漫应之”（余英时语）。

金岳霖说：“西洋哲学与名学又非胡先生之所长！”刘文典说：“适之先生样样都好，就是不大懂文学！”唐德刚说：“西洋史学亦非胡先生之所长。”夏志清说：“胡先生返国以后，早无意追逐西洋文学的现代潮流，现代西洋文学批评他也一窍不通。”……胡适年少成名，且很早拥有了领袖群伦的学术地位，但不管说到哪一门具体学科，哪一项学术论述或文学创作，他都难称翘楚，与自己学生相比也未见优势。胡适留学美国时，曾招待当年知名教育家马君武“在宿舍里住了五天”，他在日记里如此评论这位前辈：

> 先生留此五日，聚谈之时甚多，其所专治之学术，非吾所能测其浅深。然颇觉其通常之思想眼光，十年以来，似无甚进步。其于欧洲之思想文学，似亦无所心得。先生负中国重望，大有可为，顾十年之预备不过如此，吾不独为先生惜，亦为社会国家惜也。

悲催的是，若干年后他的学生唐德刚竟用同样的词——“没有进步”——来盖棺胡适：“胡适思想四十年来无太大的变动。这从好处来说，是胡适思想的前后一致性；从坏处来说，则是胡适之没有进步。”唐德刚有个难称“得体”的怪癖，他不能容忍别人批评胡适，自己却不时对“胡老师”来几句突兀狠话，类似这样：“就凭（胡适）那几篇烂文章，便能煽起一代文风，两朝开继，成佛成祖，这在阮籍看来，就是‘时无英雄，使竖子成名’了！”埃斯库罗斯说过：“老来受教训多么难堪！”好在胡适泉下有灵，未必感到难堪，因为，他走的道，源于自己的坚定选择，“不惮浅显”正是胡适的突出强项。“我的朋友都不看我的书。”胡适心知肚明。

此外，作为“中国的文艺复兴之父”（语出当年英国一张介绍胡适到访的海报）和“中国的伏尔泰”（温源宁语），胡适又能深度不足广度补，至少在学问的表面上现出面面俱到的样子。从启蒙者的角度，广度确实比深度更加要紧，胡适这方面的成就也堪称斐然。对胡适褒贬不定的唐德刚又赞叹道：

就学问的“宽度”来说，胡适真是个新旧、中西、文言、白话及诗、词、歌、赋，样样都来的“一脚踢”的桀桀大材。他的确具备一个“开山大师”的条件，只有像他这样的学者才能纵观古今，盱衡全局，而不至于闭门造车，坐井观天。

六

如果以“三个公共”（即面对公共大众，谈论公共话题，指向公共正义）为衡量标准，世之所谓知识分子，大抵另有专攻，他们成为知识分子只是激于偶发事件，感于良知觉醒，临时客串，不得不为。如爱弥尔·左拉，他在创作小说间歇听闻法国军方迫害犹太人上尉德雷福斯，拍案而起，写出震动全欧洲的《我控诉》。此事一了，他即退回书斋，继续小说创作——小说才是他的主业。除了专职为报刊写时政评论的作者，在伟大知识分子群体里，我们很难找到一位以“知识分子”为主业的人物，有之，则自胡适之始。

胡适从事的大量工作，不是从自身的爱好、兴趣和专长着手，而是优先考虑该项工作的启蒙及文明教化价值。只要认定其中蕴含价值，哪怕他本人并非担此重任的不二人选，他也勇于尝试，不辞前驱。

这是一份不多见的决心，想必包含着巨大的志向调整和性情舍弃，只有将唤醒民众、改造文明视为人生首务，才会做此选择。胡适把自己定位成文明的改造者、庶民的启蒙者，该身份决定了他的对象是普通民众，他的使命是传播文明通识，而非与顶尖的学界专家切磋学理。就一名彻底的启蒙者而言，保留王国维式的学术爱好，也许是一种“搏二兔，不得一兔”的两难；就一名充满知识饥渴的学者来说，舍弃王国维式的高端求索，又会构成一种心灵折磨。我不清楚胡适如何平衡这份两难和折磨，由于胡适日记似乎专为发表而写，他尽管记得很勤，窥探他的隐秘心声却并不容易。——胡适偶尔给朋友写信吐露心事（比如涉及对半文盲妻子江冬秀的负面评价），他会要求收信人阅后即焚。

大致说来，胡适认定自己 20 岁前后在美国学到的若干原则和方法，对中国社会及其民众长期适用。他是杜威实用主义哲学的推崇者，社会的需求就是他的路标，民众的困惑就是他的方向。若民众困惑不变，他的启蒙方式就不必改变。胡适致力于推动“中国的文艺复兴”，既然该复兴暂时不需弗洛伊德援手，他也落得省事，对弗氏不闻不问。我无法想象胡适阅读普鲁斯特和乔伊斯小说的模样，他擅长简化学术抱负，剔除额外领域，以便锁定目标，即使付出四十年来“没有进步”的代价，也咬定青山，不动初心。

胡适上世纪 50 年代在纽约赋闲，尽管心情沉郁，毕竟有相当充裕的时间可供自由支配，他仍然不曾像王国维那样追踪欧美最新学术。熟知胡适这段时日生活的唐德刚告诉我们，“大陆上《胡适思想批判》百余万字的长文，胡先生是一篇篇看过的。有时他还在那些文章上写了些有趣的眉批。”胡适还花大量时间浏览中文报刊的副刊，尽管多是些“不值得浪费太多时间的”文字，胡适不仅“各报都看，各版都看”，看后还要“记笔记”“评作文”“看考卷”。

你可以说他闲得发慌，也可以说他心系故国——明明处于

“百无一用”的落魄书生时期，那颗旺盛的“中国文艺复兴之父”的心灵，仍灼灼闪光，精警无比。他努力保持对祖国大陆政治风云的敏锐，让身心处于一种枕戈待旦的状态。胡适真是一位须臾离不开公共世界的知识人，他的公共激情倘找不到落脚安顿处，就会陷入“拔剑四顾心茫然”的精神状态。

胡适年轻时全力倡导白话文，并非自诩在白话文写作上更具天赋（实际上也没啥天赋），而是该倡导有助于他实现“中国的文艺复兴”——胡适喜欢用这个词来代替“五四运动”。为了推动白话文运动发展，哪怕最偏爱胡适的人都看出他缺乏诗才（唐德刚评价胡适的诗是“无心肝的月亮”），他仍执意写白话诗，以便“把实验主义的哲学理论应用到文学改良上面来”。自有诗人以来，胡适大概是第一个“尝试者”，敢于在诗情欠奉、诗句露肘的窘境下，仅仅出于八竿子打不着的“哲学理论”，就日日吟哦。如果李白写诗是激情使然，胡适写诗纯属做功课。借唐德刚的狠话壮胆，我不禁想起约翰逊博士的一个比喻：“一个传道的妇人就好像一只用后脚走路的狗。虽然走不好，但是令你惊讶的是它居然在走。”胡适从未写下一首值得从诗艺本身加以尊重的作品，令你惊讶的是，他不停地在写。

胡适也是现代红学的奠基人，他步入红学主要是展示自己心仪的研究方法，即所谓“科学方法的批判性的整理国故”，而非对《红楼梦》别具心得。煞风景的是，胡适对《红楼梦》评价极低，竟至认为该书不及《海上花列传》和《儒林外史》。胡适在致苏雪林的信里说：“我写了几十万字考证《红楼梦》，差不多没有说一句赞颂《红楼梦》的话。”——胡适佛头着粪的文学见解我们姑且不作评论，但他出于非文学目的，就能对一本不喜欢的书大加研究，这份难为自己的坚忍意志，实非常人所有。胡适旷日持久地研究禅宗和《水经注》，原因也大体如此，如唐德刚所言，他的著述有点“粗制滥造”，但无一不是“方法示范书”。

胡适40岁写自传，初衷倒不是认为已有的生活已臻著书立传之境，而是他把鼓励世人写传记视为“中国的文艺复兴”的组成部分，所以，就像写白话诗《尝试集》那样，他再次要求自己身先士卒，垂范天下。胡适不会去写源自灵感和个人野心的作品（那原是人间杰作的先决条件），胡适攥住笔杆的手，听命于宏大的使命感。胡适诚然是一名洋洋洒洒、著作等身的写作者，我却不知道他有哪篇作品，是出于思想的激情、创作的渴望；胡适连悼词都无法写得感人。这是胡适的可悲之处，也是他的伟大之处，更是他的独特之处。

在向青年人发出号召时，胡适屡次提及易卜生的名言，即那种“最健全的个人主义”：

> 要使你有时觉得天下只有关于我的事最要紧，其余的都算不得什么。你要想有益于社会，最好的法子，莫如把你自己这块材料铸造成器。

必须承认，胡适说的是肺腑之言，他本人的成长，就是把“自己这块材料铸造成器”的典范。早在美国求学期间，胡适宁可荒废学业（“奖学金被校方停止”），也坚持选修一门演讲课并四处发表演讲，一度还“薄有微名”。除了民主国家的政客，大概只有决意在公共世界发出响亮声音的人，才会着意培养这项技能，而胡适对演讲的兴趣“历四五十年而不衰”。胡适最辉煌的一次演讲之旅是在1938年，为了向西方世界说明日寇的暴行和中华民族的抗战意志，他从1月24日到3月18日，“作了一次巡回整个北美洲的演讲之旅，中间无一日之停。3 月 16 日他自己统计：此行共 51 天，演说 56 次（美国境内 38 次，加拿大境内 18 次）”。胡适的演讲才能还引起日本舆论的愤怒与抗议，当时东京《日本评论》有评论认为，“日本要派三个人同时使美才能挡得住胡适一人。那三个人是鹤见祐辅、石井菊次郎、松冈洋右。鹤见是文学的，石井是经济的，松冈是雄辩的”。

胡适事业上的重大抉择，也以公共责任为轴心。他拒绝蒋介石要他入阁和竞选总统的请求，理由即出自一种知识分子的警觉，“始终不愿放弃其独立自由之身份”。爱德华·萨义德曾说：“几度有媒体邀请我担任有职位的顾问，我都拒绝了，原因很简单，因为这意味着受限于一家电视台或杂志，也受限于那个渠道通行的政治语言和观念架构。”胡适也是如此，他极为珍视不受外界羁绊的独立批判立场。值日寇侵华，蒋介石希望他出任驻美大使，同样出于公共责任，胡适又爽快地接受了，连中国式文人习惯性的婉拒客套都不讲，口气活脱脱像一位欧美人士。他答复蒋委员长的电报是：“现在国家是战时。战时政府对我的征调，我不敢推辞。”

胡适在自传里说，他在澄衷中学时，“校里的同盟会员曾商量过，大家都认我将来可以做学问，他们要爱护我，所以不劝我参加革命的事。但在当时，他们有些活动也不瞒我”。这也许说明，胡适早早就被师兄视为“前途未可限量”的奇才。诚然，没有人是天生的知识分子，胡适则通过不懈“铸造”，当真把自己培养成了近乎天生的知识分子。

七

对于写作，胡适多次表白过一个态度：

> 我的文章改了又改，我是要为读者着想的。我自己懂了，读者是不是和我一样的明白？我要读者跟我的思虑走，所以我写文章是很吃力的。这是一种训练，这种训练是很难的。别人写文章，只管自己的意思去写，不为读者着想。我是处处为读者着想的。

这态度让人肃然起敬，也叫人哭笑不得，胡适文章惹眼的优缺点，恐与该态度有染。唐德刚对胡适的评价有某种倨恭不定，时而捧上云端，时而痛加贬斥。细细想来，这份大起大落，并非不可索解。

既然“改了又改”，按说胡适文章不致出现太多低级错误，何况胡适熟悉校勘法，还提到过陈垣、周作人的榜样：“陈援庵（垣）遇到重要的校勘，是倒过头来校勘的，使它失了文词的意义，硬是一个字一个字的校对。周启明（作人）发表的文章，终要自己作最后的校正，才付印的。”——然而，在文化大师这一档次的人物里，我从未见到有人像胡适那样漫不经心，留下满地笔误。其中个别错误，若隐去作者大名，读者甚至会有掏戒尺打他手心的冲动——

> 罗氏（罗斯福）三任总统胜利当选后，乃敢明目张胆地援助抗战国家。虽向侵略者挑战，亦在所不恤。

胡适对罗斯福总统怀有敬佩，又素来不屑正话反说，如此，“明目张胆”就实足滑稽了。诚然，从词源上说，“明目张胆”原寓褒义，但作为“处处为读者着想”的启蒙大师，胡适无权使用一个只有专家里手才洞悉究竟的词源学含义。该词一出，胡适“改了又改”的自夸，顿显成色不足。再看一个例子——

> 在我大学四年级那一年，我获得卜郎吟文学论文奖金……这宗五十元的文学奖金对我真是雪中送炭。再者由于一个中国学生竟然得了一个卜郎吟文学奖，当时竟然变成新闻。

连用两个“竟然”，又算哪家文法？几让人疑心含有双重否定。倘“改了又改”，其中一个“竟然”断无苟活之理。胡适的文学革命观里，包含八条著名主张，如“不用典”。“不用典”是否高明暂且不论，然身为倡议者兼强力推行者，胡适概括上述主张的文章，标题居然就是个著名典故“逼上梁山”，这是不可思议的自我打脸，难怪章太炎说“胡（适）于语言文字，向来粗疏”。下一组出自《胡适自传》的关联例子，虽与文法无关，胡适独有的“粗疏”，仍让人惊掉下巴——

> 先母所生，只适一人，徒以爱子故，幼岁即令远出游学；十五年中，侍膝下仅四五月耳。

> 十四年之中，我只回家三次，和她在一块的时候还不满六个月。

> 我年甫十三，即离家上路七日，以求“新教育”于上海。自这次别离后，我于十四年之中，只省候过我母亲三次，一总同她住了大约七个月。

《胡适自传》篇幅不大，关于自己与母亲“一总”住了多久，胡适每隔四十来页就换一个说法，让人错愕。胡适多次提到自己记性不佳，说平时读书主要“靠硬记”，但这个疏漏无关记性，攸关态度。胡适可能真的无法记住与母亲合住的日子，但对一位“写张便条”都要考虑“给后人省多少事”的学者来说，漫不经心地罗列三种时间，等于给后人无端生事。本来，无需“改了又改”，大作付梓前只要“校正”一过，这个疏漏即可避免。尤其奇怪的是，其中“不满六个月”是一个注重精确的描述，意在表明传主记得很清楚，且胡适撰写自传时，正值年富力强，记忆力不致下滑太大。再则，就算茫然于时间长短，也有两种通行策略可采：要么避实就虚，囫囵言之，要么强行固定一种说法，一口咬定“不满六个月”。总之，听任三种时间在书里无序流窜，“态度”上肯定说不过去。

如果相信胡适的诚实，认为上述笔墨事故仍不足以否定他“改了又改”的表白，我们就得给胡适法外增法，另作解释。且尝试言之。

文人写作的常见病是自视甚高，好为豪语，俗话“文章自己的好，老婆别家的好”，道出了庸常文人的某类通病。但“自视甚高”并非一个需要竭力矫治的写作痼疾，其弊端不过在于分寸失当。相较而言，以温良驯顺为笔墨美德，一味自我贬抑，将写作之道混同于礼仪待客之道，危害更大。因为，作者总是需要点自珍自爱的，适度的自恋也不失为一种心理润滑剂和助燃器，可以维持写作激情于不坠。就本性而论，优秀作者都有某种孤胆英雄气质，他对表达荣耀的饥渴，对文字功业的留意，在成全个人功名的同时，幸运的话也会附带升格为民族文学的骄傲。莎士比亚的作品充满了表演欲，杜甫一旦失去“为人性僻耽佳句，语不惊人死不休”的个性追求，他的诗性法力也会失去泰半。诗贵有我，文之贵也不在“有他”，只是程度略轻而已。

写作一味“为读者着想”，方写数语，即思张三是否能解，李四会否有惑，下笔处处掣肘，作者又将何处著我？“目中无人”纵有欠妥之处，总好过耳目里充斥摩肩接踵的芸芸万姓吧？胡适为读者操心过度，目标读者又主要以学生及工友、农友为主，长此以往，写作难免失去必要的激情和亢奋，写作心绪也渐趋萧索沉闷。此种情绪下的“改了又改”，迹近文字苦役，效率是谈不上的。

所有的写作都有假想读者，假想读者不同，表述方法和写作心气也将随之上下。《西方正典》的作者哈罗德·布鲁姆坚持认为，西方近现代文学里的一流人物，心目中都有莎士比亚的存在。托尔斯泰、弗洛伊德对莎士比亚不敬，也未尝不是一种嫉妒——在布鲁姆眼里，西格蒙德·弗洛伊德主要是一位散文家，其不敬则体现在竭力证明莎剧作者另有其人。布鲁姆的观点或有过于新奇之嫌，但我们不难达成如下共识：某人的假想读者是知音方家，还是乡间老妪，定会对其写作心态造成影响。而胡适，众所周知他的选择是后者，他早就知道“我的朋友都不读我的书”，却不以为意，坚持以“老妪能解”的方式向普罗大众宣扬民主大法。

胡适面向民众的态度堪称诚挚，他刻意祛除了身上的文人气质——那原是传统文士最难割舍的气质。胡适接受过传统文人的教育和训练，却几乎没有古典文人的癖好：他不会给书房起个斋名，对文房四宝也没有特殊追求。明朝才子张岱自称“好精舍，好美婢，好娈童，好鲜衣，好美食，好骏马，好华灯，好梨园，好鼓吹，好古董，好花鸟”，胡适对以上种种全无兴趣，只以收藏火柴盒自娱。台静农打算给他治一枚藏书章，胡适提的要求是：“就用‘胡适的书’四个字，字体用隶书，不用篆字，叫人一看就认得。”藏书章原属个人雅玩，是一件意在取悦自己的私人器物，并不要求别人“认得”。胡适心悬民众，近乎失控。

良性写作，必须有些目中无人的因素，仿佛直面某个语言之神。为读者过度着想，则会斫伤文气，颓唐情怀，使得原本充满乐趣的私人写作，蜕变为一种应卯履职的笔墨公干：不是所有事情都能被宏伟目标激活的，写作即是其一。即便心怀公心，写作过程中也不宜把“小我”驱逐太过。我愿意相信胡适写作时“改了又改”，但由于心力另有贯注，失去了传统文士的考究欲和竞争心，结果就颇难称善了。

另外，作者的公共责任感、文化使命感过强，有时也会诱导他将自家作品混同于天下公器，进而失去抚词弄句、精益求精的心情。与预期中的内容重要性相比，作者还可能认为，在公共作品里过于强调私人品质，有失体统。我们提到的约翰·密尔即有过出色的节制。作为天生的知识分子，胡适走得更远，导致不少文章失去单独赏析的资质。严令自己的表达只能以普罗大众的理解为标准，与迫使一名爱美姑娘不得梳妆打扮、只以素颜示人，具有同等的心理难度。姑娘被禁“当窗理云鬓，对镜贴花黄”，日子一久可能失去对美丽的敏感。毕竟，“蓬头垢面，不掩国色”云云，只是阶段性地适用于“天生丽质”者，而胡适的笔墨天赋原非突出，又执意素颜示人，终因文人意气阙如之故，留下诸般遗恨。——好在多是小节，他全力捍卫的民主高论及“方法”，峥嵘仍在。

周策纵曾提及胡适一个“毛病或痼疾，就是用‘了’字结句的停身韵太多了”，经他统计，胡适“总计新体诗（旧体诗词不算）共六十八题，有‘了’结的诗行共一百零一条，平均几乎每诗快到两行”。——写诗时的胡适，得有多么大的无精打采，才会写出那么多“了”，还浑然不当回事儿。唐德刚如此附和周策纵：“我想胡先生如果也曾写过《爱眉小札》一类的作品，那一定糟糕得令人不忍卒读。”

八

处处为普通读者着想，听上去很美，却可能是一种沙盘美德、纸上富贵，经不起检验。但话分两头，胡适文章中的若干不足固然有负其“中国文艺复兴之父”的巍巍声名，他通过巨大舍弃而斩获的另类风景，别人同样难以企及。胡适在一条乏人问津的道路上独自前行，所见所得，自有迥异他人之处。而他选择这条似宽实窄的表达僻径，本身也是其独特的胸襟抱负使然。他在1915年5月28日的日记里写道：

> 吾生平大过，在于求博而不务精。盖吾返观国势，每以为今日祖国事事需人，吾不可不周知博览，以为他日国人导师之预备。

两年后，他脑海里又萦绕着“我们预备要中国人十年后有什么思想”的问题，并在日记里告诫自己：“此一问题最为重要，非一人所能解决也，然吾辈人人心中当刻刻存此思想耳。”——25岁时即立志成为“国人导师”，其文字心气与寻常文士定然大有不同，我们拿寻常的笔墨章法掂量他，话一出口，说不定即落入“燕雀安知鸿鹄之志”之讥。在胡适“为读者着想”的背后，同样有着“为自己着想”的周详思虑，不可不察。

把握得当的话，坚持使用平易的表达，本来就需要更大的勇气和自信。19世纪英国文章大家威廉·赫兹里特在《谈平易的文体》一文里，曾推荐一种“可行的技巧，那就是坚持使用绝对普通的词，而这些词所表达的意思既不会因为某些令人生厌的情形而被贬低，也不会借助于那些呆板而专业的典故来显示其重要性和说服力”，这好像是在声援胡适的八条主张。赫兹里特尝现身说法：“作为一个作者，我尽力使用那些平常的词和通常的方式组织语言，就好像我是一个小贩和商人，只使用普通的秤和尺码。”

胡适不是“小贩和商人”，他的做法更彻底，更富牺牲精神：“我抱定一个宗旨，做文字必须要叫人懂得，所以我从来不怕人笑我的文字浅显。”我确信，胡适对于“文似看山不喜平”“嬉笑怒骂皆文章”等挑逗读者的常规技艺，嗤之以鼻。有人问他对李敖的文章怎么看，胡适说：“在我的年纪看起来，总觉得不够……他喜欢借题发挥。……你要记得，作文章切莫要借题发挥！”胡适也不会在文章开头多费心思，他压根不打算通过先声夺人，玩一把“未成曲调先有情”的表达前戏：“我的文章都是开门见山的。”标题也是如此，胡适天生做不来“标题党”：《归国杂感》《什么是文学》《论翻译》《研究国故的方法》《再谈谈整理国故》等等，都是典型的胡适式标题，读者只有事先知道作者是何等样人，才有兴趣拜读。好在胡适名满天下，以他“天下谁人不识君”的声名，他即便像音乐家那样把标题按序编号，读者也会买账。

胡适的文章观里似乎藏着某种贞操观，他评价某君时说：“他的文章太轻薄了。你要知道，写文章的态度要严正，切不可流于轻薄！”政治人物林长民当年说：“适之我们不怪他，他是个处女，不愿意同我们做过妓女的人往来。”说的虽是做人处事，但也不妨移评他的文章。昔人常持一种做人与做文的两分法，著名的例子即梁简文帝所谓“立身之道，与文章异：立身先须谨重，文章且须放荡”。胡适对此法不屑一顾，他追求一种绝对意义上的言行一致。除了正大光明，再无别种文字手法可入胡适法眼。

在胡适的法眼之外，原本存在着一种更加悠久的文章术，姑且命名为“兵法写作”。盖自有写作以来，人类社会从未有过纯粹的“言者无罪”“畅所欲言”环境，表达与惩罚的关联度，或多或少总是悬在作者案头。战国思想巨子韩非撰《说难》，已道尽厥旨，司马迁感叹道：“然韩非知说之难，为《说难》书甚具，终死于秦，不能自脱。”即使在视“言论自由”为立国之本的当代美国，一柄名叫“政治正确”的悬剑，也常令执笔者左右不适，动辄得咎，虽不必担心牢狱之灾，丢掉饭碗仍是可能的。如此，在批评与避祸之间，就有一片适合文字游击战的区域，供批评玩家小心策马，谨慎扬鞭。那是一套与兵法相通的表达技艺，包括但不限于如下常规手段：瞒天过海、围魏救赵、指桑骂槐、假痴不癫、声东击西等等。李敖的“借题发挥”亦在其列，隶属一支名叫“影射”的战术分支。在批评话语密布雷池之地，作者因顾忌“逆鳞”而借鉴兵法韬略，自属情有可原，不宜轻非。

影射虽属无奈，神奇的是，它又会带来文字上的种种美色，助推作者写出生动俏皮、风月无边的犀利妙文。“兵法写作”一方面具有风险，另一方面又极易收获赞美，这种赞美是如此浓烈，以至受赞者未必有心情倾听钱锺书的一条忠告：“赞美很可能跟毁骂一样的盲目，而且往往对作家心理上的影响更坏。因为赞美是无形中的贿赂，没有白受的道理；我们要保持这种不该受的赞美，要常博得这些人的虽不中肯而颇中听的赞美，便不知不觉中迁就迎合，逐渐损失了思想和创作的自主权。”结果，因擅长影射而畅饮点赞之乐的作者，还可能形成一种俏皮强迫症，似乎不让读者隔三岔五地拍腿叫好，写作即归失败。

迷恋影射技艺者，易忽略堂皇表述的重要性。“兵法写作”里有暗礁和湍流，作者迫于形势采取的“言在此而意在彼”的文字魔术，也会令观点横生枝节，使题旨出现变异。此外，读者接受此类文章，有时不是因为其内在理据，而是受到其别致表述的魅惑和感染。影射文章的好处是：令读者欢喜，让批评者恼怒并无奈。坏处是：你观点有毒，也会让人欣然吞下。

这就回到胡适的选择了。胡适警示我们，对知识分子写作来说，让读者莞尔或亢奋，让观点变形或潜伏，非但不是一种正当目标，常常还会坏事。长远来看，用花枝乱颤的文字技艺表演观点，效果未必高于另一种安静风格：它将作者的私人情怀蒸发殆尽，不作愤懑语，不为煽情语，唯以无懈可击的理据推进观点。文贵有我，理尚无我，当“摆事实，讲道理”以纯粹形态出之，再挑剔的读者、再严酷的当轴者都无法嗅出醉翁之意（作者本来就不是醉翁），其思想反而可能伴随“正道直行”的堂堂锣鼓而臻于最大化。

胡适的堂正写法之所以可行，还与作者早年“暴得大名”有关。但仍有一个事实足以支撑胡适的选择：历来存在一些伟大的书，主题明显不见容于某类社会，但表述的扎实性和严正性，口气的非个性化及非战斗性，使得素以专制著称的国家都不好意思把它禁掉。约翰·密尔的《群己权界论》（即《论自由》）经由严复翻译而在大清朝风行一时，即是一例——大概没有哪位精于“借题发挥”者，能自诩比密尔的见解更高明、更新锐，他们同样写不出胡适的《人权与约法》——那份渗入骨髓、持论正大的阳刚之气的作品。

如果汉娜·阿伦特算伟大知识分子，胡适则是接近完美知识分子：他不够伟大的地方，正好促成了完美。完美知识分子通常不以思想超前、见解新奇著称，他们是盗取天火的人，而非制造天火的人；是传播民主福音的人，而非创立民主思想的人。作为真理的使徒，他们对文明社会的实际贡献，常常还能超越前贤。在学问和思想领域有资格鄙薄胡适者大有人在，但说到中国的“民主男神”，胡适当仁不让，舍我其谁。

在纽约的胡适寓所，唐德刚曾“沙发斜倚、手捧咖啡”，向胡老师请教“‘四声’填词（一般人只分平仄）”的问题。胡适“一发难收，竟向我谈了一整晚有关宋代词人用韵的问题。一夕之谈，真是胜读十年书。……难得的是胡先生随口念出的百十条例子。他在美成、白石、三变、八叉……晚唐、五代、两宋诸朝中的大小词人的作品中，信手拈来，无不贴切。真是倒背《花间》而能融会贯通之！”唐德刚惊愕之余，喟然感叹：

> 二十多年来，教过我的文学老师，以及学界前辈，乃至朋辈间所有的才子佳人，没有一个和胡适比不显得灰溜溜的。胡适之那种盖世才华，真是人间少有，天下无双！

这大概说明，胡适亦有斑斓之才，锦绣之笔，只是为了“国人导师”的目标，才强自谦抑，大加割爱。比如，胡适在公开著述中才不愿说什么“美成”“八叉”，他只会老老实实地写周邦彦、温庭筠。他自愿和那个半封闭的优雅文人圈保持疏离，他的精神力量足够强大。

钱锺书：学者还是知识分子？

他是星光在空照。

这不是本身已经熄灭，而它的光还在运行的那种星。这是本身还辉煌灿烂，可是它的光辉已经谁也看不见，谁也不需要的那种星。

——亚历山大·索尔仁尼琴

大家即将阅读的本书（《论美国的民主》），通篇是在一种唯恐上帝惩罚的心情下写成的。

——阿历克西·德·托克维尔

一

钱锺书是知识分子吗？——当然指那种狭义的知识分子，亦即本书致力于研究的那种“公共知识分子”。

在有些论者看来，这是不言而喻、不证自明的，他当然是知识分子。所以，有人批评钱锺书在特定年代未能承担知识分子的抗争责任，反驳者多从所谓“消极自由”角度进行辩护，或通过横向类比，说明钱锺书已经足够难能可贵，不应对他求全责备。管见所及，除个别例外，对立双方并不认为需要先行核验钱锺书的知识分子身份。

依照广义的阶层划分，说钱锺书是知识分子当然可以，正如我们不妨将数百万受过高等教育的中国人都说成知识分子——在该分类里，任何学者、教授、作家都已自动归类为不同于“工农兵”的知识分子，但这种囫囵划分，只对相关机构核定工资级别才有价值，无助于我们揭橥知识分子的本质，故本书中提及的知识分子，均不涉此义。

训练有素的评论者，读者应能从其论述中看出对概念的约束。他对某概念另有心得，定会通过文末注解或文内说明的方式，解释自己是在何种意义和范围内使用该概念的。论者对概念越有把握，越不想让读者摸不着头脑，只有对概念缺乏把握力的学者，才会示人以莫测高深样，以便把不甚了了的内容，伪装成一只言近旨远的闷葫芦。心理学家古斯塔夫·荣格写《心理类型学》时，曾专辟一章“定义”，以接近一百页的篇幅，“阐释”若干常用概念在书中的专属“意义”，如“感情”“理智”“自我”，免滋误会。他说：

> 我仅仅打算用这些阐释和定义来建立我本人在运用概念时所领悟的意义，我决不想宣称我的概念运用和解释在任何情况下都是唯一可能的，甚或是绝对正确的。

荣格的做法，形式上较为极端，精神上合乎治学之道。以钱锺书的批评者为例，他们把大学者钱锺书作为知识分子加以拷问时，理应显出对何谓知识分子的理解，确信自己没有把知识分子的概念越界延伸，确认自己洞悉学者与知识分子的异同，没有将两者划为同类。如果决意将学者与知识分子等量齐观，则必须花费若干文字，对这种别致理解另作说明。因为，扩大概念的内涵，除了模糊讨论对象，别无益处。

显然，学术大家不会自动等于知识分子，国学大师王国维就是一例，他在昆明湖的自沉曾被解读成对政治制度和文明样式的“殉道”（可以推断王对当年的时事政治有着满腹心事和若干批评），但他并没有用普通民众听得懂的语言写过涉及公平正义的文章。他的遗言“五十之年，只欠一死；经此世变，义无再辱”，坦率地说让人难以把握。陈寅恪曾将王国维的选择解释为一种“思想而不自由，毋宁死耳”的意志，并揭示出深藏老友内心的“独立之精神，自由之思想”。但那更像是一种知己间的友善猜测，我们从王国维的著述及简短遗言里，不易得到信服旁证，何况陈寅恪又将民众和寻常读书人剔除在外，声明王的境界旁人无从分享。陈寅恪写道：“斯古今仁圣所同殉之精义，夫岂庸鄙之敢望?!”——想到那么多时髦学人竞相引用陈氏专施于老友的十字箴言，对他寓意明显的“庸鄙”警告茫然无觉，视“谬托知己”的古训于无物，不禁哑然。

王国维学术兴趣幽邃，学术语言古雅，他无法像梁启超、胡适那样，用通俗语言向普通民众传递独立精神和自由思想。他内心是否存有对“公民”的认可，别人也无法确知。因此，无论后人多么敬重王国维，将他视为左拉意义上的公共知识分子，则属失察。

见到那么多论者以钱锺书未尽知识分子责任为由对他痛加批评，出于对他们学术品质的尊重，我必须假定他们是在一种严格的概念框架里使用“知识分子”的，我假定他们并不打算让读者以为，针对钱锺书的批评，不仅潜在地适用于王国维，也一体适用于各行各业的专家学者。强调“假定”，是因为我并未在批评者笔下看到类似约束。我想，这些批评者不会对我的假定持异议，人嘛，总喜欢接受对己有利的假定。但我更想说，他们不适合这项假定。在钱锺书的批评者那里，我总能在其见解的鞋底，觑见一块西瓜皮：只要上半身姿态妖娆，他们不在乎下半身滑到哪里。

我的看法是：钱锺书本来就不是那种以公共性为舞台的知识分子。钱早年是位富有特色的随笔家和小说家，后来是一位潜心探求文艺奥秘的深湛学者，他的著述野心在于智性见解，笔墨方向是谈艺论文，目标读者是精英同好。他百科全书式的渊博，妙趣横生的机智和凌厉生猛的语言表达力，容易让人误会其雄心，以为他有兴趣对人间百态都发表见解。实情并非如此，成为胡适式知识分子，既非钱锺书的夙愿，也与他崇尚智慧、“惟陈言之务去”的文字性情相冲突。如果守住左拉、阿伦特、胡适等前贤确立的标准，我们就必须承认，钱锺书从未追求过知识分子的荣耀，就像莎士比亚、王国维、普鲁斯特也不曾追求过类似荣耀一样。我们不能因为钱锺书学术上惹眼的出众性，就将一种他从未追求过的身份强加于他，以便用该外在身份所内嵌的标准，批评他没有达标。这与拿画家标准来衡量音乐家，拿学者标准来质疑诗人，离谱程度没啥不同。

知识分子的伟大性不应被夸大到这等高度和广度，好像不把知识分子使命作为内在追求的学者和作家，都得接受道德拷问和人格安检。马塞尔·普鲁斯特只是安静地写着小说，长远来看，他对人类精神生活的贡献，不在任何知识分子之下。以追求正义自命的知识分子，倘若连一位安静本分、学有专长的学人都不能容忍，偏要从道德层面说三道四，强聒不舍，这种批评就值得警惕了。想到胡适早年遇到的那些同盟会兄长，他们天天开会，讨论革命事业，却非常珍视眼前这颗读书种子，力劝胡适不要“参加革命”，专心学问为上。早期革命家的认知境界，真不是吹的。说得远些，亚历山大大帝纵横欧亚，横绝四海，“固一世之雄也”，但只要发现新奇的动植物标本，就会派手下人送回雅典，供他的老师亚理士多德研究。书斋研磨与沙场扬鞭，各行其是，在辽阔时空下缓辔并行，契合无间。虽属孤例个案，此心此志，仍令人怀想。

二

我曾以“三个公共”来界定知识分子，即面对公共大众、谈论公共话题、指向公共正义。显然，不是所有人都擅长面向公众的，当众演讲曾被视为最具风险的行为，总统站上讲台，腿脚仍可能瑟瑟发抖——记得理查德·尼克松就承认过这一点，尽管他曾是一位见惯大场面的出庭律师。而胡适，如你所知，他如此擅长演说，原是长期训练、把自己铸造成材的结果；他平白质朴、富含理性的语言，同样来之不易。钱锺书呢？据听过他课的学生介绍，课堂上的钱锺书就像英国的格言机器奥斯卡·王尔德，咳金唾玉，睿语妙言召之即来，华彩纷披。在课堂之外，他似乎任何时候都有能力成为谈话的主角，令一众宾客如醉如痴。但听众通常只是被感染、被震撼了，他们折服于钱锺书的无双口才，却未必受到切实有益的教诲，因为钱锺书并未降尊纡贵，向听众宣示方便法门；他貌似面对众人的话语，实质是一种稍显任性的智慧独奏。李慎之回忆道：

> 胡乔木则说："同锺书谈话是一大乐趣，但是他一忽儿法文，一忽儿德文，又是意大利文，又是拉丁文，我实在听不懂。"其实，我也是一样，可是他还时不时说"你当然知道……??"，愚陋如我，哪里懂得他说的是什么，只好傻笑作理解状。

胡、李二公非等闲之辈，他们只能"傻笑作理解状"，钱锺书是否适合面向公众发言，就可想而知了。要求钱锺书像胡适那样向中学生讲授成才之道，难度约和要求莫扎特去辅导一支中学生乐队相当。天才哲学家路德维希·维特根斯坦曾主动担任中学数学老师，但师生间巨大的智性落差，使得维特根斯坦的教师生涯非常失败：他留下了大量体罚学生的恶例，连女学生也不放过。当然，维特根斯坦的真实身份是哲学家，他从来不是严格意义上的知识分子，他曾以一种超人口吻谈论自己的书：

> 如果我说，我的书原本是为一个小圈子里的人（如果它称得上是圈子的话）写的，这倒不是说我认为这个圈子里的人就是人类的精英了，但是，它的确包含着我所侧目的一些人（不是因为他们比别人更好或者更坏），而是因为他们构成了我的文化背景，就像从前我们国家里的同胞，相比之下，其他的人对我来说都是外来的。

钱锺书从未这么自称过，但他的著述多半也是写给他"所侧目的一些人"，与他人关系不大。他的名言"大抵学问是荒江野老屋中二三素心人商量培养之事，朝市之显学必成俗学"，吐词风雅，说的就是这层意思。

再看公共话题，如果我们拒绝肯定那些瞎掺乎、轧闹猛（意为凑热闹）、刷存在感的低质言论，则只有长期留意公共事务且对某些话题确有心得者，才有资格置喙。胡适曾任北大校长和台湾“中央研究院”院长，按说对“教育”这个公共话题最有资格发言，他却以“我对教育是个外行”为由强自约束，强调“我写了很多文章，但从来没一篇是有关教育问题的”。胡适还曾被“打成马克思主义的头号敌人”，但他“从未写过一篇批评马克思主义的文章”，理由多半与他不谙经济学有关。胡适提醒我们：参与公共讨论，不应取决于话题的重要性和迫切性，而必须以自己确有值得昭告的独到见解为前提。严格地说，世上没有什么话题会重要到需要外行踊跃介入、参与表态的程度——只有公民投票是个例外，但投票不是发表观点。

正义还是一门复杂学问，指向公共正义决非单纯依仗一种态度，它同样需要学习和艰苦训练，评论者尤需对法学有所钻研。我知道的伟大知识分子，包括左拉、奥威尔、阿伦特等，对法律都有相当研究，反倒是钱锺书对此涉猎不深。此外，对某类精于思辨的学者来说——如《正义论》的作者约翰·罗尔斯——向普通大众传播通俗版的公共正义，难度更大。罗尔斯的正义理论已然构成当代知识分子的宝贵养料之一，学者常会像援引康德那样道及罗尔斯，但他本人仍非一名左拉意义上的知识分子，如理查德·波斯纳所言：“约翰·罗尔斯将哲学理念运用于诸多重大的政治问题，可是，他并不面向社会公众写作。”他的著述成果位居思想的上游，只有经过其他学者的研究、讨论和反刍，才能惠及普通民众。哈佛教授迈克尔·桑德尔开设的著名公开课“公正——该如何做是好?”，就很好地发挥了康德、罗尔斯等人的中介功能。

必须重申一个扫兴事实，即，我们只能有一说一地承认某些知识分子的伟大，却无法给予知识分子群体以职业化的尊敬，好像一入此门，即可位列道德首席，实情是，没门。知识分子职业附带的招摇性，常能给人带来超出预期的声名，导致知识分子里的混混儿，较之其他行业反而更多。波斯纳在《公共知识分子——衰落之研究》里，剖析过美国知识界的一桩个案，他告诉我们，自己从繁忙的法官事务中拨冗撰写此书，正与该个案的强烈刺激有关——

美国前总统比尔·克林顿面临弹劾时，大量知识分子以一种赶集的热情，勤于笔耕，在媒体上发表了海量评论。波斯纳发现，这些评论的唯一共性是“质量惊人地低下”。原因在于，美国司法是普通法系统，判决依据主要取决于既往判例，而非抽象地援引法律条文。由于“弹劾总统的事件百年不遇”，意味着可供援引的案例和相关学术资源极度稀缺，近乎没有。当此之时，真正有能力就此事说上几句者（身兼联邦上诉法院法官和芝加哥大学法学院教授的波斯纳本人想必在列），反而会挠破头皮，不知从何说起。换句话说，假如评论者持有胡适式自律，对缺乏把握的话题保持缄默，得体的媒体场景就该是：媒体找不到愿对弹劾案发表评论的撰稿人。但是，兹事体大，放弃掺乎，等于拒绝一场曝光秀，这对大多数寻求知名度和存在感的知识分子来说，是不能容忍的。于是，他们贸然介入了，致使“质量惊人地低下”的评论潮水般涨上岸来。波斯纳在深入了解公共知识分子世界后发现，这种情况绝非个案——当然不会是个案，钱锺书对此也不会大惊小怪，他早就在著作里提供了类似例证，将这类行为概括为“啖名卖声”。

有志成为知识分子与被人定性为公共知识分子，是两回事。前者代表一种公民责任的履践，后者却可能意味着你不得不与大量庸常的评论者为伍。所以，有些堪称伟大的知识分子，对于自己必须接受“公共知识分子”称号这一事实，会流露出沮丧。波斯纳本人就是如此，他发现，无论根据哪一种划分法，他都无法把自己排除在“公共知识分子”之外。对他，这是一个被迫接受的糟糕事实，他从未有过片刻自豪。

三

有人认为，钱锺书在上世纪 70 年代选择用典雅文言撰写《管锥编》，可能出于避祸，因为这种令人畏惧的语言达到洋洋百万余字规模时（且不说穿插着大量洋文），热衷检举的好事者将知难而退。此论乍看说得通，据说，伽利略倘坚持使用拉丁语来传播哥白尼的“日心说”，罗马教廷也不想为难他，教皇甚至托人向伽利略转达此意。但伽利略公共责任心炽热，坚持用通俗语言向庶民传道，终遭迫害。不过钱锺书的情况还有不同，他上世纪 40 年代撰写《谈艺录》，内容无涉时政，且当时并无显见的文祸需要躲避，他仍然采用了与《管锥编》相同风格的典雅文言。所以，我不敢断言写《管锥编》时的钱锺书毫无避祸心思，但更合理的推测是：这种语言原本就是他最为偏爱，最为擅长的。不管置身何地，只要从事学术著述，伟大的古汉语都会成为他的第一选择。何况，他并不稀罕销量。

钱锺书曾经证明，只要愿意，他有能力写出畅销书，小说《围城》风靡大江南北即是一例。他当初起意写小说，可能还有与妻子杨绛竞争的美丽用意。杨绛的多部剧作当年正在上海舞台上演出，名声远在钱锺书之上。但我们知道，钱锺书对《围城》评价不高，也谈不上珍惜，他最在乎的还是《管锥编》。包括余英时在内的很多学者都提到一个事实：不管与晚年钱锺书在书信里提到什么，他最热衷的一件事就是告诉对方，大凡所提问题在《管锥编》的某节某页已有涉及。

有人向胡适请教“讲演”和“教书”的诀窍，胡适答道：“讲演要深入浅出；教书要卑之无甚高论。”概括有力，惜乎钱锺书无心领教。这也见出知识分子与大学者的一大差异，知识分子写作除了以公平正义作为立论基石，还得顾虑受众的接受能力，把受众的感受挂念在心。大学者不然，他的写作直面真理真知，受众是否认可，非但不是学术声誉的前提，还宜视为身外之物。只要笔中有理，不妨目中无人。学者著述可以成为美酒佳酿，历久而弥新；知识分子写作如同时令鲜蔬，一旦无人理会，只能与时俱灭。

“不要畏惧伟大，有人的伟大是天生的，有人的伟大是获得的，有人的伟大是强加的。”这是莎士比亚《第十二夜》里的妙语，颇堪玩味。大学者钱锺书肯定具有“天生的伟大”，但该伟大隐匿过深，识者寥寥，有人遂另辟蹊径，舍珠求椟，将一种外在伟大强加于他。意识到不对劲后，他们不是自行调整，而是顺带夺去他那“天生的伟大”。听上去像一种魔术，实则表现出识力的拙穷。

比如，说钱锺书只知引经据典，把文章堆砌成“七宝楼台”，就是批评者的现成指责，几乎每位钱锺书的批评者都会把这组四字滥调搬弄几回，好像此语一出，钱锺书即可盖棺论定。附带一说，有个奇怪的现象，约有半数的钱锺书批评者，会把“管锥编”写成“管锥篇”。我没有见到一位批评者留意到这个事实：钱锺书对引经据典的鄙薄，远在他人之上。钱的楷模之一恰是“勇于师心”、声称“六经注我”的南宋哲学家陆九渊，在《管锥编》里，钱锺书曾这样讥讽引用狂：

> 宋人作诗、文，贵“无字无来历”，品图画贵“凡所下笔者，无一笔无来处”；儒生说理，亦扇此风，斤斤于名义之出典。勇于师心如陆九渊，《象山全集》卷三五《语录》论修词曰：“文才上二字一句，便要有出处”。

学者的求真是一种外表平静的素质，你无法通过“力拔山兮气盖世”的模样来验证。钱锺书某天读《太平广记》，被两则笔记里接连提到的古铜镜一破为二的说法弄得起疑，遂拿起家里“旧藏古镜十数枚，一一掷诸地”，以核实是否可信。结果，这些镜子“了无损裂”。我不清楚古镜价值几何，钱锺书显然毫不在乎，对他来说，让“真实”接受校验，才算价值连城。

学者不必非要成为知识分子，知识分子须臾不能失去学者品质。以知识分子身份质疑学者，是一种轻狂和僭越，而一旦失去了学者操守，知识分子的华衮，势将剥落成一件百衲衣。

四

知识分子和学者是不同的，尽管经常有人集两种身份于一身。知识分子面向正义，面对广场，并热切地介入公共讨论；学者（尤指理想中的学者）则面向真知，过一种“万人如海一身藏”的生活，古代学者还会憧憬“藏之名山，传之其人”的孤寂事业。知识分子功业有赖各种特殊的训练，纯正学者却不必仿效。反之，尽管知识分子的目标与学者迥然不同，大学者的治学及著述态度，却值得每一位知识分子借鉴。天生知识分子很难成为大学者，胡适即是一例；天生的哲人、学者客串知识分子事业，则有望走向伟大，汉娜·阿伦特即是一例。虽然反例也有，杰出的语言学家诺姆·乔姆斯基耗费巨大精力从事知识分子事业，惹出的争议就远远多于尊重。

知识分子走向稠人广众时，稍不留神，也可能失落一些可贵品质。因为，面向公众且以赢得关注为成功标杆的知识分子人生，或许会召唤出若干哗众取宠的品性，这当儿，把目光适时转向学者，他就有望调匀文字呼吸，抑制这些不足。

有个惊人例子，可以视为知识富翁的排场和炫耀，也可看作大学者的讲究。我曾在谈论弥尔顿时略加提及，请允我再次例举。

在《谈艺录》“三五”中，钱锺书为证实陆游“多文为富，而意境实鲜变化”和“词意复出议论违牾”的毛病——简单地说就是自我重复、自相蹈袭——出手狠辣，近乎挫骨扬灰。

他告诉我们，针对陆游的“句法稠叠，令人生憎”，前人已经“举例颇繁”地指出。既如此，按说钱锺书只需稍加援引，证明前人所指非虚，即可收功歇手。然而，钱的学术风格是勇猛进取，论证策略是聚而歼之，所以，他还得用自己的发现来“聊补”前人之“所未及”，顺便讥讽一下清人赵翼：后者在《瓯北诗话》里称许陆游“遣词用事，少有重复”，这对钱锺书构成了冒犯。于是，我们看到了一场密如风雨的揭露，我数了下，钱锺书一气举出四十六组例子，将陆游写诗填词时屡屡自我重复的毛病，掀了个底朝天。这还不够，日后“增订”时，钱锺书又追加了十多个例子，仿佛追敲了十来根棺材钉。

这些例子本身相当有趣，也有助于读者增进对陆游写作态度的了解。当然，对陆游所知不多又爱心满溢的读者，也可能嫌钱锺书琐屑和不厚道。众口历来难调，大学者必须无视非议，仗剑直行。下为钱锺书提到的一组例句，它们出自陆游不同时期的作品：

病里正须《周易》，醉中却要《离骚》。
病中看《周易》，醉后读《离骚》。
病里犹须看《周易》，醉中亦复读《离骚》。
体不佳时看《周易》，酒痛饮后读《离骚》。
穷每占《周易》，闲唯读《离骚》。
痴人未害看《周易》，名士真须读《离骚》。

意思雷同，喋喋不休，陆放翁真够乏味的。钱锺书的揭露凿凿有据，他还不知体恤，补射一枝穿心箭："此类殆难悉数。"意思是：让我再提供如此数量的例句，亦非难事，好像后来追加十多个例子，还是手下留情的结果。

这种聚歼风格，大大超出寻常举证标准，让人敬也不是，叹也不是。通常，举例是为了证实论点，只有当论点尚欠明朗，论据不够充分时，追加例证才是必要和得体的。反之，论点已然得到充分说明，例子仍不绝如缕，好似前军得胜奏凯，援军仍源源不断，从东西南北陆续杀到，就让人目瞪口呆了。

我曾贸然以为，钱锺书为人称道的殊能，倘减去几分，成就或许更高。

当然，这是个转瞬即逝的猜想，我一点不敢当真。原因在于，就算钱锺书式包举靡遗的举证是一种表演或不足，那也是常人无从掌控的表演，无缘感受的不足，就像普通人即使知道大英雄阿喀琉斯的踵部有一个致命弱点，他们也无法据此小觑阿喀琉斯。对于凡人不配拥有的缺点，我们理应谨慎点，避免轻断。由一只病猫来判断老虎的狩猎技能，说服力总是可疑的。比如，对于征引例举所牵涉到的“度”——不足还是过犹不及？——我们的评判其实是以寻常人类能力为标准，我们易将超出自身能力范围的征引判为“过多”，反之则贬为不足，至于假想中全知全能的上帝会怎么看，我们不知道。建造摩天大楼需要打入更多更深的桩基，凌厉生猛的批评同样需要足以令反对者泄气闭嘴的例证。话虽如此说，一旦征引超出普通人的能力极限，读者就未必有心情加以赞赏。即使面对一个学术问题，只要作者的处理方式对同行的情感部位构成刺激，他就得做好准备，留神各类非学术的反应，包括非学术的赞美，非学术的指责。

申而言之，世人认可的论证方法，原是依据人类自身的优长及不足，缓慢发展而来的，它们已经被证明是最适合人类理性的方法，却尚未被证明是最适合揭示真理的方法——方兴未艾的大数据统计和人工智能，就遵循全然不同的工作原理，其立足于穷举法基础上的计算，明显超出了人类的能力范围。不妨说，正因为人类缺乏上帝的全知全能，我们才发展出归纳推理、演绎推理等方法，以期接近真理或真相。在人同此心、心同此理的心理机制下，我们会研讨“举一反三”之术，赞赏“闻一知十”之士。在日常生活及文字世界里，那些似乎具有“窥一斑而见全豹”之力的奇士，那些声称“一叶落而知天下秋”“从一滴水里推测出大西洋”的人物，总会成为智慧的象征。之所以如此，只是我们不约而同地向有限的人类智力妥协，因为没有人能够做到举万释一。故“举一反三”云云，既是人类思维的优势，也未尝不是人类思维的限制。

熟悉大数据统计的读者知道，建基在海量数据基础上的分析，并不遵循人类已有的方法论，所谓的人工智能，原是与人类思维方式迥异的数字计算。超级计算机可以在不清楚、不重视原因的前提下，得出准确结论，谷歌旗下 Deep Mind 团队开发出的那台名叫 AlphaGo 的人工智能围棋软件，对围棋理论一窍不通，也从未背过“高手在腹”“立二拆三”等口诀，却能凭借海量棋谱基础上的特殊算法，将人类智慧的突出代表轻易挑落。对大数据统计来说，因果理论是多余的，逻辑推理的法力也远逊于“相关关系”这一法宝。假想中的智慧超人福尔摩斯还没从蛛丝马迹里推导出潜在的凶手，超级计算机已从数千万张路边摄像头提供的面孔里，毫无困难地指认出了凶手。

话说得有点远，但至少说明一个平凡道理：如果可能，更多的例子总会距事实更近。钱锺书的思维方式当然是人类的，与人工智能毫不相干。然而，他天赋异禀的能力，又显出相当的异质性，以至普通学者很难把他归为同类，正如他们无法将人工智能视为同类。由于读得更多也记得更多，再加性喜深思，钱锺书着手讨论某个问题前，他的思考半径大异常人。从工艺和流程的角度看，假如普通学者得出一个结论需要三五道工序，钱锺书或许多达五十道。他持有的观点成品率标准，非普通学者可比。

比如，结合之前提到的例子，我们若断定钱锺书对陆游充满反感，总不致大错。换了普通学人，他们对陆游如此深挖猛揪，非得怀揣深仇大恨不可。钱锺书不然，他明确告诉读者，“放翁诗余素所喜诵”。而且，这个说法不难证实，在《谈艺录》和《管锥编》里，钱锺书以赞赏态度援引陆游诗句的例子，比比皆是。钱氏提到过陆游写诗有“二痴事”和“二官腔”，“二痴事”指“好誉儿，好说梦”，“二官腔”指“好谈匡救之弊，心性之学”。他还顺便告诉我们，陆游最为人称道的爱国诗章，“舍临殁二十八字（即名诗《示儿》），无多佳什”，原因是，“放翁爱国诗中功名之念，胜于君国之恩”——基调仍是批评，但没有“素所喜诵”的广博积累，他不可能归纳出“二痴事”“二官腔”。所以，无论他对陆游说了什么，都以大脑中庞大的数据库为依托——我猜，他至少熟记了陆游三千首诗。陆游自称“六十年间万首诗”，存世逾九千首。

钱锺书在《管锥编》中提及年轻时受到的一个教益，也颇有趣：他应邀参加某人七十寿诞，席间“把玩”某宾客用汉隶写在扇面上的一首七律，陈祖壬先生见到后，“傍睨曰：‘近体诗乃写以古隶耶？’余惸然。”他接着承认：

> 后读书稍多，方识古来雅人深致，谨细不苟，老宿中草茅名士、江湖学者初未屑讲究及乎此也。

令钱锺书“惸然”并受教的是一种“雅人深致”，即用汉隶书写近体诗，是有失体统的附庸风雅，因为近体诗出现在汉代之后，一位“谨细不苟”的老派书家，决不允许自己犯这种低级错误。但是，假如我们就此以为，钱锺书在“惸然”之余，从此视一切“时代错乱”为寇仇，又会低估这位大学者的学术胸襟。在《管锥编》“一七一”则里，他津津有味地列举了中外文学作品里大量“时代错乱”的例子（其中不乏蓄意为之者，如“伏尔泰赋十五世纪英、法战争诗中，有武士发手枪中人，附注曰：‘前人而用后世器物，吾勿敢断言其当否，然读史诗时何妨从宽不究？’”），将“时代错乱”题目中的诸般变格，阐释得无比精详。

知道得更多，思考得更深，观点的景深也会随之不同。

五

为说明钱锺书的学术眼光，我尝试拈出他非常心仪的一对概念：“异量之美”和“同体之善”。

言必有据、力避重复的钱锺书，提到“异量之美”不下七回，且无一标明出处，这不同寻常。“异量之美”出自曹魏人物刘劭的《人物志》，钱锺书曾在别处提及该书。合理的推测是，他把“异量之美”内化为一种当然的标准了，以至标明出处都嫌多余，好比我们提到“实事求是”，不会多此一举地注明出自某清代考据家。我们易将自己熟悉的概念，假定为尽人皆知，钱锺书亦然。实际上，该概念知者不多，身体力行者更是寥寥。

刘劭《人物志》第七章“接识”云：“人初甚难知，而士无众寡，皆自以为知人。故以己观人，则以为可知也；观人之察人，则以为不识也。夫何哉？是故，能识同体之善，而或失异量之美。”作者随后提供了八项对比，略谓世人臧否人物，惯以自己推崇或凑巧擅长的领域为标准，无心也无力揄扬超出识力范围的成就人品，他们的长处与弱项互为相关，只能抬举“同体之善”，无能知赏“异量之美”。钱锺书对“同体之善”的概括是：“囿于我相，以一己之优工，为百家之衡准。”

识力限于“同体之善”，原是世人的认知常态，专家尤其如此。民间论坛盛行文科生、理科生的相斥互贬，原其初始，不过各以自己恰巧隶属的领域，贬低对方所属且自己所知不多的领域。“同体之善”与党同伐异不同，伐异者未必不了解对方，他加入战团只是出于派系利益。“同体之善”的奉行者则显出智性及经验上的匮乏，他们出此下策多属无能。鉴于每个人程度不等地存在盲点，故“同体之善”通常体现为一种虽然无益但也害处有限的认知局限。某精研业务的刽子手，见到生人就打量他的脖子，琢磨从何处下刀为宜。听来可怖，细想无害：受制于业务属性，他的“同体之善”只能龟缩一隅，将脖子利于斧钺者列为优等。或许，古希腊阿波罗神庙中的两条神谕，即“认识你自己”和“凡事莫走极端”，不失为避免“同体之善”频繁发作的药石金言。

避免“同体之善”、努力“赏异量之美”，在知人论世和审美鉴赏领域，更有用处。断烂万卷、打通中西的钱锺书正是个中楷模，他告诉我们，在公认的大师巨子里，窘于“同体之善”者也时有所见。比如，他发现“能书而复知书”的苏轼“独尊颜真卿为‘集大成’之至圣”，马上质疑道：“岂非蔽于所见、偏袒笔法类已者，而不尽知赏异量之美乎？”苏轼本人书法风格与颜真卿近，距王羲之远，遂引发“同体之善”。再如黑格尔，当他陷入捍卫自家母语的“同体之善”，对一无所知的汉语大放厥词时，汉语、德语均有精深造诣的钱锺书毫不客气，据理痛斥；当黑格尔沉溺审美盲区，在《自然哲学》里写出“繁星丽天有若人肤患癣或群蝇嘬聚，何堪叹美”时，钱锺书无情地“为之骇笑”。

由于《管锥编》正文以驳斥黑格尔“鄙薄吾国语文”的“奥伏赫变”开篇，个别匆匆读过数页的批评者，佯装黑格尔的隔代知己，撰文痛斥钱锺书狂妄。依据他们体量袖珍的“同体之善”，他们无法蠡测钱锺书“异量之美”航母编队般的规模。钱锺书胸无芥蒂，是其所是，非其所非，批评一位值得尊重的人，或从一本历来被人小觑的书中看出不凡之处，对他是一件顶顶自然的工作。钱锺书读到黑格尔告诫学生时说的一句话：“治学必先有真理之勇气”，大加赞赏，感叹“兹言堪笺‘文德’”。所谓

“文德”，钱锺书的解释是：“穷理尽事，引绳披根，逢怒不恤，改过勿惮，庶可语于真理之勇、文章之德。”

钱锺书一节文字，适足说明他很早就留意培养“异量之美”：

> 任何大作家的作品，决不能每一部都好，总有些优劣不齐。这当然是句老生常谈，但好像一切老生常谈无人把它挂在心上。我们为某一种作品写得好因而爱好它的作者，这是人之常情。不过，爱上了作者以后，我们每每对他起了偏袒，推爱及于他的全部作品，一股脑儿都认为圣经宝典，催眠得自己丧失了辨别力，甚且不许旁人有选择权。

传闻，钱锺书曾信手在纸上向人开列数十本淫秽小说书单。就钱氏“异量之美”的庞大吃水量而论，此事不值得大惊小怪。“通人”“兼材”的路数总是相通的，温源宁撰文狂赞胡适，推崇“胡博士学识渊博，他对万事万物——从春药的配制到佛教的深奥佛理——全都有所了解”。钱锺书有句道尽内心款曲的名言：“大抵学问是荒江野老屋中二三素心人商量培养之事，朝市之显学必成俗学。”我曾以为该句化自陶渊明《移居》中“闻多素心人，乐与数晨夕”，一日偶读古典情色小说《品花宝鉴》，蓦然撞上一句话：“既然娱悦不在声色，其唯二三知己朝夕素心乎。”——原来，如此清净淡远的学者隐衷，出处竟深锁春宫。这事儿，“同体之善”局促者横竖想不通，有人遂以钱锺书熟悉淫秽小说为由，撸臂揎拳，非难他的人品。以药房小秤来衡量大象，离谱程度也不过如此。

钱锺书始料未及的是，当他致力于完善“异量之美”，在打通“东海西海”“南学北学”的认知道路上勇猛精进、一骑绝尘时，他也转使自己成为一种令人惊悚的“异量”。由于人们极难从各自的“同体之善”里找到钱锺书的够格对应者，高明人士固然可以将钱氏列入“异量”并加以品鉴，另一些心气高于才气、智力低于魄力的批评者就有些不幸，受制于“同体之善”的格局，只能茫昧出招，试图用荒腔走板的江湖野拳，击倒眼前这位智慧巨人。其中最常见、最煞有介事的批评套路是，钱锺书不断被不同批评者列举各种伟人来进行比较，听上去好像篮球天王迈克尔·乔丹今天被认为打网球不如费德勒，明天被鄙夷踢足球不及梅西，我顺眼瞄到的人物就有：尼采、海德格尔、萨特、李慎之、王国维、杨宪益、顾准、陈寅恪、维特根斯坦（排名不分先后，也无法理出先后），等等等等，如费心收罗，凑出五十人名单也非难事。当然还包括批评者视为压舱石和核弹头的鲁迅，只要举出鲁迅，他们的文字总会笔墨充血、文词颠踬，仿佛自己已然正义附体。对事理的细密严谨性缺乏追求，同时又对人格造型念念不忘（后者其实是一碗政治鸡汤），出现这种症状是必然的。上述诸人，不用说，正是批评者各自“同体之善”的投影，因阮囊羞涩，只能逮什么说什么，抓到篮里就是菜。

这是一份第三世界知识分子的自供状，他们的业余批评，也未尝不可视为钱锺书一种苦涩的荣耀：能让一群批评者乱拳抓瞎般列举出那么多互不相涉的人物，钱锺书恐是天下独家，这又正好违彼所愿地说明了钱氏学问的浩瀚莫测。钱锺书早年在《谈教训》里写的一段话，几可视为一种诸葛亮式锦囊，预先替这拨业余剑客备下了：

> 所以，假使自己要充好人，总先把世界上人说得都

是坏蛋；自己要充道学，先正颜厉色，说旁人如何不道学或假道学。说到此地，我们不由自主地想到《聊斋》里女鬼答复狐狸精的话："你说我不是人，你就算得人么？"

六

学者钱锺书经常遭到的另一种批评，与胆量有关。他虽然不是左拉意义上的知识分子，但不得不因自己缺乏左拉式胆量而饱受谴责。

的确，无论知识分子还是学者，成就皆与胆量密切相关。知识世界和竞技世界一样，不会任由懦夫出没，是以腰间一柄长剑曾是古代士子的标配行头。而同为书生，知识分子之胆与学者之胆，又不宜囫囵对待。约而言之，知识分子之胆常与权力有关，学者之胆则关联着真理和事实。不奇怪的是，敢于为民请命、冒犯公权力的知识分子，在真理之胆上未必有所建树，他们的立论主旨多半是些在此时此地不受欢迎的见解，作者的人格光辉主要体现在敢于说出不受统治者欢迎的看法，而非那些看法有多么新颖独到。比如，几乎所有替言论自由辩护的文字，已很难彰显思想的原创品质，盖因伟大的人类前贤已把个中深意说得无比完备，普通知识分子——假如他置身于一个将该思想视为禁忌的社会中——只需对此加以援引、重申和强调，即可闪烁出璀璨的人文勇气。此外，为了强化对正义的吁求，知识分子批评有时还会故意放大观点的胆量因素，以期加大关注度。这么做虽非无懈可击，至少情有可原。

学者不然，真正意义上的学者，除了真理和真相，什么都不相信。一位学者越纯粹，其学术目标越可能与世俗政权无关，只以探求真理或科学至道为务。学者的本分要求他们不应在与真理有关的问题上和稀泥，说谎话，却允许（至少是容忍）他们与统治者作表面上的勾手化解，只要这份表面和解有助于自己不受干扰地追求真理。钱锺书提到《罗马帝国衰亡史》作者爱德华·吉本的一个犀利观察："哲人于国家所奉宗教，'貌敬'而'腹诽'。"他还告诉我们，这种态度还是古希腊怀疑派的老套说教：该派学者往往"相率谆谆告诫，谓于国教以至俗信，不妨二心两舌，外示和同而内不奉持"，以便在确保学术纯净的同时，能"免祸远害"，避免无谓牺牲。学者视追求真理为最高目标，那么，用虚与委蛇的态度与掌权者周旋，就未必值得诟病，所以，西哲蒙田、笛卡尔等人也是这么做的，他们将该态度"标为律己之首要"。换句话说，为了确保自己对真理的追索免受滋扰，学者在现实权力面前佯装懦弱，甚至是一种必要的策略。

钱锺书提到这种策略，但只是表示理解，并不打算尊重它，更不愿把它"标为律己之首要"。在我看来，钱锺书固然无意于知识分子之胆，但说到学者之胆，实不遑多让。

需要说明的是，胆量之于学者，并非一个必须时时追求的品质。对学者来说，不知戒惕者不配言胆，不知收胆者不配放胆。学者之胆，始于小，方能臻于大。王元化研究胡适，曾写下一段高明体会：

> 胡适在日记中记他于 1937 年初与汤用彤所作的一次谈话。日记中说，汤对胡自认胆小，说只能作小心的求证，不能作大胆的假设。胡适说这是"谦词"。依我

> 看，这未必是谦词，而是老实话。这表明两人在治学方法上存在分歧。胡适在日记中也承认“锡予的书极小心，处处注重证据，无证之说虽有理亦不敢用”。凡读过汤著的人都会有同样的感受。汤著《汉魏两晋南北朝佛教史》《魏晋玄学论稿》等，迄今仍被人认真阅读，并往往加以征引。而胡适的《中国哲学史大纲》之类，已被后出的著作所取代了。这也多多少少说明两人治学方法之间的短长所在。

所谓“短长所在”，恰与胆量大小成反比。依王元化之见，正是“自认胆小”，才成就了汤用彤的学术地位，而胡适学术成就有限，倒是受到胆量太大的连累，以至“大胆假设”有余，“小心求证”不足。欲理解学者钱锺书的胆量，我们也应留意这份“短长”，只有事先明了“胆小”有时是一种更珍贵的学者素质，我们才能在谈论学者胆量时，不致看走眼。另外，学者的勇敢，源自学术上的诚实，它不具有表演性，读者较难通过措词或语气撞见它，只能通过内容感知它。

比如，钱锺书提到“马克思所谓宗教乃人民对实际困苦之抗议，不啻为人民之鸦片”时，补充道：“浪漫主义诗人早言，俗子仰宗教以解忧止痛，不过如收鸦片之效；或言，世人莫不吸食精神鸦片，以谬误信仰自醉；后来小说家有以不信奉基督教比于不求助鸦片，哲学家有以宗教比牙痛时所服之麻醉剂。”细心读者不难发现，钱锺书指出了一个事实：马克思并非“宗教……不啻为人民之鸦片”这句名言的原创者，马克思热爱的诗人海涅（即书中提到的“浪漫主义诗人”）早已言之在先。《管锥编》写于上世纪70年代前期，中国社会正处在“文革”氛围的全面压制中。如你所见，钱锺书的语气是平静的，他似乎一点没有意识到勇敢，而勇敢静卧其中。

再看一个例子：

> 孟德斯鸠以为庶民不信神道，害犹不大，君主弁髦一切典章法律，若复不畏天惧神，便似虎兕出柙，为所欲为，则欲以其道还治其身。

考虑到此语所处语境，“君主弁髦一切典章法律”（公检法悉数被砸烂了，法治荡然无存）、“若复不畏天惧神”（满中国张贴着“人定胜天”的标语），“便似虎兕出柙，为所欲为”（官方日后将“文革”定性为“十年浩劫”）。——我确信，自视极高的钱锺书不屑于影射，毕竟，影射是一种位格较低的批评，有失大学者正大光明的笔墨身价，但他肯定知道这番话的现实指向和潜在风险。他还是缓缓道出，口气上一仍故我，粗心读者甚至没有意识到，作者的笔墨刚刚淌过了刀尖。

在所有学术结论里，有一类论断是最大胆的，即：作者骤然宣布，对某个问题的解答，除作者之外的所有人都弄错了。那等于是说，作者具有“饶天下高手一先”的超凡能力。假如作者宣布的答案涉及常人难以置喙的高端论域，倒关系不大；假如作者的答案里包含某些特殊条件和优势——他独家掌握了新发现的出土文物或刚刚解密的档案，他手上握有最新的设备仪器等等——也谈不上可怕：如果某机构拥有一台最新的天文望远镜，他们即便说地球人都弄错了，太阳系其实还有第 10 颗行星，别人也不以为忤。

钱锺书的论断不符合上述“假如”，在提到“谢赫六法”时，他口气突变，断然宣称：

> 谢赫《古画品》。按论古绘画者，无不援据此篇首节之“画有六法”。然皆谬采虚声，例行故事，似乏真切知见，故不究文理，破句失读，积世相承，莫之或省。

“谢赫六法”原是南齐人谢赫在其著作《古画品》里概括的一组美学原则，在钱锺书之前，这段话通常被标点成如下句式：

> 六法者何？一气韵生动是也，二骨法用笔是也，三应物象形是也，四随类赋彩是也，五经营位置是也，六传移模写是也。

钱锺书认为，这是一个荒谬的句读，适证前人对谢赫的理解，全都出了差错。他用毫不妥协的口气，提供了如下句读法：

> 六法者何？一、气韵，生动是也；二、骨法，用笔是也；三、应物，象形是也；四、随类，赋彩是也；五、经营，位置是也；六、传移，模写是也。

他进一步解释道：“‘骨法用笔’四字截搭，则如老米煮饭，捏不成团。盖‘气韵’、‘骨法’、‘随类’、‘传移’四者皆颇费解，‘应物’、‘经营’二者易解而苦浮泛，故一一以浅近切事之词释之。各系‘是也’，犹曰：‘气韵’即是生动，‘骨法’即是用笔，‘应物’即是象形。”说得何其简明。你被说服了吗？反正，我被说服了，同时大感纳闷：并不难解的句读，缘何古人齐刷刷地集体失察，时过境迁后白白接受钱锺书一顿教训？

这个例子无关权力，不具有知识分子式勇敢的风险性，但就学者来说，却代表了学术勇敢的极致：他把别人置于集体出错的窘境下，也就赌上了自己的全部学术声誉。一旦指正有误，等待他的必将是如山而至的讥嘲。钱锺书无意时时表演勇敢，但他证明，一旦需要，他从不缺乏勇敢。更重要的是，钱氏的勇敢，须臾不离学术之心。与其说他在展示勇气，不如说他在展示诚实，而建基于诚实之上的勇气，理应得到知识分子与学者的共同宗奉。

钱锺书不是知识分子，他未必需要理会知识分子著述；有志成为知识分子者，则不妨从钱氏著作里寻求开卷有益。

约翰·罗尔斯：公共理性

我们的世界大得足以容纳许多真理。

——斯蒂芬·茨威格

寻求我们所谓的人类理性之权威意味着，努力以一种合理而可信的方式向他人陈述我们的观点及其证据，以便他人能够合理地对这些观点及其证据做出判断。

——约翰·罗尔斯

一

公共理性是美国学者约翰·罗尔斯在专著《政治自由主义》里倡导的理念，他数易其稿，1997 年的最终定稿里，为杜绝歧义，他全面改换了主要术语，抹去原文中易让读者联想到康德的语汇。在他洞幽烛微的阐释下，公共理性的功用渐次展现。看起来，每一位致力于在公共领域就公共事务发表明智见解、履行“文明公民义务”（罗尔斯语）的人士，都应该采纳公共理性；公共知识分子更是义不容辞。

罗尔斯素以难读著称，与康德不同，他的表达并不晦涩，唯那份强悍到极致的周到精微，令读者望而却步。因此，理查德·波斯纳法官在《公共知识分子——衰落之研究》里，就是否将罗尔斯列入公共知识分子而大费踌躇。波斯纳心目中的公共知识分子，除别项指标外，还必须满足“为更广大的社会公众写作”的条件，罗尔斯在此项失分太多，他的读者里没有几个寻常公众。

《正义论》出版三十余年，在美国发行了20万册，不算少。但我们知道，存在着一类经常被人当作小佛像“请回”家中供放的书籍，它们好像书架上的压寨夫人，缺她不得，又动她不得。在我国销量不菲的《时间简史》、《尤利西斯》和《芬尼根的守灵夜》，亦属此列，人们无法结合销量揣测其风行程度。人们总是勤于购买，怯于阅读。罗尔斯多半也在享受这种“敬而远之”的待遇，他的书销量不菲，开卷率却很低。波斯纳表示：“罗尔斯……属于一种令人畏惧的学术风格，对于一般读者甚至对于受过普通教育的读者来说皆过于艰涩。”老实说，笔者同样对他深感畏惧，本章仅对其学说一隅的公共理性略加评点，初衷虽是服务于知识分子写作的研讨，却也便于藏拙。

我把罗尔斯——包括早他二百年，近年常被学者拿来与之并提的伊曼努尔·康德——视为上游型知识分子。与普通知识分子相比，他们更加倾心于公平正义，但他们不是就事论事，而是着力于制定原则，提供方法，设定标准。就像牛顿三大定律有助于物理学家从事后续研究，康德、罗尔斯等人确立的正义原则和研讨方法，也构成普通知识分子的思维养料，为后者意气风发的时政议论提供参照和准绳。康德、罗尔斯的思想自成一派丰茂草野，普通知识分子徜徉其间，才有望产出优质的文字牛奶。当然，对他们进行质疑，价值同样巨大。伟大的思想不是奠基于万众崇敬的仰视中，它命定要接受无休无止的淬火。

2015 年 6 月 26 日，美国联邦最高法院就同性恋合法化作出了一个轰动世人的判决，宣告了同性恋平权运动在美国取得重大胜利。由安东尼·肯尼迪大法官撰写的多数意见书——也包括首席大法官约翰·罗伯茨撰写的反对意见书——不失为运用公共理性的典范。在《政治自由主义》里，为便于读者摹想公共理性的表达方式，慎于举例的罗尔斯曾专门以联邦最高法院大法官为样板，大法官之于罗尔斯，就像人体模特之于肖像画家，他由此得以深入掘进公共理性的核心。

下面，我且宕开一笔，试着假定谈论者对公共理性不以为然，纷纷以自己偏爱的文化传统、民族道德或学术主张加入同性恋的讨论，话题有可能偏离到何种程度。

显然，怀抱宗教情感的守旧派人士，可能援引《圣经》等充满神性光辉的传统典籍为自己张势，因为圣经允许处死与男性行淫的男子。犹太教的拉比律法同样反对同性恋，《希伯来书》列举过一张完整目录，从鸡奸到与岳母发生性关系等，均在不赦。中国的反对者也可能依据儒家伦理，加入声讨队伍。但是，支持同性恋平权化的人士也非束手无策，他们可以古希腊伟大的立法者梭伦为例，因为梭伦不仅“不能抵制青年之美的吸引”，还曾在雅典制定一条法律：“不许奴隶做体育锻炼，也不许奴隶有娈童”，理由是，他把男性间的性事看得过于高雅尊贵，禁止下等人染指。人们在古希腊贤哲嘴里听到的“爱人”，未必指凡间的维纳斯，还可能指俊美青年。古希腊语里的“鸡奸”原指“美少年之恋”，与出自《旧约》中盛行男风的罪恶之城索多玛的那个词（sodomy），褒贬迥乎不同。

可见，听任专家援引各自偏爱的自然法来源和权威书证，无法令人信服，只会让正常的公共讨论演变成一种奥林匹斯山上的诸神群殴。更有甚者，当你援引《圣经》或孔子替自己张目，一般说来，你就不可能变得平和，更不可能认错，因为那好像是在代替耶稣和孔子认输服软，你认为自己没有权利这样做。兹事体大，故可见的结果是，文词上烽火连天，观点上针锋不接，讨论云云，不过徒生滋扰。

扎实的学者可以通过探访同性恋社区和谨慎的社会调查，或梳理史籍中的若干秘闻，为同性恋者正名。人们也可以通过开列杰出人物中的同性恋名单，如米开朗琪罗、达·芬奇、马赛尔·普鲁斯特、计算机之父图灵、美国知识界的良心苏珊·桑塔格等等，替同性恋遥为声援。至于列举任何单一性别扎堆处——如监狱、航空母舰、流浪营、因爆发战争而缺少男丁的城市、古代丝绸之路上的城镇等——均曾流行同性恋，更是替同性恋正名者的惯常思路，但反对者也非无计可施，现成的驳词就是：列举精神病院杰出病友名单，并不能证明它不是精神病院。

那么，秉持公共理性立场的人士会怎么看待呢？他们不会纠缠于情感的正邪，更不会听任自己陷入不同宗教文化的大混战中。大卫·休谟说过："真理是可争辩的，趣味则不然；实存于事物本性中的东西是我们的判断力的标准，每个人在自身中感受的东西则是我们情感的标准。"在需要追随"判断力的标准"之际，就必须把"情感的标准"掷出圈外。罗尔斯也提过相似建议："正义不能求助于个人的道德性，通常也不能求助于道德的理念和价值。他们必须把那些东西看做是无关的。"既然此际谈论的内容关涉自由和权利，就不必重视论者抒发的情感或文化偏好，在权利面前，趣味之争毫无价值。以大法官为代表的公共理性实践者，只对个人自由和权利感兴趣，他们意在监督政府的权力，守住司法的权限，并捍卫权力制衡的重要性。美国马萨诸塞州最高法院大法官玛格丽特·马歇尔早些年在审理同性婚姻案件“古德里奇诉公共卫生部”中，即写出如下充满公共理性精神的判语：

> 许多人都持有根深蒂固的宗教、道德和伦理信念，认为婚姻应当局限于一个男人和一个女人的结合，同性恋行为是不道德的。许多人持有同样强烈的宗教、道德和伦理信念，认为同性情侣有资格结婚，同性恋者应当得到与异性恋者毫无差别的对待。这两种观点都没有回答那摆在我们面前的问题。“我们的责任是界定全体人们的自由，而不是强制执行我们自己的道德规范。”

可见，站在公共理性角度，上面随意假定的支持和反对理由，均属不着调，均脱离了“全体人们的自由”这一核心使命，沦为自说自话。

二

罗尔斯立论的起点和背景是当代美国的政治生态。他似乎认为，尚未达到类似文明阶段的社会，无法接纳公共理性。比如，受“试图实现政治之完整真理的热情”所裹挟的社会，或如沃尔特·李普曼指出的，被一种“建立在自我否定和个人牺牲基础之上的政治理论”所深深压制的社会，都必然视公共理性为异端和天敌。实际上，在那种社会里，公共理性顶多只能潜伏在个别学者的书桌上，无法进入公共讨论。

罗尔斯列举了最适合公共理性的人选，包括“法官、立法者、执政首脑和其他政府官员以及公共职位候选人”，公共职位候选人在向选民发表竞选演说和施政纲领时，有必要运用公共理性。罗尔斯一次也没有提到“知识分子”或“公共知识分子”，仿佛这号人物不入他的法眼。好在，他后来又大幅扩容了公共理性的适用范围，认为只要是理性公民，并且打算就“宪法根本和公共善”发表看法，公共理性就对他适用。这个看法令人欣慰，我们知道，几乎所有涉及言论自由或公民权利的话题，都可以归入“宪法根本”和“公共善”，上文列举的同性恋话题也不例外。如此，公共理性就与知识分子发生关联了。

罗尔斯的立论起点于“理性多元论”的社会框架。意思是，一个现代民主社会，本身存在着各种各样和“完备性学说”，基督教自成一个完备性学说，佛教、伊斯兰教和儒家伦理同样各成一个完备性学说。信奉公共理性首先意味着遵守一项克制，即：“最重要的一点，它既不批评也不攻击任何完备性学说，包括宗教的学说和非宗教的学说，除非该学说与公共理性和一种民主政体的本质不相容。”

避免攻击任何完备性学说，可以导向另一项更加重要的克制，即：论者必须同时放弃以任何一项完备性学说作为立论基础。比如，论者生活中大可是一名虔诚的新教徒，但他决意面向公众就“宪法根本和公共善”话题发表意见时，他既不应该攻击（比如说）伊斯兰、天主教教义或儒家伦理，也不应该坚守自身的新教徒情感及道德偏好。技术上说，这像是一种交换筹码，一种对黄金法则（“你们愿意人怎样待你们，你们也要怎样待人”）的实践。只有讨论者放弃各自偏好的学说，讨论才可能继续，共识才有望达成。或即使仍有分歧，分歧也在可控范围内。

同理，公共理性也必须排除“背景文化”的滋扰。“背景文化”是另一个罗尔斯术语，我们可以理解为任何言之成理但尚乏人类共识性的学说或思想，比如古斯塔夫·荣格的原型理论，卡尔·施米特的政治哲学等，不管持论者对该学说多么信赖和热爱，在讨论公共事务时，只要拟想中的理性公民对其缺乏了解和认同，亦即无法“合理地对这些观点及其证据做出判断”，对该学说的依傍式援引就必须舍弃。举例说，作为中国学者，在谈论公共话题时不断援引儒家学说作为立论后盾，就必须视为对公共理性的背离。

当然，在与公共事务无涉的领域，亦即当论者的身份不再是公共知识分子而是一名私人知识分子时，他有权用他喜欢的任何方式来援引任何奇特或奇葩论据，从普鲁斯特《追忆逝水年华》里寻找支持或反对同性恋的理由，也在允许之列。反之，只要他打算面向公众发表公共意见，就必须回避所有尚存争议的学说，哪怕原因出于高冷或高端。他不应指望依靠那些只有他本人或其所属精英小圈子方能验证其真伪的学说展开论证，更不必幻想借助文后标明的大量显赫出处，增加自己的论证效力。信奉公共理性就意味着，必须把这种行为视作骚扰和外行。

比如，我们不时见到一类作者，他们一边热心于公共话题，一边又有能耐将任何公共话题转变为对自身信奉的特定学说、特定意识形态的自弹自唱，如儒家复兴运动、普及基督教义。服膺公共理性的读者，会在第一时间把他们裁定为蹩脚的观念传销者。我通常将此归结为第三世界知识分子的业余习气。

将上述两大类常规论证（即依傍某个“完备性学说”或某个“背景文化”里的观点）从公共理性里排除后，罗尔斯提议道：

> 我提议，在公共理性中，各种有关真理和正当的完备性学说应由一种在政治上合乎理性的、可以对作为公民之公民谈论的理念来替代。

简单地说，罗尔斯承认并尊重所有其他学说，它们在不同论域里各有优长，但只要我们面临的任务是面向公众并就“宪法根本和公共善”发表公允见解，就必须用一套全新规则加以替换，我们需要依赖公共推理。“公共推理”也是罗尔斯的术语。

除了“大法官”，罗尔斯另一个著名比喻是“立法者”。当作者或读者把自己假想成一名立法者，他对公共理性的理解，就“虽不中，亦不远”了。大法官和立法者的标志之一是：全面抑制个性化观点。公共理性依其本意，并不预先许诺新颖，新颖只能成为公共理性的自然结果，而不宜成为先在目标。

三

温和谦逊的罗尔斯，并未将公共理性视为自家独创，他只是在“重释公共理性的理念”。在《政治哲学史讲义》一书里他强调：“卢梭的观念当中包含着一种我称之为公共理性的理念。据我所知，这种理念起源于卢梭，尽管这种理念的不同版本后来在康德那里也能找到；而在推动这种理念的发展方面，康德也是非常重要的。”在给哈佛学生讲解约翰·密尔时，他又从密尔“合理的理据”中，找到了自己的理念先驱。

诚然，公共理性不是一项出人意表的观念发明，在学术探讨过程中，学者可能在某个阶段意识到它的存在，有些人还意识到它的绝对重要。比如，康德的第一绝对律令，即“使你的准则普遍化，只按照你同时认为也能成为普遍规律的准则去行动”，不仅从原则上定义了公共理性，还可能启发了罗尔斯的“立法者”比喻。有论者指出，该律令亦与“黄金法则”相通。当知识分子用这种约束性标准介入公共事务时，他正像一名立法者，或一位最高法院大法官。

休谟在1739年写下这段话：

> 每一个人的利益都是他自己特有的，由这份利益所引起的厌恶和欲望不能假定对他人具有相同程度的影响力。因此，一般的语言，既然是为了一般的用途而形成，就必须根据某些更一般的观点来铸造。

所谓“根据某些更一般的观点来铸造”，差不多就是指公共理性。罗尔斯的美国前辈沃尔特·李普曼在《幻影公众》里写道：

> 按照自己的喜好歪曲规则的人往往喜欢假装或想象自己是遵循公众的需求行事，所以必须要有可被接受的规则存在。

所谓“可被接受的规则”，亦与公共理性暗通款曲。李普曼同样在强调一种全新规则。

公共理性的好处不言而喻，其难点则与人类的本性有关。将一己偏见包裹在公正、客观、正义的外衣下，原是人的秉性，哪怕某公偏激至极，他在揽镜自照时，照样可能把自己视作公正的楷模。比如，当人们想谋得一个更好的价格或判决结果时，他们不会坦言一己之私，相反，他会强调公道。对每个人都一样，那个对自己最有利的价格，最有利的判决，就会被认为是“最公道的”。当人们说“正义得到了体现”，几乎每次都是指自己获得了胜利。

有位叫菲尔·泰特洛克的心理学家，通过心理实验，归纳了两类推理方式。其一是探索性思考（explorative thought），即“对各种观点的公允的思考”，其二是证实性思考（confirmatory thought），即那种“使个别观点理性化的片面意图”。他的实验结果是，人们只在满足如下三个条件时才会强化探索性思考：“（1）做决定的人在看法成型前就得知他们必须对听众负责；（2）听众的看法是未知的；（3）他们相信听众是见多识广且对准确性感兴趣的。”除此之外，“也就是所有时候，责任的压力仅仅是强化了证实性思考”。另一位推理研究者大卫·珀金斯发现，智商优异及相对更高的受教育程度，不会有助于人们养成探索性思考所必不可缺的“换位思考”能力，多数情况下，他们只是变成了一个个更擅长寻找“我方观点”的政客或律师型人物。事实上，一位可以毫不勉强地运用公共理性的人，简直就是人中龙凤，因此，《正义之心：为什么人们总是坚持“我对你错”》的作者乔纳森·海特在引用了上面两位同行的发现之后，沮丧地表示：

> 我们的道德思考更多地像是一个追求选票的政客，而非追求真理的科学家。

约翰逊博士的说法是：“一个人若只能聆听自己良心的声音，从来听不到别人的劝谏，无需过多久，他便会想方设法强化自我的信念，用主观意志来改变公正的标准。”《人性的弱点》的作者戴尔·卡耐基说得更加通脱麻利，他告诫我们："请认清这个道理：批评就好比是信鸽，最终会回到原地。所以，我们意欲修正和谴责之人，都有可能为自己辩护，而最终会反过来谴责我们。"因此，在人类的先天思维倾向尚未发生可喜变化之前——在可见的将来，我们看不出可喜的前景，无论在中国还是美国，人性的永恒，首先表现在错误的永恒——过度强调公共理性，要么诱人自我粉饰，要么变成打水漂。对羊群实施军事化训练，并不能把它们培养出狼性。波斯纳法官即对美国公共知识分子的言论水准哀叹连连。

另外，将"完备性学说"和"背景文化"过于坚决地剔除在公共讨论之外，虽然理由可敬，但也会降低讨论的广度和深度，使得公共讨论的整体水准趋向贫瘠。因为，这样做必然要求每一位参与者对自己凑巧擅长的领域大加割爱，如果他们决意采纳公共理性，其言论水准就像一个个被迫使用非母语进行交流的人，下滑在所不免。罗尔斯的哈佛同行迈克尔·桑德尔教授也曾质疑这种"一边裁定重要的公共问题，一边假装一种无法达成的中立性"的公共理性立场的成效，他认为，"缺乏实质性道德参与的政治，会产生一种贫瘠的公民生活。"而罗尔斯呼吁替换掉的那些"背景文化"或"完备性学说"，常常会增加讨论的亮点和新意，赋予讨论以更多的内涵。再则，以往的公共道德正奠基于各不相同的完备性学说之中，禁止基督徒谈论公共道德时援引基督教思想，效果往往等同于迫使他失言。

更重要的是，论者在公共理性方面过于步调一致，最终可能反而贬低了罗尔斯强调过的民主场景：理性多元论的世界。好像我们一边认可这个多元，一边又畏惧多元的正当结果。这是否也显示了一种对"思想的自由市场"的怀疑，仿佛我们对充分讨论的思想成果缺乏信心？

罗尔斯倡导的公共理性，值得每一位公共事务的参与者深长思之，他的建议即使仓猝难办，作为一种“取法其上”的目标，也值得高度尊重并置诸座右。

亚伦·德肖维茨：律师作为知识分子

我们背负着沉重的说服责任，但我愿意承受。

——亚伦·德肖维茨

我们从事的是法律事业，而不是正义事业。

——小奥利弗·温德尔·霍姆斯

一

律师总让人爱恨交织，在好莱坞的角色偏爱榜上，律师风头虽不及警探、特工、杀手，但对芸芸百工则胜出一肩，美剧里尤其如此。这不难理解，视觉化的律师庭辩一如枪手对决，是一种极具刺激性、观赏性的单挑。

美国“法治男神”、知名刑辩律师亚伦·德肖维茨少年时极度顽劣，“除了连环画之外什么书也不读”，整天在纽约布鲁克林某个犹太人居住区打架，还自诩“力大无比”——真纳闷他怎么会在28岁时成为哈佛法学院最年轻的教授——他唯一与学业有染的嗜好，正是辩论。他解释道，辩论“似乎是上街打群架的一种动口不动手的变种”，至于辩论中的胜负心和荣耀感，还远在打架之上。毕竟，街头小混混常以一哄而散为收束的寻常斗殴，未必需要出众技能和昂扬斗志。

电影《一级恐惧》中里查·基尔扮演的律师马丁，向记者吹嘘自己从不赌博，道是“能赌命何必赌钱！”——相比在拉斯维加斯一掷千金，用舌绽莲花的技巧将一个眼看要上绞架的人当庭无罪释放，再顺手揽获大把代理费，占据次日的头条版面，的确刺激得多，风光得多。何况，这种嘴仗无需律师付出肢体代价，他还可以穿上价值 2000 美元的西服。有个例子德肖维茨至少举过两次，著名律师爱德华·班奈特·威廉姆斯输掉案子后，当事人问他：“我们下一步怎么办?”威廉姆斯反问：“你说的‘我们’是什么意思？我将回到舒服的办公室去，而你将坐大牢。”这声反问，律师同道不妨会心一笑，至于旁人，脸色要多难看有多难看。难怪人们常爱引用莎士比亚的名言：“我们首先要做的事就是，杀光所有律师。”

说到惹人误解，没有一种职业比律师更甚，尤其是刑辩律师。这种误解是如此全面，同属法律阵营的人都会看走眼——当然，有时是假装看走眼，以便假装正义揣在自己兜里，对方的裤兜里只有卑鄙。德肖维茨写道，他每周都会被问及同一个问题：“当你不得不为有罪之人辩护而在道德上作出妥协时，会作何感想?”一位律师朋友告诉我，有次他胜诉后，明显偏袒控方的审判长为了补偿失落，竟没事找事地要求律师再对被告“口头教育一下”，好像他不知道这个常识：律师既没有权力，也没有义务充任当事人的道德辅导员。律师与当事人的关系不妨这么理解：律师检举当事人一桩不为人知的罪行，不能算作公民行为，而必须按违法论处，他应该被公正地吊销执照。

让律师配合法官、检察官对被告进行谴责，是黑暗法治的特征。苏联肃反时期由国家检察官安德烈·维辛斯基主持的审判，那些装模作样地替被告辩护的律师就必须做出配合，他们通常会对自己的尴尬身份作一番声明，在意识形态上与被告完成切割。他们必须与检察官的立场高度一致，随时掉转枪口，对委托人进行声讨。如果不这样做，或声讨得有些勉强，不能令维辛斯基满意，他们还可能当场被捕。这类逮捕是如此常见，有位律师事先收拾好了铺盖卷，以便自己就地逮捕后可以马上进监狱，免得辛苦警察多跑一趟。具有一半巴基斯坦血统的英国学者萨达卡特·卡德里写过一个经典例子：

> 当维辛斯基讯问加米涅夫，从前效忠政权的声明是否“虚假”时，被告认为这个字眼不合适。他回答道：“比虚假还糟糕。”检察官提示着：“背信弃义？”他说：“更糟。”维辛斯基沉思后说：“比虚假、背信弃义更糟？”接着看起来像是大吃一惊地说道：“叛国？”加米涅夫承认了这一可怕的罪名：“你找到该用的词了。”

律师竭力帮助一个被舆论公认为十恶不赦的恶棍，人们就不可能对他的道德感抱有好评，在那一刻，与被告相比，律师更像一个训练有素的恶棍。只有极个别法学修为精深的人士，才会时刻牢记这一点：用尽一切合法手段帮助当事人（不管他是否有罪）减少或免除惩罚，恰是律师最大的职业道德。律师的职业美德，赖此而立，舍此无存。替包括辛普森在内的大量犯罪嫌疑人进行成功辩护而饱受非议的德肖维茨，曾引用 19 世纪英国律师亨利·布劳姆的表述以为声援，兼行自辩：

> 辩护士出于对委托人的神圣职责，只要受理该案就只对他一个人负责。他须用一切有利手段去保护委托人，使他免遭伤害，减少损失，尽可能地得到安全。这是他的最高使命，不容有任何疑虑；他不需顾忌这样做会给别人带来的惊慌和痛苦；这样做会招致的苛责以及它是否会使别人毁灭。他不仅不必顾虑这些，甚至还要区分爱国之心与律师的职责，必要时就得把赤子之心抛到九霄云外，他必须坚持到底不管后果如何，为了保护他的委托人，如果上天注定必要时把国家搅乱也应在所不惜。

律师，是一种司法构件，是现代司法拼图里重要的一块。司法公正不可能经由单独考察律师行为得到索解，但离开了律师这一构件，司法基石将立刻坍塌，人们得到的公正，只是一种经过后期制作的虚假云图。才气过盛的德肖维茨还写过一部小说，篇名“魔鬼代言人”（The Devil's Advocate）正好说明了律师的本质。我不知这个书名是否源自约翰·密尔，因为密尔《论自由》中一段表述，虽非为律师而发，却恰当地说明了律师的功能：

> 要真正知道那部分真理，只有兼顾双方、无所偏重并力图从最强的光亮下来观察双方的理由的人们才能做到。要在一些道德的和人文的题目上取得一个真正的理解，这是一条最根本的纪律，甚至在一切重要真理上如果没有反对者，我们还不可不想像一些反对者，并供给

他们以最技巧的魔鬼辩护者所能编出的最有力的论据。

现代司法的精髓在于，国家将某个罪犯绳之以法之前，先假定他只是“涉嫌”，让他有权延请一位拥有“魔鬼辩护者”技能的律师，与代表国家意志的警方、检察两方在法庭上围绕法律和证据进行公平抗衡。在此过程中，律师作为魔鬼辩护者的能耐越出众（表面上似乎表现为他助纣为虐的能力越高明），他对公正结果的达成贡献就越大。因为，与律师相对的那一方，代表并行使着国家意志，且正如一位美国法官所说，一个厉害的检察官同样有能力让大陪审团“起诉一份火腿三明治”，因此，律师的魔鬼性实是一种表象，当国家机器可能变成魔鬼时，律师拥有的魔鬼辩护技能越高超，他反而越接近天使。

以德肖维茨加入律师团的辛普森案件为例，当黑人橄榄球明星辛普森最终被当庭宣布无罪释放时，白人社会的所有外行都愤慨于一个事实：有钱能使鬼推磨。没有人想到，与辛普森拥有的财力相比，国家机器的动员力更是无远弗届、骇人听闻。德肖维茨告诉我们：“辩方有一打的律师，而检方几乎用了四打的律师。……辩方只有几个调查人员，而检方则能够获得整个洛杉矶警局、联邦调查局、芝加哥警局甚至国际刑警组织的支援——数万名的人力。”

现代司法审判是一场事先讲定规则的拔河游戏，那若隐若现的公正，正位于双方全力以赴的辩驳之间。在拔河中，你当然不能仅仅因为自己是某一方的啦啦队，就指责另一方用力过猛。在一种假定当事人无罪的司法环境里，律师的魔性与司法的正义性合二为一。

二

我并非意在为律师正名（如你所见，我意在谈论知识分子写作），著述甚丰的德肖维茨，几乎在每一本书里都会唠叨几句律师受到的不公正评价，这表明，即使在司法环境相对较好、律师职位令人艳羡的美国，对律师基于误解的批评也极为常见和顽固。我不必奢望中国的情况会好一些，暂且，我们假定已就律师的魔鬼－天使性达成了共识，接下来我们试着考察律师的思维方式。这可能更有趣些。

“屁股决定脑袋”，这话搁谁身上都是一种谴责，但律师除外。对律师来说，正义属于当事人，也就是某个给他支付报酬的家伙。电影《林肯律师》里马修·麦康纳扮演的那个整天在林肯轿车里办公的律师，他的加州车牌号上就写着“无罪”（NT-GUILTY），意思很露骨：我不管你是否杀人越货、恶贯满盈，只要付钱，我一定替你做“无罪辩护”。

在律师眼里，法庭不是切磋学问、探讨真理之地。检方与被告律师不时挂在嘴边的“正义”，实质是一种修辞，或如德肖维茨所说，“人人都想得到的是胜诉，那个将胜诉的愿望掩盖起来的假象才叫正义”。德肖维茨说过一个经典笑话：一个律师刚刚打赢了一场重大官司，立刻给他的委托人拍电报：“正义已经取胜。”委托人火速回电：“立即上诉。”——他自知理亏，不知道司法“正义”常常是唯结果论。说穿了，在现行司法架构里，正义属于第三方业务，它不归控辩双方掌控，而由法官或陪审团构成的天平加以调度。至于该天平是否能如期调度出“正义”，纯属天晓得。因此，获胜一方可以随意宣布“正义已经取胜”，落败一方也不妨慨然宣称："正义遭受挫折。"德肖维茨的朋友、著名辩护律师李·贝利同样认为："几乎所有律师的目的，包括检察官在内，都只是赢得诉讼，而不是伸张正义。"

总之，控辩双方只需考虑输赢就行了，他们实际上也只在乎输赢。在这种庭审环境里，控辩双方并不是在交流探讨，而是像两个拳击手，只想着用一记凌厉直拳把对方撂倒。一方在法理和证据上拥有的优势，恰是另一方竭力抹煞、贬低或无视之物。实在不行，若所有证据都对自己当事人不利，德肖维茨们还有一个绝地反击的大招：以攻为守，变被动为主动，找出警方在证据采集上的漏洞（如刑讯逼供，伪造证据），以便借助"非法证据排除原则"，助当事人脱困。当年的辛普森就是这样变得"无罪"的，至于辛普森是否有罪，德肖维茨始终咬紧牙关地表示：我不知道。确切地说，他也懒得知道。

律师被鼓励实施单方面帮助，他无需考虑任何对当事人不利的事实和证据，他有权使出浑身解数来达到这个单一目的，至于该目的是否经得起事实和正义的检验，不在考虑之列。在西方，这种做法不仅古已有之，还历来得到肯定。古希腊的吕西阿斯擅长为人代写诉讼辞，有位当事人对他说："你代写的诉讼辞，读第一遍时感觉是好文章，读第二遍第三遍时，则感觉平淡无奇。"吕西阿斯答道："你在法庭上不是只宣读一遍吗？"古罗马的西塞罗也是好讼者，他声称辩护只是提出"一些看似真实的观点，即使这些观点并不符合事实"。据说，"他还两次吹牛说自己通过蒙蔽法官而赢得了无数判决"。在律师看来，真理或正义不在当下，效果才在当下。只有让效果显现，那只谁都可以信口声称的正义神鸟，才有望轻落在当事人肩上。至于追求效果的方法是否得当，决不萦怀，唯以"成败论英雄"。通常，由于现代司法秉持

“无罪推定”理念，律师相比公诉人，在方法运用上还有更大的灵活性。

洁身自好，爱惜羽毛云云，既是书生之癖，也是书生之德，不宜轻非，但身为律师对此过于执着，多半意味着他不愿对当事人全力以赴，他不愿走那些虽不上台面但有助于当事人脱罪的策略。从律师的职业道德来说，那是一种缺憾。说严重些，是失职。

大法官路易斯·布兰代斯为人诟病之处，竟是他愿意做天下律师的表率（他年轻时做过律师）。这个看上去非常高尚的愿望，有可能使他替当事人辩护时束手束脚，有可能使他过于在乎风度举止，或因过于自爱，置当事人的安危于一个次要位置。同样，胸怀全局，总想着为天下人分忧解难，意欲通过个案对现代司法作出巨大推动，也是一种可疑素质，因为那可能诱导他作秀，做出若干华而不实的举动，偏离当事人的实际需求。最终，律师的威望高耸入云，当事人的命运却万劫不复。

怀揣学术探讨的渴望，怀抱“三人行，必有我师”之念，也不见得可取，因为那可能促使他对检方的漂亮举证报以微笑颔首，让陪审团或法官误以为辩方已经认输。对律师，大量在别种行业堪称嘉言懿行的风度，必须坚定地弃绝。对方说得越漂亮，你必须表现得越是轻蔑。没有人鼓励你实事求是地认输，只要不违法，甚至胡搅蛮缠、死缠烂打也是对当事人高度负责的体现。

总之，律师被鼓励从小处着眼，被怂恿护其一点不及其余。他的职业品质和声誉，最终都是通过官司的输赢率来统计的。在一个良性运作的司法环境里，输家缺乏谈论道德的本钱。

三

从公共讨论来看，律师用于庭辩的方式方法，无一可供借鉴师法。核心区别在于，公共讨论系针对公共事务发表公正意见，它要求中立的立场，理性客观的态度，它要求论者保持话题的开放性及结论的非预设性，论题尤其不能涉及自身利益。律师却是为特定当事人服务，他的辩护只以帮助特定当事人为目的，他腰包的鼓瘪也取决于此。

诚然，没有理由认为，律师在非诉讼代理期间也会行使庭辩术，正如我们不应假定擅长在棋盘上勾心斗角的围棋手，生活中也擅长给他人“挖坑”。实际上棋手的文明教养多在普通人之上，而律师转型为法官、检察官的也不在少数。若按职业划分，律师还是美国总统最大的职业蓄水池。由律师转型为学者，或像德肖维茨那样，一边做律师，一边做学者，也非罕见。我始终认为，拥有一定的法律知识，是对公共事务发表意见的知识前提。因此，只要律师适时摒弃庭辩技巧，避免在公共事务讨论中卖弄噱头，他丰富的法学知识和经验，就使他有望成为最适合发表公共意见的人士之一。

亚伦·德肖维茨的主业是哈佛法学院全职教授，自称从未因代理案子而缺课。他不在某个大型律师事务所供职，他没有拉拢客户的工作指标，也不必取悦客户，相较于律师这只饭碗，他更在乎法学院教授的头衔。在成为终身教授之后，就更是如此。他似乎不必有其他律师的顾虑，他不在乎与法官、检察官的关系弄僵，他也敢于做出伤及律师同道的批评，无需时时捍卫律师共同体的利益。他曾表示：

> 我具有终身职的教授资格，我相信我有特别的使命接下那些可能需要我去挑战强权的案件——例如，政府、警方、检方、媒体、整个法界甚至学界。终生教职也赋予我挑战多数见解，为少数见解辩护的责任。

在以辛普森案为讨论主题的专著《合理的怀疑》里，德肖维茨以公共知识分子的责任感，揭露了美国司法中的大量黑幕。他对警察习惯性作伪证的犀利揭露，甚至达到这个程度："洛杉矶市长跟警察局长组了大队人马修理我的评论。立法机关也决议声援警方。几个警察组织想要使我因为那些评论而受惩罚。……我的办公室被人盯梢。我也接到了恐吓电话。很多人要求哈佛法学院院长免除我的职位。更令我感到不可思议的是，从美国前司法部长到退休法官、警政署长、地方检察官、民选公职人员——他们都知道我所说的警方作伪证一事是相当普遍的，而且高层对此刻意纵容也都是绝对真实的，但是他们却都摆着一副伪善的姿态。"——终身教授的地位保护了他，哈佛法学院院长也奈何他不得，院长只是做出一个声明，将法学院与德肖维茨的言论"划清界限"。

德肖维茨傲然写道："我总以为终身教授即意味着你不需要有胆量，就能够直言不讳地说出那些不受欢迎的真相。"

在《最好的辩护》一书中，德肖维茨还把批评矛头投向那个最令人敬仰的精英群体——法官。他原拟的书名就叫"黑色的法官袍，白色的谎言"。他通过大量亲身经历，证明了一个发现："在我20年律师执业经历中，在所有刑事司法制度的参与者中，最令我失望的就是法官。……我发现在许多法袍之下掩盖的是腐败无能、偏听偏信、慵懒卑劣的灵魂，再加上普遍的愚蠢。"当然，他补充了一句："我也看到了无私奉献、勤奋工作、诚实而富有同情心的法官——可这些都是作为一个法官起码应该具备的品质啊！"

在萨达卡特·卡德里《审判的历史》里，我读到一种谴责，作者写道：

> （2001年"9·11"后）当布什总统动员国民迎接一种新型战争时，哈佛大学的亚伦·德肖维茨教授则支持建立一种新的法律来配合。德肖维茨曾经以主张限制而不是扩张政府权力闻名，现在他提出，应该修正美国宪法，在有迫切风险的案件中应允许法官签发刑讯的令状。……在接受美国全国广播公司有线电视新闻网（MSNBC）记者克里斯·马修斯采访时，他描述了自己想象的刑讯方式。他建议，或许可以把针插进一个嫌疑人的指甲里。他解释说，"这种疼痛被人们夸大了"。

读过德肖维茨纵论公民权利的专著《你的权利从哪里来》的读者，必会产生莫大惊骇。在那本书里，借"9·11"后的反恐战争大肆侵扰民众权利的小布什总统，分明是德肖维茨最大的批判和嘲讽对象。德肖维茨开宗明义地写道："在本书中，我将我的权利取向应用于我们目前所遭遇的恶行——包括恐怖主义本身——以及政府因畏惧恐怖主义而过于轻易地剥夺我们权利的做法。"附带一说，该书主旨是表达一个全新命题：人类权利来自既有恶行。

《审判的历史》是一部极度渊博的书（或许它唯一的缺点就是过于渊博，导致个别章节流于琐屑），很难想象其作者会误读到这种程度：将一个最不可能拥护小布什反恐政策的人，当做小布什的拥趸加以批评。我无能核实卡德里先生的批评，我只能猜想：经常替《纽约时报》写稿的德肖维茨，难免遇到律师最常见的一种情境：不得不替自己正在代理的某个案子寻找临时性的应急理由。也许，当他对酷刑的疼痛感轻描淡写时，他代理的某个案子恰好需要这类描述。当此之时，他可能暂时搁置知识分子使命，将公共空间巧妙地转化为自己的私人辩护场所。

回想一下，《合理的怀疑》中虽不乏大量出色的公共批评，但倘若作者没有借此修补自己随辛普森案而大幅下滑的公共形象的意图，他也许不会写它，尽管他曾说过："借由辛普森案，能够让这一代的美国人了解什么是法律。作为一个法学教授，我不放弃这样一个重要的教育良机。"如果不对自己的思维方式加以约束性审查，训练有素的律师本能总是倾向阐述正好于己有利的观点。当这种观点恰好契合民众的成见时，人们就喝彩。反之，就皱眉。

《最好的辩护》是这样结尾的：

> 前任美国联邦最高法院大法官费利克斯·法兰克福特曾说，他认为没有一个头衔能比"哈佛大学法学院教授"更加荣耀了。
>
> 在我看来，没有一个头衔能比辩护律师更崇高可敬了。

这话，由一位兼有"哈佛大学法学院教授"和"辩护律师"身份的人说出口，太过瘾，太回肠荡气。他真正想说的是：没有一种人生比成为亚伦·德肖维茨"更加荣耀"。这种不懈寻找有利于观点的癖好，恰是律师型知识分子的思维盲区。

法官作为知识分子

上：责任下的修辞

意图做出影响他人生活的重要决定，有违我的本性。

——克拉伦斯·托马斯大法官

当法官在适用（并因此解释）成文法或其他法律的规则时，他或许可以同演奏（且因此解释）乐章的表演者相提并论；即法官必然如同演奏者一样，在某种程度上也是创造性的艺术家。

——杰罗姆·纽·弗兰克

一

说法官不是知识分子，就像说福尔摩斯不是历史人物一样正确；说法官缺乏知识分子特质，也像说福尔摩斯缺乏人性魅力一样离谱。

在一个关键所处，法官——尤指美国联邦最高法院的九位大法官——与普通知识分子显出了差异。知识分子从事公共批评，兼有业余客串性，遵从公民道义而非岗位职责。所以，人们不会将替政府政策辩护、替垄断企业背书的学者视为知识分子，不管他有何等煊赫的知识界来头。大法官断案则是职务行为，他的薪水——而非稿费或佣金——亦取决于此。知识分子介入还是退出某个话题，取决于他的知识储备和个体意志，大法官没有选择权，只要有四位同行选择了某个案件，九位大法官最后都得对它发表司法意见，不能退缩，无权回避。

另一方面，法官判案又与别种职务行为有异，他们的“上司”唯有宪法和法律，后者不同于一时一地的政策法规，也不宜与以逐利为初始动机的企业目标相提并论。有激进论者以为，“司法机制中的绝大多数人都不过是在做生意”，但即使照这种说法，法官仍然不在其中。检控双方都想从官司中获得利益——尽管检方嘴里高喊着正义，以至有学者讥讽道：“正义是检察官的奢华享受。”——法官的目标却不在于谁输谁赢，他们不应有预设偏向，而是致力于使法律本身成为赢家。类比起来，富有良知的知识分子，大抵也是操心这事。由此，大法官与知识分子只有皮相之别，在实质上，他们可能比知识分子更加切近“宪法根本和公共善”。

诚然，寻常知识分子写作，仅止于在思想市场上贡献一己之见，至于自己的高见能否提振社会正义，还取决于种种超出己力的因素。大法官言出法随，判词即令旗，他位高权重的判词甫一面世，至少对一部分人来说，每每伴有“斡旋天地，补缀乾坤”之力。比如，当威廉·布伦南大法官在《〈沙利文诉〉纽约时报》

的判决书里宣布“我国曾对一项原则作出过深远承诺，那就是：对公共事务的辩论应当不受抑制、充满活力并广泛公开，它很可能包含了对政府或官员的激烈、刻薄，甚至尖锐的攻击”，全美国的媒体人群情振奋，政府官员则集体陷入失落中。

正是这种普通知识分子无需直面的巨大责任，令大法官的司法写作如履薄冰。歌德说过：“巨匠在限制中才能表现自己。”大法官亦然，高悬的责任易使心力差劲者落荒而逃，也可能令胸有成竹者将法理之光磨砺得更加耀目。约翰·罗尔斯坚持认为，大法官可以“在公共讨论中给公共理性以逼真性和生命力”。

谈论罗尔斯时，我们提到心理学家菲尔·泰特洛克就探索性思考归纳的三个条件，即：“（1）做决定的人在看法成型前就得知他们必须对听众负责；（2）听众的看法是未知的；（3）他们相信听众是见多识广且对准确性感兴趣的。”大法官不仅满足这三条，由于他必须提供终审结论，标准只会更高。大法官是公认的精英，是民主制度中非民主的一环：大法官之职非出民选，无需为选民负责，因而有条件超然民意之上；大法官系终身职位，无需为饭碗担心，因而可以承担旁人视如畏途的重任。如果总统干预司法，通常应该担心自己职位的，不是法官大人，而是总统阁下。宪法给予大法官不受民意和官僚体制掣肘的至高权力，初衷正是便于他们无所畏惧，只以自己卓越的司法理念和司法技艺，为一国之长远福祉效劳。

历史声望在普通大法官之上的美国联邦第二巡回上诉法院的勒尼德·汉德法官，有一次问自己的助理：

> “年轻人，我应该对谁负责？没有人能够解雇我，没有人可以克扣我的薪水，即便是华盛顿那九个老家

> 伙，他们有时可以推翻我的判决，却不能让我按照他们的意愿去判决。每一个人都应该对某个人负责，我应该对谁负责呢?”这时，汉德法官转过身，指着自己的法律藏书架说：“我正是要对他们负责!”

青史留名，对普通知识分子有时是一种不必要的抱负，对大法官则是一种正当念想。他们必须对一国之司法荣光负责，同时期望自己日后进入历史，期待自己的判例成为法律书架上垂之久远的先例。

普通知识分子难免有些“小九九”，他可能希望自己的见解得到广泛响应。如果事先意识到民意不在自己一边，他也可能放弃。只要自我约束稍有不足，知识分子写作就可能沦为一种对掌声抱有神经质期待的工作，他一刻也离不开民意“点赞”。希望自己的文字获得影响力，原是人之常情，但大法官的伟大之处（当然不是指所有大法官），恰在于节制这份冲动。他们不应追求廉价喝彩，原因恰恰在于，他们的判决天然伴随着影响力，这反而迫使他们字斟句酌，慎之又慎。对判决书（尤其是作为终审判决的多数意见书）反复修改，是大法官的常态。在路易斯·布兰代斯大法官的公文夹里，后人发现一份文件，竟是关于某案件的第34稿判决意见。人们经常引用的罗伯特·杰克逊大法官的名言，即高度概括了大法官的责任：“最高法院做出的之所以是终审判决，是因为我们不会犯错；而我们之所以不会犯错，恰恰因为我们做出的是终审判决。”

大法官就任前，要参加参议院司法委员会的确认听证会，其中一项内容是，他们承诺奉行“司法克制主义”，抵制“司法能动主义”。简单说，他们必须接受“遵循先例”原则的约束，避免用超出法律框架同时又自以为高明的党派立场、政治主张或个性化学术观点，来推动社会发展。同理，大法官也不应轻言权利、社会正义等词汇，特别是当其缺乏具体指向、只是徒然显得宏大抽象的时候。霍姆斯大法官说过，"'权利'一词是最有欺骗性的陷阱之一，也是引向谬误的一个长期存在的诱惑。"但在普通知识分子那里，"对抽象'权利'的断言，实际上将他们自己转变成了既没有正当身份又没有被授权的至高无上者"（托马斯·索维尔语），故乐此不疲。因此，假如知识分子愿意在这些地方向大法官学个一招半式，其言论品质当会长久受益。不轻言大词，正是为了避免使言论陷入滥调的泥沼。托马斯·索维尔告诫道："有时候'社会正义'一词，会被用来为任意的断言装装门面。"

理想态的法官不是锐意进取的人，更不是虚荣心爆棚的人。首席大法官约翰·马歇尔早年奉命出使法兰西，圆满完成了任务，回国时受到民众夹道欢迎，同时，他的妻子波莉正日益抑郁。当时还很年轻的马歇尔在致妻子的信里，对自己受到的凯旋门式礼遇只字不提，只是表达思念之情。霍姆斯大法官年轻时参加南北战争，为陆军中校，三次负伤，据说，"在一次战役中，因为林肯总统站位容易被敌人攻击，霍姆斯向他大喊：'蠢货，趴下。'"他日后也懒得提及，人们只是在他去世后，发现他的衣柜里一直挂着早年的联邦军服。

低调谦退、本分沉稳，乃大法官的性情标志，如非洲裔大法官克拉伦斯·托马斯所说："意图做出影响他人生活的重要决定，有违我的本性。"但我们知道，寻常知识分子的"本性"正好相反。加缪坚称："作家的职业在很大程度上是虚荣的职业。"知识分子也不例外，但他们有义务让自己成为例外，何况作家中也有非凡的前贤树立了楷模，如法国随笔家蒙田，他表述过类似的话："我并没有傲慢到希望用我的见解去引导那么重要的事。"

二

替报刊撰写评论文字的作者，多会受到类似告诫：文章宜通俗易懂，深入浅出，雅俗共赏。

两类作者属于例外，其一是所谓名家，即那种坦然将投稿看成赐稿的人。这种身份的取得，依赖公认的盛名。盛名有"实名""虚声"之别，但"虚声"也是名声，在"虚声"的泡沫未被挤破前，"虚声"比实名还要强大。盖实名无需泡沫助威，虚声却须臾离不得泡沫壮势，而泡沫又是一种光怪陆离之物，擅长勾搭光影，变幻色彩，让人目眩神摇。总之，他已然是一位名家了，在编辑的认知中，就是拥有从心所欲特权的人物，稿子就像头等舱贵宾，可以经由绿色通道直达主编案头，以便用最优质服务（通常指最尊贵的版面）呈送到读者面前。功利地看，名家就是读者最容易买账的人，读者一旦买账，则生涩也叫生动，别扭也叫别致，庸俗也叫脱俗，浅出也叫深入，无论西施捧心还是东施蹙额，皆可被定义为优美或深刻。

其二，我是指那种天生的文字表演家，重度幽默症患者。对他来说，写得生动从来不是问题，他出色的文字表皮细胞，焕发出无穷活性，每个经他表述过的观点，就像大厨的手艺，让人食指大动，读欲大开。严格地说，这属于一种特殊病态，类似红光满面、乍看之下充满性感的结核病患者。包斯威尔在《约翰逊传》里曾如此评价当时一位"刻意模仿约翰逊博士"的文人奥利佛·哥登史密：

> 以一个作家而论，哥登史密在文学方面的才情和表现能力，是无人能及的。他的心智像贫瘠土地上的肥料，对偶尔掷地其上的作物，长得很快，但却不够茁壮，因为它的根扎得不深，森林中的橡树无法在那里生长；然而，幽默的灌木丛和芳香的花朵都可以生长得很茂盛。

换句话说，这类作者拥有文字点金术，是以思想贫乏、知识根基脆弱及表现欲旺盛为基础的，如包斯威尔所言，他们对各种题材“大发谬论”，只是由于“全不用思想”，引导观点前行的，是活泼好动的文字感觉，而非扎实安静的思考。

编辑向作者提类似要求，无可厚非。编辑优先考虑读者需求，而不是给予作者无限开火权，也不希望作者在没有“镣铐”的情况下写出优秀作品。但是，放纵该要求也有危险，以赛亚·伯林有一句“钟爱”的格言，出自美国哲学家C.I.刘易斯，道是：“不存在什么先验的理由可以认为，当我们发现真理的时候，它会是有趣的。”更严重的是，要求作者把道理说得生动有趣、雅俗共赏，暗含了一个可悲认知：道理是苦药，必须为它裹一层糖衣；道理是死水，除非用大量鲜活的观赏鱼把它激活。这个认知是如此流行，以至我们无法忽略那个更大的因素：我们的文化缺乏一种自足的道理审美，我们对于扎实可靠、依赖事实和论据展开的推理阐释，缺乏知会欣赏之情，最终导致能力欠奉。东方审美在诗性领域的过度发达，也会妨碍其在理性思辨领域的同步跟进。传统文人津津乐道于“言有尽而意无穷”“绕梁三日”“空灵”“玄而又玄”等超凡文字境界，多少也遮蔽了这个缺陷。

具有超强辨析力的钱锺书先生，对中国古人“文章大抵恁地无头脑”、一味“乘才乱写”现象，大为头疼。在引用《儒林外史》第十五回马二先生评匡超人文章所谓“才气是有，只是理法欠些”后，赞为“实中文病”，进而论断道：“先秦两汉之文每笋卯懈而脉络乱，不能紧接逼进；以之说理论事，便欠严密明快。”“先秦两汉”还是我国思想家最多产的时代。

大法官是道理审美的虔诚信徒，为案子写下洋洋万言的判决词，是笔墨常事。对他们来说，判决之力奠基于说理之力。法庭判决虽是一种强制力，倘没有扎实法理充盈其中，该强制力不过是一种强权而已。大法官固然都是文字名家，他们也知道，由于每个被选中的案件都牵连广大，因此，除非自己的判词确能令人折服，否则，他们也会被淹没在民众的唾沫下，承受千夫所指。

或曰，“在既没有对比，又无人知道差异时，公鸡也能冒充孔雀或夜莺”（出自特里温《政府》），因此，法律语言必须精准到位，并且“千万不能让那些服从者听起来与己无关”（勒尼德·汉德语）。大法官的判词，是一种缺乏征服者气概、具备征服者内涵的全面说理，他们不奢望败诉者“心悦”，却力争让他“诚服”。

当然，在重视道理审美、将说理视为核心技艺之余，兼顾生动有趣和雅俗共赏，原是一项连上帝也不忍割爱的技艺，大法官也不例外。律师李·贝利虽然认为“法律语言实际上也是一种方言”，在准确性上有着特殊要求，有时甚至与优美表达背道而驰，但他在那本哈佛法学院用作教材的《舌战手册》里也忍不住推崇能写出“语言优美的裁决书”的法官，如勒尼德·汉德和联邦最高法院的霍姆斯大法官。

民国才子温源宁在其饶富英式小品风味的《不够知己》里，写过一位法官——“霍姆斯的朋友”吴经熊，说他“以擅长用幽默文学作家的动人魅力来缓和法庭高度严肃的气氛而闻名”，与朋友交流案情时，“会引述歌德、惠特曼和王尔德的诗句或言论向你讲解其中牵涉到的心理学和社会学问题”，真是奇人。诗人之子、本身也深具诗人气质的霍姆斯大法官，阐述司法观点时，擅长用警醒的格言句式来提炼论点。最高法院首位犹太裔大法官路易斯·布兰代斯“以注重事实与细节著称，不善使用捕捉想象力的华丽辞藻”。但如果有必要，他也有异样表现，比如在“惠特尼诉加利福尼亚案”的反对意见书里，他风格雄浑的意见书甚至被识者读出了古希腊伯里克利《在阵亡将士葬礼上的演说》一文的节奏，意见的扎实与情感的滂沛，融为一体，读者大受感染，深受教益。

在判决书里引用莎士比亚的句子，也为不少大法官所热衷。史学造诣精深的苏特大法官，“判决意见精于考证，论据充分，连许多一流历史学家都自愧不如”。这证明了表达世界的铁律：没有一个注重规范化写作的领域，会导致风格化追求无法容身。是的，法官“在某种程度上也是创造性的艺术家”。

三

老人会变得保守吗？联邦最高法院那九位以“兄弟”（brethren）互称的大法官，给出了一个否定回答。对个别大法官来说，年岁愈增，观点越年轻，霍姆斯就是突出代表，他关于言论自由的强硬捍卫、精妙表述，不少都是在耄耋之年发表的。相比之下，霍姆斯年轻时好像更保守些。

关于言论的宽容，我信奉约翰·密尔提供的标准，他曾在自传里写道：

> 我承认，一个真诚、不比别人少犯错误的人，很容易由于不值得讨厌的见解而讨厌别人。但是，如果他本人并没有诋毁这些人，又不纵容别人这样做，那么他就算宽容的。审慎地意识到平等自由地发表各种见解对人类的意义，源自于这种意识的容忍。这才是唯一值得称赞的，才是人类思想最高道德标准所能达到的宽容。

根据这个标准，密尔显然把那些既谈不上“见解”又怀有过度恶意的言论，都排除在外了。但面对联邦最高法院那九位大法官，我沮丧地意识到，密尔式标准已经落伍，大法官不时会把言论自由推进到意外的程度，我有时觉得跟不上他们的思路。比如，有个案子是这样的：

詹姆斯·希尔一家遭受三名越狱犯入户侵袭，被扣为人质。袭击者对希尔及其家人还算温和，他们不久也被抓捕归案。媒体对此事做了地毯式报道，希尔一家深受困扰，被迫搬离原地。数年后，百老汇上演了以一户人家遭到绑匪侵袭为主题的戏剧《危机时刻》，与希尔家的遭遇不同，戏中劫匪还实施了包括性侵犯在内的暴行。按说，该戏与希尔无甚关系，但《生活》杂志执意生事，强行关联，做了大量报道，还把演员请到希尔原来的住处附近拍照，并用“带着神经质的语气”讲述故事，“仿佛再现当初希尔家所发生的骇人一幕”。身份只是平民的希尔忍无可忍，把《生活》杂志告上法庭，《生活》败诉后又把官司打到最高法院，最高法院判定希尔败诉。

如果联想到希尔太太不久后的自杀，再来拜读布伦南大法官铿锵有力的判决意见，我们会觉得五味杂陈：

> 宪法对言论、出版自由的保障，不局限于对公共事务的政治表达或评价。这一切对一个健全的政府来说，都是至关重要的。一个人只需随便拿起一份报纸或杂志，便可了解到呈现在公众面前的大千世界，包括对普通公民和政府官员的报道。面向他人不同程度的自我曝光，是对生活在文明共同体中的每一个人的附带要求。在一个以言论、出版自由为首要价值的社会中，这种被曝光的危险，是我们生活必不可少的一部分……如果我们要求媒体必须承担证明报道内容对象姓名、图片和肖像真实性的责任，将对自由社会中的自由报业，造成难以挽回的严重威胁。

布伦南大法官阐述的民主思想是否过于超前了？不管能否接受，我们至少无法否认，那是一种雄强有力的见解。他对普通公民的要求，甚至高过我们这里的公众人物。相形之下，我们的公众人物经常发出嘤嘤啼唤，以期得到额外照拂，意外的是，他们还经常如愿了。

由于法官说理有一套特定程式，有抱负的法官又大都迷恋说服技艺，因此，当某人意欲表达某个让我们特别难以接受的观点时，危险性也会加大。因为，无论那观点多可怕，他表述观点的方式完全没有无赖腔，还可能格外苦口婆心，语重心长，这就让人不安了。比如，早在 1862 年，美国一位名叫皮尔森的首席法官，曾如此为丈夫的殴妻行为撑腰：

> 妻子必须服从丈夫。每个男人都必须统治他的家

> 庭，如果妻子因其不羁的性情和放肆的言辞而不断辱没丈夫，而他竟然容忍屈服，那么他不仅失去了所有的自尊感，而且丧失了家庭其他成员的尊敬。没有这种尊敬，他就不可能统治他们，并且会在邻里中名誉扫地。从人类的原初开始，这种状态就一直是婚姻关系的应有之义。上帝对女人说："你必恋慕你丈夫；你丈夫必管辖你。"因而，法律授权丈夫使用必要的强力使妻子安分守己。为什么妻子辱骂或袭击、殴打一位邻居，依据普通法的原则，丈夫要负责赔偿？或者，妻子当着丈夫的面实施了重罪以外的不法行为，她并不承担责任？这是因为，法律赋予丈夫对妻子的人身管辖权，因而要采取适当的措施以防这一权力的滥用。

正如我们希望听到有人对布伦南上述意见的质疑，读到皮尔森法官的歪论，我们也期待它受到驳斥。判决也有自己的时尚，正义有时穿着比基尼，有时缠着裹脚布。思想市场的繁荣必须借助批评，司法意见也不例外。这就需要另一种制衡因素了，比如，那些同样由大法官撰写的反对意见书。

下：异议书——"自由的骑士"

> 忽视真正输掉案子的人的感受，把异议看做是用一种不引人注意的方法，来安抚自己的良心，这是可以理解的。当然，有时候你会认为，肯定地附和多数大法官

的判决，等同于与恶魔合作。

——马克·图什内特

只要有此心照不宣的习惯，即原则是不可争论的，只要认为能引人注意的头等重要的问题讨论已告结束，我们即无望找到曾使某些历史时期光辉灿烂的那种高水平的思维活动。

——约翰·斯图亚特·密尔

一

这是个让人惊讶的制度设计，美国联邦最高法院就某个案子做出终审判决后，持不同意见的大法官，可以公开发表看法，把反对理由一五一十、有理有据地昭告天下。在今天，你只要登陆联邦最高法院的网站，就能读到它们。

很难说它是一项好制度，美国之外的民主国家几乎都不曾采纳它，即为明证。通常，法官愿意恪守“判决之外，法官无语”的职业伦理。在有些欧洲国家，法官“哪怕是通过谈话或私人信件透露自己不同意法院的判决，都是犯罪行为”。另一方面，我们又很难说它不好，美国人坚持了两百年，没有证据表明，美国的司法状况变得动荡。所谓动荡，大多出自局外人的臆测。有一点似可肯定：确立并坚守该制度，表明了一颗强悍的司法灵魂和民族心脏。

无论说好说孬，该制度的形成，与两位美国“国父”——托马斯·杰斐逊总统与约翰·马歇尔首席大法官的争斗有关。

据说，草创期的联邦最高法院，曾仿效英国法官逐一发表个人意见的司法传统。那也是联邦最高法院地位低微的年代，办公场所都没有，只能借用参议院的助理办公室开庭。大法官职位缺乏吸引力，《联邦党人文集》三位作者之一的约翰·杰伊，曾辞去首席大法官职位，改任纽约州州长，舆论竟一致认定杰伊“升迁”了。杰伊后来再次拒绝亚当斯总统邀请他重返最高法院，理由听来寒心，他说，最高法院“缺乏活力、价值与尊严”，他“完全确信”联邦司法系统存在根本“缺陷”，无法“获得公众对本国司法最后一道救济途径所应有的信任和尊重”。当时的大法官不住在华盛顿，而是住在各自家乡，“他们可能受命在某个地区审案，之后又得赶往另一个地区”，备尝颠簸逆旅之苦。

但是，恰在托马斯·杰斐逊成为美国第三任总统之际，他一生的政敌，年方45岁的约翰·马歇尔，也在1801年入主最高法院，由此开启了后者“伟大的首席大法官”的道路。与英明神纵的马歇尔相比，他的高院同僚几乎在各方面（甚至包括容貌威仪）都大为逊色。也许约瑟夫·斯托里大法官是个例外，但他乃是马歇尔最坚定的追随者。为了恢复最高法院的应有地位，马歇尔日后做的一切，即使不都对，至少也情有可原。总之，他很快使自己成为一言九鼎的人物，尽管首席大法官在裁决力上本来并无优势，司法之鼎是由九位大法官（在马歇尔时代，则是六或七位）通过投票方式合力承担。为了强化法院判决的力量，马歇尔说服同僚放弃各自撰写司法意见的爱好，改用“一个声音说话”。通常，那指的是马歇尔一个人的声带。精力旺盛、司法禀赋惊人的马歇尔大法官，尽管之前未做过法官（他曾是一位成功律师），但在执掌最高法院的头几年，几乎独自撰写了所有判决书，他的同僚也同意了他的全部意见。最高法院当时做出的判决，至少在外界看来，都是以一致通过的方式宣布的。所有宣判都以法院名义，由首席大法官对外宣布。

杰斐逊对此不会高兴。人们记得，马歇尔曾向贵为总统的杰斐逊开出司法传票。为了限制马歇尔的权力，卸任后的杰斐逊建议修改宪法，缩短法官任期，由终身制改为任期不超过六年，但未获采纳。杰斐逊又换了种更加务实的做法，在他逝世前三四年，曾三次致信最高法院大法官威廉·约翰逊，强调“由个人分别署名的司法意见可以增强法官的责任心与荣誉感；敦请最高法院法官认真履行自己的职责，忠于宪法与法律，不受党派偏见与个人好恶影响，凭自己的理性独立判决案件、撰写司法意见，单独发表各自的看法”。结合杰斐逊平素言行，我们必须认为，即使对马歇尔没有戒心，他仍会提出类似建议。他曾说过：“如果我们当中有人希望解散这个联邦或改变共和的形式，就让他们不受阻挠且毫无顾虑地表达自己的意见吧。我们应当容忍错误的意见，彼此只运用理性来争辩。”

杰斐逊的建议奏效了。威廉·约翰逊大法官“在此后的10年内，一共发表了三十几份异议，成为最高法院历史上第一位具有独到见解的异议者”。与撰写代表多数意见的判决书相比，异议书是一种更加过瘾的写作，因此，当马歇尔大法官的司法意见日后成为少数时，他也忍不住表达的诱惑，写出自己的异议书。于是，一项制度于焉成型。美国联邦最高法院的司法判决，现在主要由三种文本组成：作为正式生效的司法裁决的多数意见书，不具司法执行力的异议书，以及虽同意多数判决但不认同其推理依据的附随意见书。

站在后人角度，杰斐逊和马歇尔只是政见不同。杰斐逊注重州权，推崇共和理想；马歇尔大法官追求一个强大联邦，强调作为一个整体的美国人民。除此之外，两人没有理由不成为惺惺相惜的同道。两人沾点亲，马歇尔得算杰斐逊的远房侄子，两人都曾在有“美国母校”之称的威廉与玛丽学院求学，先后师从同一位老师乔治·威思。说到德行、能力和事功，即使在那个能人辈出、国父扎堆的年代，两人亦堪称翘楚，举止风采亦属一时瑜亮。但无情的事实是，他们从未有过片刻的信任和欣赏。在工作中，他们各守分际，互不相扰，以国家利益为重。作为总统，杰斐逊哪怕对马歇尔的判决窝了一肚子火，也会避免公开评论，杜绝干预司法之嫌。但在私人信函里，这对高贵的竞争者从来都以小肚鸡肠来打量对方，他们诉诸对方动机、人格的判断，几乎没有一次是准确的。哪怕马歇尔的某个司法意见含有向杰斐逊让步之意，或杰斐逊的某句表述恰合马歇尔心意，他们也懒得肯定对方。马歇尔去肯塔基探望临终的父亲，杰斐逊都会神经过敏地怀疑对方从事煽动；素以行事光明正大著称的杰斐逊，落在马歇尔眼里，也经常像个偷偷在桌子底下换牌的阴谋家。美国人詹姆斯·西蒙以两人争斗为主题的传记《打造美国》，对此有过生动描述，仿佛呼应着古罗马诗人卢坎的警句：

> 同掌政权，相互间全无忠信可言，
> 纷争总是在对峙的宝座之间盘桓。

贤哲因互相敌视而带动本民族成长，这是至为动人的场景。事后看来，两人间的纷争顶多在私人佳话层面有所缺憾，制度则长久受益。我们看到的是，当宪法真正体现“人民的意志”（马歇尔语），“巨人间的战争”（杰斐逊语）恰好为民主制构筑了一道坚实城墙。的确，在良性制度下，何必强调形式上的团结呢？

多一次质疑，就多一次发展的可能，多提示了一种前进方向。

二

撰写多数意见书是一种司法责任，撰写异议书是一种公民热情。写异议书的大法官更像一名知识分子。

只要不做庸俗化理解，“世事洞明”与“人情练达”，在任何地方都是有用的，由九位大法官构成的精英群体也一样。撰写多数意见书的大法官，必须首先受到首席大法官的邀请。他是作为多数派代表撰写意见，因此，他最好不要插入仅属个人的想法，不仅如此，他还得节制个性化表述，因为，他获邀撰写的多数意见书，最终还须己方阵营的大法官逐一签字认可。偶尔会出现这种事，撰写者写完后，原属己方阵营的个别大法官不满意，或者，他们被原属少数派的异议书说服，转投对方阵营。当所谓多数方只是以五比四的微弱多数占优时，一位大法官临时变卦，就会逆转形势。凡此种种，都会使多数意见书的撰写者顾虑重重，反复斟酌，过程中还必须与己方阵营的大法官切磋探讨。如霍姆斯大法官所说，撰写多数意见书的法官是“在刀丛中跳舞，既要论证一个明确的结论，又不能碰到刀口林立的反对意见”，难度可想而知。

反观异议书的撰写者，他事先知道自己的意见已经落选，无望左右形势，执笔时骨鲠在喉，不吐不快。大法官对于自身意见的正确性往往拥有过人自信，因此，想到被自己鄙视的意见竟然票数占优，他或许悲从中来，在一股怆烈情绪的支配下，他更可能像诗人那样意气纵横，辞彩飞扬。他不必考虑说服别人了，他假定自己是在对历史、未来和永恒的正义负责。对写作者来说，这份心理千金莫换，得到世人交口传诵的伟大文献，十之八九都受惠于类似心理。首席大法官查尔斯·埃文斯·休斯认为，持有少数意见的大法官可以“展现他的个性，没有任何人逼迫他代表最高法院发表意见以保证……形成多数意见。在异议意见中，他是一个自由的骑士”。他“我手写我心”，直抒胸臆，大浇块垒，甚至在文体上都能更加率性，不必像撰写多数意见书的大法官那么拘泥。

说起来，大法官原有同袍之谊，他们数十年在一个封闭空间里相处，学识、智力不分伯仲，服膺相似的司法哲学，遵守共同的司法规则，心性间的默契远逾常人。他们成为大法官，不仅需要总统提名，还须通过参议院司法委员会的确认听证会，履历不够光鲜、司法哲学特立独行者，均会遭到汰除。他们原是普天之下最可能就司法案件达成共识的九个人，即使偶有争议，幅度也不会太大。因此，当个别大法官打算撰写异议书，至少在那一刻就等于说，他认定自己高过他的多数同行，他坚信同行们犯了浑。

这是一道心理之坎，为了越过它，我发现大法官偶尔也会乱了方寸，具体表现是：为了论证自己非如此不可的理由，他们会下意识地夸张对方的谬误，像一个参加辩论赛的选手，仅仅为了获胜而奋不顾身。他们内心可能认为，只有把双方的认知差异提升到不可化解的程度，自己的异议才会最大程度地正当化：不是我想和兄弟们为难，但是你们太过分了。

异议书的撰写者，曾如此拔高主题，指责同僚：

> 我们曾有过破坏性使用自创司法权的经历，这次如此严重无视这种经历，使我们有必要详细分析最高法院

在我国宪政体制中的作用。

当涉及国家的根本大法所保障的公民权利时，法律把人视为人，而不考虑其背景或肤色。因此，这个最高法院，国家根本大法的最终解释者，作出结论，认为州有权仅依据种族管理公民享有的公民权利，实在令人遗憾。

在我看来，时间将证明今天的判决与本院在德雷德·斯科特案中的判决几乎同样有害。

给予警察大于法官的权力，就是向集权之路迈进了一大步。

显然，居于主导地位的标准是本院多数大法官的所谓不受约束的智慧，在一个接一个的案件基础上传递给一个驯从的民族。这非但不是宪法确立的法治政府，而且根本就不是法治政府。

司法的不合时宜与弄巧成拙，莫过于让本院作出骇人听闻的声明，沉浸于完全空洞的辞藻，听上去不错，但肯定要落空。

我担心，通过今天的短视行动，最高法院将永远使这个共和国置于带来巨大祸害的制度之下。

我们发现，在论辩过程中简化并矮化对手观点，是一种极难克制的辩论本能，即使看上去最洞察讨论艺术且人品优异的精英，也会显出夸诞的水火不容，贤哲如托马斯·杰斐逊和约翰·马歇尔，尚且难免。像寻找自身优点那样寻找对手优点，像体谅自我那样体谅对方，多半是一种传说中的能力和修为。托马斯·索维尔在《知识分子与社会》一书里写道："知识分子对智力标准的一种最常见的违背就是：给不同的观点扣上某种情绪性帽子，如扣上种族歧视、性别歧视、同性恋恐惧症、排外情绪等等帽子，而不是去理性地回应别人的论点。"大法官的能力虽在普通知识分子之上，偶尔也在此失分。比如，没有哪位大法官自认奉行司法能动主义，但只要想批评谁，他们就把"司法能动主义"的帽子扣向对方，似乎不如此，自己的观点就难以竞争上位。而最高法院之所以用票数定胜负，已然含有如下默认：单凭观点和理据无法判定胜负，两智相遇，决于天数。天数不可测，那就投票罢。

我想，没有一种观点，曾在决意批评他的对手面前，得到学术上的善待。约翰·罗尔斯推崇"阐释学的谦卑原则"，他假定，"我们正在研究的这些思想家总是要比我聪明得多。如果他们不比我聪明的话，我为什么要在他们身上浪费我的时间和同学们的时间呢？如果我在他们的论辩中发现了某个错误，我便假定，他们（哲学家们）也发现了它，并且必定对它做了处理"。爱德蒙·柏克在谈论"对美洲殖民地的和解性让步"时，曾示范过类似态度。他写道："形成以此为宗旨的计划时，我努力使自己处于这样一种精神状态，即：最自然、最合理，并且肯定是最有可能保证我免于一切错误的精神状态。我对自己的能力全然不信、对自己的思辨彻底摈弃，为的是对我们先辈的智慧予以深厚敬重。”与热衷于曝对手之短的做法相比，罗尔斯、柏克的态度高贵得多，但别人很难仿效，因为，罗尔斯用假定替代了论辩，而假定是否成立，仍在假定之中，再说，罗尔斯仅把“谦卑”的目标限定在“思想家”之内，适用者必然有限。

大法官不然，由于面对的案件性质重大，职责所系，他们不宜过于超然和悠然。我们还得承认，执意避走中道、扩大分歧，虽在论辩技艺上略有失分，但对于强化分歧的危害性并警醒旁观者，仍有功劳。参照罗尔斯的“谦卑”教诲，假定大法官连起码的论辩道理也有所不知，无疑过于鲁莽。同理，人们经常看到民选政治领袖彼此攻击，将对手政见描述得过于不堪，甚至将政见差异升格为善恶之别、正邪之判。究其实，乃是一种有意为之的修辞术。有时，避免客观，并非与客观有仇，而仅仅为了强化打击对手的力度，以便自己的“高见”脱颖而出。

三

《洞穴疑案》是本奇书，香港大学法学院院长陈文敏先生誉为“任何对法学研究有兴趣的人士一生必读的著作”。该书由相隔半个世纪的两位美国法学家——富勒和萨伯——接力完成，内容是：在一个距今两千余年的未来时间里，以美国大法官为原型的两代纽卡斯国大法官，围绕一个具有现实蓝本的虚构案例，展开激烈论辩。在两个时间段内，共有 14 位大法官就该案发表司法意见，意见各各不同。由于每位大法官的意见都没能获得同行肯定，所有司法意见都处在与他种意见的激烈交锋之中，因而看上去就像一篇篇“异议书”。更令人讶异的是，单独地看，读者恨不得对每位大法官的见解点头称是。自信满满的作者预见到此，特地在序言里用一种诡谲的善意提醒读者不要“对号入座”，以免“陷入自己设置的闹剧之中”，从而“不能领略纽卡斯国最高法院发表的观点中所包含的朴素真理”。——据说，这些不同观点，代表了当时流行的不同司法哲学。

口气大得可爱，但一书读罢，至少就我的观感而言，我对两位作者展示出的精湛笔墨才能和高超司法技艺，佩服得五体投地。

很多人都听说过拉封丹笔下那头著名的布利丹毛驴，它同时面对两捆干草，不知先吃哪一捆，最后活活饿死。拿布利丹毛驴喻指人类，有失厚道，但面对同一个案件，人品、见识、学养旗鼓相当的众多智者，竟给读者呈上 14 种各自冲突的答案，而它们唯一的共性就是“雄辩”，我们不知所措之余，或许还能受到别种启示。

在该书中，虚构的纽卡斯国大法官热烈地彼此嘲讽着，真知灼见则在嘲讽声里频频闪耀。

> 我从不怀疑我的同事具有给每一个呈现到他们面前、需由他们做决定的问题披上条文主义模糊面纱的能力。……我发现我的同事们的观点中有一种过分简单化的对立。

> 假定我们必须根据法律的目的来解释法律，当法律有许多目的或这些目的有争议时，我们该如何处理？……我们再次碰到交叉路口，一种推理方法把我们引向一个方向，另一种推理方法却把我们引向正相反的另一方向。

普通人总有节省智力的倾向，人们期待明确的结论，对于由理性推导出的多重歧路，易滋厌烦。《洞穴疑案》告诉我们，明确的结论可能只是出于偷懒，善待多样性不仅是一种可取态度，有时还构成了现实本身。只要允许异议，我们即使不能统一认识，认知上也会更上层楼。

美国学者马克·图什内特编著的《反对有理——美国最高法院历史上的著名异议》，展示了历史上起过积极作用的著名异议。比如，美国内战前夕，首席大法官坦尼在“德雷德·斯科特案”中曾用整整55页篇幅，写下了臭名昭著的判词。他曲解宪法条文，还结合所谓民意，将非洲人判为“劣种人”，断言他们“不享有应受白人尊重的权利”，声称“黑人可以被公正合法地贬为奴隶，为白人的利益服务”。随后，柯蒂斯大法官用了整整70页的篇幅表示反对，该异议书迅速印成小册子，向废奴主义者传递了火种。

公开发表异议书的确会引起社会动荡，柯蒂斯大法官即为明证。但是，那是趋向进步的“动荡”，涤荡了黑暗的稳定。我们知道，霍姆斯和布兰代斯大法官发表的大量捍卫言论自由的光辉见解，最初就是以异议书形式发布的，当其发布时，在最高法院只有区区两票。但思想通过沉潜来蓄积能量，不多久，原处弱势的观点得到了法院同仁的认同，并在之后的类似案例里，转化为压倒性优势。

明确的结论有助于行动的落实，犀利的异议有助于思考的深化，它虽然会使行动之水变得混浊，却有望使未来变得清澈。

在最需彰显权威之地，允许异议存在，还体现出一种民选政府的谦卑：它不把统治利益置于不容挑战的至尊地位，只要事关民众权利或宪法根本，它愿意俯身倾听，哪怕当时于事无补，它也愿意与人民一道，共同面对改善之路。就像霍姆斯大法官在一份异议书里说的："从长远来看，如果宣言中传达的无产阶级专政的信念最终会被大多数人接受，那么此时言论自由的唯一价值就在于，给它一个机会，让它们得以表达。"霍姆斯不是共产主义者，这更加难能可贵。

夸张的批评，会降低观点的摩擦力，使不同观点的侧重点变得尖锐并容易识别。从司法功能上说，异议是无效的，它不会改变判决，一般也不会被大法官作为先例加以引用。但大法官发自肺腑、雄辩有力的异议，至少向民众敞开了另一个思考方向，而人民一旦习惯于从容面对异议，作为"自由骑士"的大法官就与"自由天使"合二为一。

群魔：当精英邂逅大众

假如一个人不懂拉丁文，即使他是著名的电机大师并且在其坩埚中拥有氢氟酸碱，他也只是一个粗人。

——阿瑟·叔本华

现在我知道了，一个作家决不应被愤怒、厌恶和轻蔑之类的感情所支配。

——亚历山大·索尔仁尼琴

一

英国政府于1871年推行全民基础教育时，没人想到，这桩显而易见的善政引起了知识界精英的同仇敌忾，他们就像地震前的动物，展示了大量逸出常理常情的群体性躁狂。一场由精英单方面发起的鄙视大众之战，自此打响。我是在牛津大学默顿学院约翰·凯里教授的著作《知识分子与大众》里获知这场战争的，读完后发现，虽然交战者尽是些文人学士，但我们很难把它定义为“没有硝烟的战争”。

该书告诉读者，不仅现代派文学不像传统教科书写的那样，源于对工业化进程导致的“人的异化”的反抗，而是知识阶层蔑视并排斥大众的结果，甚至希特勒的种族清洗行为，都遵循了当年那些作家、哲人气吞山河的告诫和娓娓动人的指点。相比处于癫狂亢奋态的文人，我们会在某一时刻恍惚以为，希特勒的行为还算节制，倘若英国小说家 H. G. 威尔斯或 D. H. 劳伦斯晋升第三帝国元首，或像希姆莱那样成为希特勒的左膀右臂，灾祸可能更大。

比如，希特勒的主要目标是德国和波兰的犹太人，他虽瞧不起东欧民族，但并未将后者纳入种族清洗计划——他曾设想把斯拉夫人“孤立在自己的猪圈里”，任其自生自灭。威尔斯的目标就远大多了，他曾在《公开的阴谋》中陈述自己的设想，凯里教授概括道，他“认为东方人和非洲人的过度繁殖和‘半愚昧状态’，阻碍了任何真正意义上的人类进步。他非常遗憾地报道说，在印度、北非和远东，‘低级人口还在继续迅速增长，他们在生理上和精神上都较为弱小，有碍文明的机械发展’”。对于妇女，他更以一种希特勒都说不出口的口吻声称：“如果女人对我们来说太多了的话，我们将会把她变成少数者。”具体该怎么着手呢？凯里教授介绍道：

> 对这些“为数众多的无用的人民大众”，威尔斯采用了这样一个术语“深渊里的人”，并且预测，“一个国家如果能最坚决地精挑细选、教育、绝育、输出或毒杀深渊里的人”，那么它将走向昌盛。

“毒杀”，是的，你没看错。D. H. 劳伦斯 1908 年阅读了尼采著作（包括由尼采妹妹编选、对尼采哲学颇有曲解的《权力意志》)，从此成为尼采信徒。他在一首诗里写道："我的生命比为我赶马车的墨西哥人的生命更鲜活。"在致布兰奇·詹宁斯的信里，这位曾以美妙禁书《查泰莱夫人的情人》而蜚声文坛的作家，就如何处置被社会抛弃的人，提出如下建议：

> 依我的方式，我将建一个像水晶宫那样巨大的死亡之屋，让军乐队轻轻吹奏，让电影放映机欢快地播放，然后我就跑到后街和主要的街道上，把所有病残者带进去，温和地引导他们，让他们笑着对我表示感谢。这时，乐队将轻轻地冒出"哈里路亚合唱曲"的旋律。

我们知道，三十年后奥斯维辛、达豪集中营的部分遇难者，就是在一种不失欢快的沐浴气氛里遭到"毒杀"的。为了加快屠杀效率，纳粹有时还会在他们最后的黄泉路上，安排些音乐和鲜花，偶尔还有礼仪小姐含笑相送。

所谓种族傲慢，也就是替所属民族、性别、肤色表达一份庆幸和自豪。这类论调虽然永远成不了可靠结论，在过往时代却也稀松平常，中国式"华夷之辨""夷夏之防""男尊女卑"即充斥此见，那也是脆弱的神经唯一消费得起的见解，特别容易引发民众响应，智者也庶几不免。古人有"荣期三乐"之说，即被视作风雅之论，道是："天生万物，唯人为贵，而吾得为人，是一乐也。……男尊女卑，……吾既得为男矣，是二乐也。人生有不见日月、不免襁褓者，吾既已行年九十矣，是三乐也。"古希腊哲人泰勒斯亦有类似话头："吾有三福：吾生得为人而不为畜，是一福也；得为男而不为女，是二福也；得为希腊上国之民而不为蛮夷，是三福也。"（详见钱锺书《管锥编》第二册《列子张湛注·天瑞》）对这派鄙陋见解，罗素曾有如下告诫：

> 不管我们属于世界上哪个国家，我们大家总是认为我们自己的民族比所有其他民族都优越。既然每个民族都有自己特有的长处和短处，我们就把自己的价值标准加以调整，以便证明自己民族的长处乃是真正重要的长处，而其缺点相对来说则微不足道。在这个问题上，一位明白事理的人也一定会承认，它没有明显正确的答案。

约翰逊博士谈论比较文学时，见解亦值得借鉴：

> 凡一国的作家拿来与他国作比较时，我们必定很少能听到不偏不倚的评断；虽然笔者认为我们不能笼统地指责所有的国家，说它们都受"文学爱国主义"的蒙蔽，但不可否认，各国的人在看待本国作家时无一例外都存有亲切的好感，他们抬高这些作家不仅因为他们有知识或有才情，还因为与他们有相同的国籍。因此，如果文学比较所涉及的对象来自不同的国度，大多时候这类批评并无太多可取之处。

有文学爱国主义，也有种族爱国主义，总之，"非我族类，其心必异"原是一种无可厚非的初级认知，但将"其心必异"遽尔等同于"虽远必诛"，则是一个恐怖跳跃。该跳跃非自威尔斯、劳伦斯等文人始，却在他们铺张扬厉的笔下达到高峰。

1908 年的希特勒，未足 20 岁，刚刚遭遇父母双亡之恸，正满腔悲愤地在维也纳街头鬻画谋生。当然，他也通过各种人文、科学小册子，堆垛他捉襟见肘、互不隶属的知识货仓。如切斯瓦夫·米沃什所说，不加鉴别地贪食小册子，“解释了他（希特勒）头脑中不可思议的知识混乱”。米沃什接着说明道：“简单化和庸俗化了的达尔文物种起源理论和物竞天择理论，都已不同于达尔文以及与他争论的学者们的理论。它已被改造成社会学理论的重要部分，带有某种感情色彩了。”我们知道，卢梭思想得以风行并助推了法国大革命，也得力于他人对其观点的“简单化和庸俗化”，以及口号化。

忙着从廉价小册子和通俗报刊汲取营养，意味着希特勒的知识从未有过一个坚实地基，也缺乏一种体系性构架，他即便像一个整天埋头摘抄各类警句格言的食古不化者，即使面对内涵截然不同、指向南辕北辙的表述，仍露出一副恍然大悟的表情。他缺乏内在辨析力，他对思想的胡乱鲸吞，不是遵循原则和理路，而是惑于其表述方式。一个像尼采那样拥有雄强修辞力量的哲人，或一个像瓦格纳那样拥有恢宏华彩手法的音乐家，就能瞬间把他击倒。不用说，如威尔斯、劳伦斯这类拥有生花妙笔的文学术士，也会轻易俘获他。

威尔斯、劳伦斯辈未必想到，当他们只顾在纸上快意恩仇地宣泄仇恨时，青年阿道夫·希特勒，正默默而又贪婪地吮吸着他们的文字毒汁。阿伦特《极权主义的起源》里提到一份重要文件《纪念昂利》，“它提出了各种解决犹太人问题的方案：犹太人应该被撕成碎片，……犹太人都应该被油炸，或用针慢慢刺死；他们应该被‘割礼一直割到头颈’”。这是一份要求支持者捐款的文件，“令人吃惊的是名单上有为数较多的知识分子”，居然包括法国大诗人保尔·瓦莱里，“他捐了3法郎‘意思意思’”。因此，凯里教授在书的结尾喟然感叹："《我的奋斗》的可悲之处在于，它在许多方面没有偏离标准，而常常植根于欧洲知识分子的正统观点。"阿尔伯特·赫希曼在《反动的修辞——保守主义的三个命题》一书里也谈到类似意思，他指出，两位意大利学者莫斯卡和帕累托"通过极尽对尚缺乏经验之国家的民主制度的嘲讽和不信任之能事，可以说助推了意大利法西斯主义的兴起"。

二

为更好理解当年那群文人的集体狂躁，我们不妨回溯一下曾经盛行欧洲知识界数世纪之久的拉丁文霸权。

因支持哥白尼"日心说"而于1633年被罗马宗教裁判所判处终生监禁的意大利科学家伽利略·伽利雷，本来有望避免牢狱之灾，他只要坚持使用拉丁语就可以了。罗马教廷委派佛罗伦萨大使转告伽利略：如果你非要坚持哥白尼的观点，就"安安静静地坚持好了，不要费那么大力气去说服别人"。伽利略拒绝了，他像创作《神曲》的诗人但丁那样，坚持采用妇孺皆知的意大利语，而非只有特定"知识选民"方能理解的拉丁语。这触犯了罗马教廷的底线。

西塞罗说："就像雄辩由语言和思想组成一样，我们必须在保持我们的措词无误和纯洁——也就是使用良好的拉丁语——的时候，选择既恰当又有文采的语词。"在暗黑的千年中世纪之后，欧洲知识人重新发现了拉丁语，他们迅即认同了西塞罗，还赋予拉丁文一份额外的高贵。在西塞罗时代，拉丁语倒并未专属知识阶层。

脱离了罗马帝国土壤的拉丁语素以难学著称，除却个别天纵奇才，如约翰·弥尔顿、约翰·密尔、《愚人颂》的作者埃拉斯摩，对大多数读书人都堪称无上折磨。埃拉斯摩还是小学生时，即能写出令拉丁文老师崩溃的信，那位老师在回复学生时写道："万一你再写这样典雅的信，请加上注解吧。"卢梭多次提到，"正如大家日后将看到的那样，我对拉丁文注定是学了又学，可始终没能学成"。约翰逊博士的拉丁文相当厉害（包斯威尔提到约翰逊喜欢在拉丁文里嵌入倒装句法），但他多次表示："我的拉丁文是被老师揍出来的。"出于对拉丁文的沾沾自得，他大力倡导体罚式教学。

"能阅读就是能阅读拉丁语"（马克·布洛赫语），当文艺复兴后的欧洲知识人通过艰苦学习掌握了拉丁文，他们随即发现了一个秘密：人分成两类，懂拉丁文或不懂拉丁文。前者构成一个优选种族，一个"劳心者"阶层；那些只会说本民族方言的"蠢货"，则天然沦为"劳力者"。鉴于这份差别并非源自出身、世袭等阶级因素，而是与高难的技能相关，被排斥在外的寻常大众，倒也泰然接受，不致将其视为外在压迫。英国下议院名义上由庶民代表组成，但当议员先生发言时动辄引用拉丁文却不加翻译，就会生成一股智性蛮力：茫然不解者遇到颔首微笑者，自惭形秽，羞愧地认为自己不配站在这里。

著名的《培根论说文集》虽用英语和拉丁文两种语言写成，但作者在题献词里强调："窃意拉丁既为天下之共同语言，则拉丁文本或可永垂后世而不朽。"至于其他人文作家，如约翰·弥尔顿撰写政论文时，纯以拉丁文出之，将寻常百姓排除在目标读者之外。

当拉丁文借助智性屏障将村夫愚妇、下里巴人隔离在外，拉丁文世界就成为知识人一块相对安逸的封闭领地，一座专供少数人盘桓流连的精神城堡。包括叔本华在内的欧洲知识人大多持有一个信念："事实上，整个欧洲精于思考，善于判断的人为数甚少。"因此，正如罗马教廷允许伽利略用拉丁文坚持日心说一样，有人想用拉丁文表达有伤风化的内容，也大可通融。用拉丁文写作，意味着无论危险的思想还是不道德的情感，都处于可控状态。如果民众是羊群，在羊群之上的牧羊精英，有权随意翱翔。《罗马帝国衰亡史》的作者爱德华·吉本即被后人概括出如下倾向："对群众唯一得体的态度是开明贵族的鄙视。"

然而，随着民族文学兴起，民族语言拥有了越来越大的影响力，拉丁文的至尊地位受到了挑战。一些作家对此充满感激，如早早就得养家糊口的维克多·雨果曾表示："读者的增加，就是面包的增加。"但更多信奉拉丁文霸权的知识人感到了不安，阿瑟·叔本华的表述最有代表性，他在《论拉丁文研究》一文里，发出如下哀叹：

> 随着与民族文学密切相关的方言的兴起，作为学者们通用语言的拉丁文逐渐被废弃，这从欧洲知识的角度来看，可谓是一场真正的灾难。因为，正是主要由于拉丁语的媒介作用，欧洲才会有大批博学多才者——几乎每本书刚一出版便会立即受到他们的欢迎。……
>
> 假如事情真的发展到如此严重的地步，那么，别了，古典文学！别了，高尚的情趣、深邃的思想！

三

与英国在19世纪70年代初推行普及教育相伴的，是人口的井喷式增长，自1800年到1914年，欧洲人口从1.8亿暴增到4.6亿。在知识界精英看来，这意味着欧洲出现了一个前所未有的具有基础读写能力的庞大人群。“高尚的情趣、深邃的思想”只在小圈子里优雅传递的历史，一去不复返。他们厌恶这个变迁，他们依旧迷恋这样一种历史：“为了了解社会发展有着怎样的进程，有时只需追踪观察为数不多的几个最敏感的个人思想发展的方向就足矣”（米沃什语）。H. G. 威尔斯断然认为，“新生人口过度云集”是“19世纪的根本灾难”。

蔑视民众原是以往知识界的流行看法，甚至在那些公认进步的人文主义者笔下，类似鄙视比比皆是：“民众的本性就是感情用事”（孟德斯鸠），“人民，先生们，人民是一头巨兽”（亚历山大·汉密尔顿），“理发师或是蜡烛工，对任何人来说都不是一个体面的职业……更不用说其他更卑贱的工作了……如果允许这些人来统治国家，那么这个国家就会遭受压迫”（爱德蒙·柏克），“我相信，老百姓、大众、群众总是卑劣的”（福楼拜），“大多数是什么？是无知的群众。智慧总是属于少数人”（易卜生），“至于普通民众，他们意见的反常转变，他们那种可以像水龙头一样开关的激情，全是受报纸和电台催眠的结果”（乔治·奥威尔）……

盛行于19世纪末、20世纪初叶的那种癫狂，源于一份彼时彼地的认知，在当时精英眼里，与人分男女一样天经地义的是，世人必须分成读者与非读者。当庞大的底层民众意欲晋阶为读者进而分享思想的时候，精英群体仿佛看到了一个女人普遍蓄起胡子的全新生物。与后人想当然的理解不同，这拨精英并不认为普及教育新增的庞大读者群，对自己意味着福音，相反，他们坚信，这些人即使受了若干教育，骨子里仍然无法理解“高尚的情趣、深邃的思想”。与文盲相比，他们只是自以为理解罢了。阿道斯·赫胥黎嘲笑道：“普及教育已经创造了一个广大的阶层，我可以称之为新蠢货。”

凯里教授曾如此概括赫胥黎的骇人见解：

> 在旧的特权制度下，那些能从教育中获益的人“基本”获得了文化，而普及教育却造成不计其数的人觉得自己有资格嘲笑文化。……同时，报纸、电影和广播又向“无尽的世界大众”宣扬“老掉牙的胡言乱语”，使文化加速堕落为愚蠢的东西。
>
> 大众的痛苦虽然很糟，大众的快乐可能更糟。这就是赫胥黎写《美丽新世界》的初衷。

被 T. S. 艾略特赞许为“我们这一代最伟大的风格独特的散文大师”的英国作家温德姆·刘易斯声称：“尽管现代人相信需要表达个性，可大多数人并没有个性可以表达，因为他们只有大众传媒强加给他们的群体意识。”T. S. 艾略特本人的著名长诗《荒原》，同样涉及这个蔑视性主题，詹姆斯·乔伊斯把小说写得如此高深莫测，在凯里教授看来，也只有一个目的：“仅仅为知识分子而作。”

四

我不清楚作者约翰·凯里在阐述论证时，省略了哪些对其主题构成干扰的支流和细节。我不是一个性喜拥抱新奇观点的人，李笠翁曾将书籍分成“新耳目”和“备考核”两种，为慎重起见，我宁愿将《知识分子与大众》看成前者，尽管仅就我有限的阅读，也能给凯里教授提供些许佐证。

C. P. 斯诺在《两种文化》里曾提到一个严峻问题：

> 一位卓有成就的科学家反复盘问过我：“为什么大多数作家所持有的社会观点，早在金雀花王朝（1154—1399）人们显然已经认为不文明、过时了呢？20 世纪大多数著名作家是否也是这样呢？叶芝、庞德、温德姆·刘易斯，主宰我们时代文学感情的那些人中间十个中的九个——难道他们不仅政治上很愚蠢，而且政治上也很凶恶吗？难道他们所产生的全部影响会使我们更接近于奥斯维辛集中营吗？”

哈佛法学院教授亚伦·德肖维茨在《致年轻律师的信》一书里披露，他心目中的“法律英雄”、大法官小奥利弗·温德尔·霍姆斯，在致友人的信里，也表达过令纳粹狂喜的见解。德肖维茨写道：

> 他赞成对“低能儿”实施绝育——甚至可能是谋杀。霍姆斯在信中同意处死“任何不合格的人”，并且

> “将经检查不合格的婴儿杀掉”。在承认强制绝育法律的合宪性时，他赞成对一个被误认为“低能儿”的女性实施绝育手术。按照霍姆斯的这个先例，成千上万的人们被实施绝育手术，而他们中有许多人是被误诊的。甚至连纳粹也引用过该判决用以支持他们的种族优生计划。

博学之士不难想到，处理不合格的婴儿，在两千多年前高度军事化的斯巴达城邦，就系统实施过。这也许可以部分解释这些作家、学者的谵妄之论，但我们不应为他们开脱更多。正如我们也不妨认为，那些政治上既蠢又恶的见解，有可能出自一颗颗不甘寂寞、贪慕声名的无聊心灵，倘若有一种检验文字灵魂的核磁共振设施，后人从那些作家身上所能扫描出的最大共性，大概只是虚荣和狂躁。但我们不必在替前贤辩解时，帮他们卸掉理应由他们承担的责任。

离开了公共责任，知识分子无从谈起。

普鲁塔克在《希腊罗马名人传·梭伦传》里，提到梭伦制订的一个怪诞法律：“一个人如果在国内出现党派分裂时不参加任何一方，就要被剥夺选举权。”普鲁塔克猜测道，梭伦“大概是希望一个人不要不关心公共事务，……而是应该勇于拥护正义的方面，患难与共，予以支援，不能安处一方，坐视成败”。无法断言西方知识精英在特定年代踊跃发表愚蠢见解的热情，来自梭伦的遥远怂恿，但我们至少会想到：当知识分子听从情感、欲望而非良知的召唤，发出万众一心的鼓噪呐喊，他们的笔就堕落成一杆杆锃亮的枪矛，散发出党卫军般的黑暗光芒。

思想不需要迈出罗马方阵的步伐，思想的美德无需呛人的酒香。

有些时候，我们感谢知识分子的巨大影响力，试想，如果在人类文明史上去掉洛克、康德、密尔等名字，这个世界将何等黯淡！在另一些时候，我们又得警惕知识分子的超凡影响力，同时庆幸他们默默无闻。因为，如 C. P. 斯诺所说，贪恋声名的“文学知识分子”，经常“趁着人们不注意把自己看作独一无二的‘知识分子’”。

当知识分子决意以高高在上的姿态与人民为敌，当人民先是被君主以愚民术的方式、后是被知识精英以高雅的名义阻隔在知识之外的时候，因丧失教育权而变得愚蠢的人民，就可能响应一些过于简单的口号，并用一种酷烈的反噬报复社会。这是血腥的法国大革命业已验证过的惨痛教训，日后还将不断重演。

那些神一样的坏家伙！

最伟大的人有最高尚的美德，同时也能做最糟糕的坏事。

——勒内·笛卡尔

精神疾病的情况正好相反：病得越重，越是感觉不到自己有病。

——塞涅卡

一

一本鲁迅先生多次提及的小册子《果戈理是怎样写作的》，作者魏列萨耶夫出语惊人地写道：

我们翻阅果戈理的传记的时候，不禁惊奇地发现，我们最伟大的讽刺作家在私生活中的表现，竟同他抛掷到世界上永远供人嘲笑的乞乞科夫、赫列斯塔科夫、诺兹德廖夫、玛尼洛夫一模一样。果戈理处理自己事务的时候正像乞乞科夫那样不择手段，吹牛像赫列斯塔科夫那样忘乎所以，漫天撒谎同诺兹德廖夫如出一辙，构筑空中楼阁时候的那份天真劲儿，活脱脱就是玛尼洛夫。

在致某伯爵小姐的信里，果戈理有言在先："我对任何人都不付食宿费。今天住在这家，明天住在那家。我也要到您府上去住，同样一个子儿不付。"一毛不拔还算客气的，果戈理住在另一位朋友家里（该朋友还得操心家中25张嘴），同主人大吵大闹，以致两人"彼此不讲话，有事传字条"，但是，果戈理蹭吃蹭喝的既定计划毫无改变。果戈理默默无闻时，出版了一部长诗《汉斯·柯里尔加尔腾》，他冒充发行人口吻在序言里表示："我们尽力把后起之秀的创作公诸于世，并引以自豪。"出版《小品集》时，尽管书没卖出一本，他仍写信给一位莫斯科大学的历史系教授，要求他在"《莫斯科公报》上介绍《小品集》的时候加上这几句话：现在到处都在谈论《小品集》，此书引起轰动，畅销之极"。——是的，我们面对的是一位名声如青铜般坚实的现实主义小说大师，但实话实说，人们对这类行为的惯常概括，就是无耻。

然而，果戈理最终获得的文学成就，使他的"无耻"只具有花絮意味，归根结底，那不过是些私德。如作者魏列萨耶夫所说，果戈理待人接物上的可憎只是"事情的一个方面"，他"还有另外的一个方面"，即一丝不苟地写作，正是后者，确立了他的伟大。果戈理著名的写作佳话是，只要认为别人对他作品的批评有理，他有时不是想着如何修改，而是直接烧掉，包括名著《死魂灵》，他烧掉了第二部，放弃撰写第三部，将"宁缺勿滥"的标准贯彻到极致。

果戈理是一位交游有限、生活静默的小说家，他立志成为第一流讽刺作家，但缺乏接触各色人等的机会。我们或可这样揣测：为了成就梦想，他近取诸身，就地取材，通过亲身体验各种丑行，开掘自身性格这座富矿，以期找到生动可信的人间笑料。倘此猜测成立，果戈理相当于这样一类科学家，他们为了验证某种药剂的毒性，不惜把针扎在自己身上。

果戈理说："我身上聚集着各种龌龊的东西，应有尽有，每种都有一点，并且种类如此繁多，至今我还未曾在别人身上见到过。"果戈理为何做此坦白，我不清楚（魏列萨耶夫没有说明），但人们通常不会用不带辩解的口气强调自己"龌龊"，所有的不打自招都暗嵌着一个"但是"。根据他的作品，我可以蛮有把握地假定，他之"但是"，恰在文学。因为，即使从功利角度看，果戈理在生活中欺骗了几位朋友，相比他给人类文学画廊永久添加的出色人物，代价微不足道。对读者来说，只要自己不是那个倒霉蛋，他们大可宽容地建议：大师，为了您伟大的文学，想蹭谁家的饭，想骗谁的钱，请随意，不要拘束。乔治·奥威尔谈到小说家狄更斯时，所采的态度更为可取：

> 作家的文学品格与其私生活品格几无关联。狄更斯在私生活方面，很可能如本彻霍夫·罗伯茨先生所言，是个没心没肺、极端自私的人；但他已经出版的作品所反映出来的，确是完全不同的一种品格，这种品格，使狄更斯赢得了远比其敌人要多得多的朋友。

人们倾向于善待乃至纵容艺术家中的浪子，还有一个原因：服务于审美范畴的艺术作品，不应从道德的善恶观加以拘囿。真善美三项即使无法严格区分，大致划界还是可以的，致力于美感创造的群体，不妨在道德上拥有若干豁免权，以免艺术家束手束脚，无法尽展才华。再说，丑学也是美学的重要分支，一个邪恶的坏蛋，审美价值决不逊于一个道德楷模，要求唐璜和乞乞科夫的创造者同时具有无懈可击的品行，几乎算得上强人所难。

试以长篇叙事诗《唐璜》的作者拜伦勋爵为例（如你所知，主人公唐璜是一位不同凡响的花花公子），这位皮肤黝黑、相貌英俊的浪漫主义诗人，得到人们狂热爱戴，诗集《海盗》出版的第一天，即售出三万册，近乎天文数字——那时的英国尚未实施全民基础教育，统治英国长逾 64 年的维多利亚女王都不能娴熟使用英语（她的母语是德语）。诗人拜伦一只脚先天畸形，走路时那只残缺脚必须拖曳着前行，但在拜伦粉丝眼里，这份残缺令人沉醉，正常人都加以模仿。粉丝集体迷狂的有趣结果是，后人至今弄不清拜伦跛的是左脚还是右脚。同时，所有崇拜者都知道拜伦私生活极度不堪，诗人不惮于声称：在两年半的时间里，他在威尼斯女人身上花了 2500 英镑以上，睡过“至少 200 个各种各样的人——也许更多”；后来他又列举了他的情妇中 24 个人的姓名。有学者认为，假如拜伦的私生活更检点一些，他的名声将没有那么大。丑闻作为名声的助推器，从来都是马力强劲的。

作家诗人的丑闻劣迹，可能成为治安或刑事案件，但不是社会事件，一般不会对局外者构成干涉：他的事终究只是他的事，却会丰富读者的谈资。无论文学还是艺术，本质上不具改天换地之力，而哲学家和知识分子的影响力就难说了：他的事很可能变成我们的事。没有证据显示，英国出现了莎士比亚和狄更斯以后，社会结构出现了相应改善，即便 18 世纪末叶的英国被冠以“约翰逊时代”，大文豪塞缪尔·约翰逊博士仍不曾对英国的社会发展做出实质性推动。但自打出现约翰·洛克、约翰·密尔及客居英国的卡尔·马克思以后，不仅英国，全世界都受到了深远影响，该影响常常还是震撼性的。因此，对哲学家或知识分子言行上的不检点，人们有理由肃起脸来，一本正经地对待。

即便以久远的苏格拉底为例，我们也能看出哲人的特殊性。今人了解苏格拉底，多是通过他的学生柏拉图、色诺芬等人，转念一想，事情尚有可疑处。苏格拉底被雅典公民以民主方式处死的事实，多少反映出当时的雅典人对其倡导的思考和生活方式并不认同。尽管投票者的主张难以确考，但把他们想象成一群无知暴民，恐无法成立。毕竟，公元前四五世纪的雅典公民，也是古代史上最伟大的一群民主公民（尽管缺乏现代的个体权利意识），他们不可能以愚蠢残暴著称。合理的推测是，雅典公民意识到苏格拉底言行的危害性，鉴于哲学家的危害性不同于悲剧家和喜剧家，他们如临大敌，不惜矫枉过正，消除危险，处死了苏格拉底。

二

哲学家和知识分子很难分享那种不成文的道德豁免权，“浪子回头金不换”的社会心理学铁律，无法在该群体生效，那是艺术家群体的专属特权。尽管有些知识分子本身就是知名作家，如让-保罗·萨特，伯特兰·罗素也写过小说，但是，既然他们主要以哲人和知识分子形象示人，就必须接受该身份随附的道德标准，他们不能两头通吃。

拥有专属特权的欧内斯特·海明威欢快地表示：“最优秀的作家都是说谎者，这没有什么不正常的。他们这一行的主要工作就是撒谎或是虚构。”实际上，海明威经常在与作品无关的场合从事世俗的说谎，倒是在小说里保持艺术家的诚实。比如他吹嘘自己1944年第一个进入解放了的巴黎，事后证明是谎言；二战期间他向美国军方提出用自己的深海摩托艇巡逻海面，探查可能的德国潜艇，亦被怀疑是一个脑洞大开的骗局。保罗·约翰逊无情地揭露道：“至于反德国潜艇的巡逻艇，海明威的一位评论家的观点得到了证实：海明威需要汽油打鱼。据一位目击者说：‘他们啥事都不干，整天四处游荡，寻欢作乐。’”

但是，读者仍然不愿对海明威多做计较，他们可能认为，循规蹈矩、按部就班的生活，只是平庸作家的表征。优秀作家的恶作剧，乃是灵感的催生物。而同样的批评，假如针对一位素以道德楷模示人的哲人或公共知识分子，杀伤力将大得多。撒谎之于海明威，不过是一种“花絮”和“谈资”，对于罗素或维特根斯坦，则可能构成釜底抽薪的致命指控，令尊敬他们的读者大惊失色。也许正因此，一些西方知识分子近年来热衷于挖掘同行前辈的丑闻秽行，不用说，每一本类似著作都会在知识界引起一定反响。

与人们善待浪子相对应的，则是对所谓“伪君子”的厌恶。说起来那也是一种蹊跷人性，即：虽然回头浪子未必价值千金，被视为“伪君子”的行为，有时倒不妨一笑置之，但人们仍然性喜宽容前者，追究后者。从满腔正义和满腹爱心的道德文章里挖掘出道貌岸然的虚伪，对很多人都是无法克制的欲望。理由多半在于，原谅浪子可以体现宽容，反击“伪君子”则有望凸显批评者的君子品格。

我们在上一章提到《知识分子与大众》，该书作者约翰·凯里教授，擅长用昂扬的斗志，把收集到的每一条材料打造成杀伤力巨大的炮弹，密集地射向本国知识界、文学界的前辈。他还不惜“上纲上线”，把这些知识人与希特勒进行挂靠。英国学者尼格尔·罗杰斯、麦尔·汤普森合著的《行为糟糕的哲学家》，同样把矛头对准了多位名声锃亮的哲学家，如卢梭、叔本华和尼采。为展示批判锋芒，作者提到维特根斯坦的自大狂性格和“磁铁般的魅力”时，还用一种冷血的修辞，将这位得到过无量艳羡和崇敬的迷人哲学家，再次与希特勒进行比较。作者还强调一个巧合，即“非常巧合的是，他们两个是同时代人，都在林茨的实科中学念书，虽然维特根斯坦比希特勒高一级”。维特根斯坦很会欺负人，而希特勒也一直是“欺负人的天才”。

管见所及，对知识分子品行揭露得最充分的，就是我们多次提及的英国历史学家（又是英国人）保罗·约翰逊的著作《知识分子》。想了解名扬天下的知识分子会混账到何等程度，读此书定然不虚此行。诚然，该书有分类不严谨之弊，众多不必归类于知识分子的人物，如诗人雪莱、戏剧家布莱希特、小说家海明威等，他满不在乎地与卢梭、马克思和罗素并列。想到罗素曾在《西方哲学史》里为“诗人中最缺乏思想的拜伦”专辟一章，我们或许不必把这种分类错乱太当回事，兴许作者只是舍不得辛苦收集的那些材料。该书另一个不足在于，作者提供了知识分子的海量秽闻恶行，却没有用有说服力的文字，厘清私德与公共祸害的差异，似有为揭露而揭露之嫌。读者会不断感叹：“啊，真没想到，原来他是这种混蛋！”——他笔下人物，甚至还出现几个间接杀人犯：雪莱和布莱希特都对多位女性之死负有间接责任，美国小说家诺曼·梅勒更直接把铅笔刀刺进妻子的“腹部和背部，一个伤口有3英寸深”，好在未闹出人命。

小说《刀锋》里，英国作家毛姆对端庄淑女伊莎贝尔有个神奇评论："她具有多数正经女子有的那种对猥亵的奇异知识。"长着一张天使脸，脑海里却有着大量不足为外人道的猥亵想法，这很正常，何况"天使"原本只是比喻。知识分子亦然，只有当我们先入为主地把他们想象得过于严谨圣洁，才会被保罗·约翰逊等人的揭露弄得大惊失色。假如我们持有一种毛姆式阅人术，内心拒绝承认一尘不染的伟人，面对任何超越人性的美德都避免轻信、保持警惕，就会在接触到伟人的混蛋性时，保持淡定。美剧《纸牌屋》里的当代奸雄弗兰克还未当上总统时，就觊觎总统宝座，抽空在上面偷偷坐一把。这其实是人之常情，不见得是奸雄专属品行。认为地位高、成就大的人必然品格超凡，缺乏虚荣和贪婪，多属一厢情愿。蒙田说过："我赞同圣奥古斯丁的意见，对难以证实而人们又相信到危险程度的事最好倾向于怀疑而别倾向于肯定。"轻信大人物的品格，有时就属于"危险程度的事"，民众的轻信和爱戴会构成一种怂恿，激励他自我圣化，以为自己当真具有改变人类命运的超自然能力。

埃里克·霍弗认为，知识分子"不能够在室温下运行"，斯言妙极。知识分子需要打造符合自己影响力的特殊小气候，以便展示卓颖之态。我们考察他们时，应将其还原到正常温度下。他们终究只是凡人，与普通人的区别在于，他们热衷于假装自己不是凡人。

三

站在公共正义角度，行刺妻子的作家虽然吸引眼球，危害性却低于那些关键时刻检举同行、落井下石的人。前者毕竟只是一桩个案，是家庭悲剧而非社会悲剧，后者却会污染社会的道德空气，逼退一个时代的良知水位。有学者提到，苏东剧变后，许多捷克斯洛伐克的知识分子热衷于谴责别人以逃避自己的过错。同样，当年主动参与批判胡风的那些知识分子，在射出文字暗箭之前，本人尚未受到现实迫害，他们是出于未雨绸缪，为了防范潜在的危险，才对同行先下手为强。这类行为不像海明威虚构敌情骗取军方每月 1000 美元的津贴来得富有戏剧性，也不像维特根斯坦恣意体罚女中学生且事后撒谎逃跑的行为来得夸张，但就知识分子品格而论，混账程度要大得多。

我们还应警惕另一类知识分子，他们为数不多，危害性却不可低估。他们是赋予自己过高使命的人，信奉一种类似“天不生仲尼，万古如长夜”的认识，并且坚信自己就是仲尼再世。他们将自身定义成精神超人，把自己想象成一只会迫使旁人感叹“斯人不出，如苍生何”的真理怪兽。倡导“理性多元论”的约翰·罗尔斯提醒现代公民不要与这类自以为携带着“完整真理”的人为伍。他的告诫是有针对性的，如保罗·约翰逊所言，“从卢梭开始，知识分子都有一个奇怪的幻想，认为他们可以通过创建一种新的体制一举解决人类由来已久的诸多教育方面的难题”。对于卢梭，保罗·约翰逊概括道：“毫无疑问，坚信自己完全正确，这是他的主要症状。”

诗人雪莱也有类似症状。“他总是能够把自己的丑行与崇高的名义挂钩”，“他是那种崇高的利己主义者，有一种强烈的道德化的倾向，他认为对于他的决定，别人不但有义务服从，而且要欢呼，别人没有这样做时，他立即就表示气愤”。实际上，雪莱即使正在赖账，也敢于把自己的行为升华到“不可屈服的精神”。

更有意思的人物，是《行为糟糕的哲学家》一书中描绘的哲学家路德维希·维特根斯坦。

维特根斯坦拥有令人无法逼视的智慧光芒，但他越界扩张了自己的伟大性，将属于人的伟大比附于上帝的伟大。“维特根斯坦的魅力来自他的坚定信念，坚信自己绝对正确，而和他观点不一致的人肯定是错的，缺乏智慧的，或者精神上软弱的。”我们听说过维特根斯坦一句名言：“凡不可说的，都应该沉默。”人们（包括我）想当然地以为，那表达了一种对真理和未知事物的谦逊，但《行为糟糕的哲学家》的作者认为不然，他的解释是：维特根斯坦认为自己已然界定了所有可说之物，所谓“凡不可说的”仅指那些连他都无法说清楚的东西，别人必须沉默。“鲁道夫·卡尔纳普回忆说维特根斯坦不能容忍别人的批评意见……他给我们留下的印象好像是其观点都是通过神灵的启示得出的。”震慑于维特根斯坦的光辉，经济学家凯恩斯曾用一句著名的话“上帝来了，他乘5:15分的火车”，直接把他比喻成上帝。维特根斯坦本人也当仁不让，他在《哲学研究》里写道：“如果我能够，我将把该书献给上帝。”

维特根斯坦数量不多的哲学著述值得尊敬，但并不奇怪的是，人们对他的颂扬往往与哲学无关，而是与他自我打造的外在光芒密切相关。他有这份本事，“即使对他的观点一无所知的人也知道他是魅力无穷、绝不妥协的天才”。他身边围绕着大量崇拜者，这些学生“不仅聆听他的教诲，还模仿他的言谈举止，比如穿橡皮帆布鞋，花呢上衣，白色开领衬衫，吃素食，睡硬板床。他们甚至模仿他在新想法出现时敲着脑门说‘哎呀’的样子”。维特根斯坦经常建议优秀学生“放弃学术追求，去从事体力劳动”。“他实际上毁掉了很多学生的生活。让人讶异的是，拜倒在他这个偶像面前的许多人很少真正成为哲学家的。”

后者其实不值得讶异，正如喜欢以地域和国籍自豪的人，往往不会让自己成长为乡人和国人的骄傲。滥用自豪，多半是人格走向卑微的表征，对于那些因亲近维特根斯坦而显出骄傲之色的学生来说，他们那身装饰自豪感的鲜衣怒马，恰恰构成一条不思进取的锁链。但问题是，这些学生是无辜的。

一位理应以其思想嘉惠后人的哲人，竟不断以其私人生活的传奇性得到颂扬（比如太阳神阿波罗般的容貌仪表，放弃万贯家财，决意过简朴的隐士生活等等），总有点不对劲。何况，在人们可以验证的若干地方，维特根斯坦并未显出值得钦佩的洞察力，他贬低卡尔·波普尔那本“猛烈抨击专制主义的意识形态基础”的《开放社会及其敌人》，据说是因为他本人“仍然钦佩斯大林统治的苏联”。作者提醒我们，由于“维特根斯坦认为苏联正在迈向理想社会”，“苏联人好像把他列为‘有用的白痴’”。“有用的白痴”是列宁的著名比喻，好莱坞电影《虎胆龙威 3》中一个反派人物也引用过这句话。

茨威格在《异端的权利》里宣布过一条沉痛教训，“这教训就是，在日内瓦只有一条真理是完全正确的：加尔文即先知”。当知识分子冒充先知时，我们有必要记住这条教训，规避那些神一样的坏家伙。

修辞中的伦理

绝大多数对政治感兴趣的知识分子言辞尖刻，因为他们感觉到被剥夺了那些理应属于他们的东西。无论他们是情绪激昂，还是态度谨慎，都觉得自己所说的话听者寥寥。

——雷蒙·阿隆

观文章固未能灼见作者平生为人行事之“真”，却颇足征其可为、愿为何如人，与夫其自负为及欲人视己为何如人。

——钱锺书

一

修辞是个文学概念，但可以广泛出现在与文学无关的各种文字里。阅尽万卷的钱锺书尝言：“修词机趣，是处皆有；说者见经、子古籍，便端肃庄敬，鞠躬屏息，浑不省其亦有文字游戏三昧耳。”说到文学修辞的力量，弗吉尼亚·伍尔芙的一声叹息可为代表：

> 十二个成年男人和女人的死亡，给我们的感动还不如托尔斯泰作品中一只苍蝇受的苦难多。

说到知识分子的修辞伟力，托克维尔在反思法国大革命的名著《旧制度与大革命》里，有一段针对启蒙思想家伏尔泰、卢梭等人的评论堪为脚注，这些启蒙思想家均是一流文学家：

> 作家们不仅向进行这场革命的人民提供了思想，还把自己的情绪气质赋予人民。全体国民接受了他们的长期教育，没有任何别的启蒙老师，对实践茫然无知，因此，在阅读时，就染上了作家们的本能、性情、好恶乃至癖性，以至当国民终于行动起来时，全部文学习惯都被搬到政治中去。

修辞有两大目标：审美和伦理。审美即修辞的文学性，那是诗人、作家的常规胜场，无可非议，千百年来读者一直在快意享受着，兹存而不论。在我们讨论知识分子写作时，服务于人格塑造的伦理功能更重要，古语“修辞立其诚”即强调了它的价值。本来，汉语里的“文”兼有修饰、美化之意，成语“文过饰非”、古语“衣冠可诈，而形器不可诈；言语可文，而声音不可文”等论断，均点明了这层词义。而“修辞立其诚”之所以构成一项重要告诫，正在于“修辞立其伪”乃是文字常态，诗人元好问犀利地概括为“心画心声总失真，文章宁复见为人”。文章不易“见为人”，恰对应于无论文章新手老手都热衷于粉饰自我的现实，这种粉饰常会达到恁般程度，所言与所行，正好相反。

如果我们坚持将知识分子论述限定在“三个公共”框架内——面对公共大众、谈论公共话题、指向公共正义——我们就不易在以“士”为代表的古代中国找到知识分子写作的样本。因为，假如忽略过于悠远绵邈的上古时期，古人著述要么志在向君主进言，要么旨在与别家商榷，要么意在立一家之言，无论他们是否“立诚”，普通公众总在目标读者之外，公共正义多半也在云里雾里。在“普天之下，莫非王土”的既定语境里，不可能觅得奠基于人民福祉之上的现代正义观；士人忙于为皇上陈计献策，其言词中的“民”，不过是一种用来警示“载舟覆舟”的对象，操心民瘼的本质是牵挂皇权。

此外，仅仅强调写作的诚实，与知识分子面向真理的目标还差得远，沃尔特·李普曼说得明确：“不幸的是，真诚并不代表智慧。”更全面的说法来自一位现代逻辑学家D. Q. 麦克伦尼，他说过：“或许你绝对真诚，但同时也绝对错误。真诚不能将谬误变成真相。人要真诚，然而人更要正确。”就此而言，当我们意欲讨论知识分子写作，我们无法从“修辞立其诚”里得到更多启发。

在古希腊及师法古希腊的古罗马，修辞功能得到了更好的研究，修辞的伦理性也得到了更积极的评价。理查德·波斯纳在《公共知识分子——衰落之研究》里，曾将亚理士多德的定义转述如下：“修辞是指针对不可能以逻辑、数学、控制实验或其他精确推理的方式予以解决的问题——说服人们认可问题一方或另一方的一整套策略。”波斯纳同时指出：“亚理士多德的修辞理论强调‘伦理诉求’，即意味着试图说服你的听众，除了你的论辩本身的优点以外，你本人就属于值得信赖之人。”

根据这个定义，我们明确了两点：一、修辞不会增加论证效力。最严密的论证，反而最不需要乞灵于修辞，比如数学论证，爱因斯坦的相对论，无需也无法通过引用莎士比亚来增加说服力。二、只要你的目标读者是普通公众，你就必须借助修辞，公众对你的信赖是你的观点得以扩散的前提，而除非有效调动了读者，否则，他们不会无缘无故地信赖你。总之，修辞不是论证的技艺，而是说服的技艺。它无关真理，却攸关思想的传播。

以雅典为代表的古希腊实行一种城邦民主制度，其统治者并不自称受命于天，执政官及重要公职人员的当选、施策及述职，往往在一种开放的公共空间进行，拥有选举权的公民有权支持或罢免他。因此，说服公众相信自己的主张，就不再局限于中国式的私人道德，还是一个现实成败问题。他若满怀报国之志，就必须将说服公众列为头等大事。像屈原那样只对楚王一人哀哀陈情，必然无济于事。于是，说服公众的雄辩术就发展成一种重要技艺，并得到知识上的培育发展。一位善于调动公众情绪的人，就像今日欧美法庭上擅长说服陪审团的律师，他视诚实如粪土的煽情技艺非但不会遭到指责，还将成为一种职业荣耀。亚理士多德时代确立的另一项修辞学规则是："要以听众能够接受的主张展开辩论。"意即，如果只想姿态高蹈地立一家之言，就请退守书斋，远离公共讨论的地盘。

苏格拉底虽然很谨慎且执意追求真理，他面对由 501 位雅典市民组成的大陪审团进行最后申诉时，仍"依照惯例以老练的演说家言不由衷的恳求作为开场白——为自己的拙于辞令表示抱歉"。那当然是修辞。固然，他还借助神谕强调自己是最无知的人，但这个说法不难自圆其说，比如，依据古希腊哲学家芝诺的著名比喻，接触了更多知识的人，相当于拥有一个更大的圆，更大的圆既意味着掌握更多的知识，也意味着面对更加广大的无知领域。因此，拥有最多知识的人，的确会产生最大的无知感。但苏格拉底声称自己不善言词，就较难辩解，因为他遭到审判不仅缘于他被控渎神，还缘于他谈锋过健，影响力太大——总之，口才太好。关于苏格拉底之死的讨论总是没完没了，在这里我们或可大致确定，他并不认为在涉及自身命运的最后陈述里，必须恪守“修辞立其诚”的东方式教条，相反，他认为让公众以为自己木讷口拙，更符合当下目标，即使他并不怕死。如你所知，苏格拉底的计谋（如果非要说是计谋的话）没有成功，这位西方世界有史以来最伟大的哲学家，并非死于暴君手下，而是被无知且狂热的民众判处死刑。

普鲁塔克在《希腊罗马名人传》里写到雅典著名政治家伯里克利，他比较了伯里克利的各种功勋（“将雅典修得如此宏伟，……政治军事方面有才能”等等），最终优先肯定的是伯里克利的语言才能，“就像乐器似的，上面时常绷上一根阿那克萨戈拉斯的副弦，使自己的发言染上自然哲学色彩。……他把他的学识用到谈话技巧中，于是他比别人更高明”。他热烈赞颂道：“伯里克利向群众演说时，像‘雷鸣’，像‘闪电’，像是‘舌头上有一根可怕的霹雳棒’。”

罗马人被视为“老到的阴谋家”，与他们迷恋希腊人的说服艺术有关，这尤其体现在罗马雄辩术的集大成者西塞罗身上。西塞罗对演说家的要求是：

> 雄辩的演说家不仅要赢得赞同，而且要赢得敬佩、欢呼和掌声。要是可能的话，他要在各方面都有卓越的表现。要是在他前面还有什么东西更伟大，或者有听众

说除了听他演讲还有其他更大的快乐，那么他会感到羞耻。

简而言之，荣耀始于“掌声响起来”。西塞罗从柏拉图那里受到的教益是，“在嘲笑演说家的时候，他本人就是一名成熟的演说家”。他认为：“最好的演说家是这样的人，他的讲话、教导，振奋、打动听众的心灵。演说家有教导的义务，快乐只是赠给听众的一件小小的礼物，感动他们则是必不可少的。”他还提出如下具体建议：“愤怒最好以高音调的抑扬顿挫的短语来表达，发表演讲时应当伸出右臂，就像伸出武器一样。……在有力的段落其开头和结尾处都应当伴随着有力的跺脚。”

西塞罗的巨大影响到了英国伊丽莎白时代，居然催生出一门古怪的学科：劣物修饰学（adoxography），并要求中学生学习。“这是一种称赞无价值事物的技巧”，学生必须学会“赞美畸形、丑陋、贫困、失明、放荡、思想贫乏和愚蠢的评论”。学生还被告知，该学科“对律师们特别有用”。钱锺书在《管锥编》里提到一类手法，或可视为“劣物修饰学”的实例，即“取向来揣称殊色之词，稍一挪移，毫厘千里，赞叹顿成诙谐。发黄似金、唇红同珊瑚、肤白比乳之类，易位他施，至宝丹可使齐于溲勃。如云彼姝‘白银为发，黄金作面，乳凝唇而檀琢齿’；或云：‘乌檀为齿，白银作眼’；‘额如红宝石，颊如卵白宝石，眼中闪闪作珍珠光，唇如蓝宝石，肤灿烂如精金’；‘发如白莲花，齿如黄蜜蜡’；‘发似鸦白，眼同琼赤，齿作金黄’”。索尔仁尼琴提到过一位雅库博维奇，“一个很有力的成功的演说家”，他在某次会议上“冒失地把那些号召继续进行战争的新闻记者称为人民公敌——这是在1917年4月呀！他差点被赶下讲台，他道了歉，但是他马上把话头一转，把听众牢牢地抓在手里，所以在讲话结尾处再次把他们称为人民公敌时竟博得了暴风雨般的掌声”。面对这种巫师型煽动者，人民不够警觉，就可能经由掌声的滑梯滑向地狱。在一个良性社会里，当知识分子和政客刻苦磨炼赢得掌声的技艺时，作为对峙和制衡力量，成熟公民应同步养成拒绝随意鼓掌的习惯。

二

波斯纳法官在扼要介绍了乔治·奥威尔的事例后，概括道：

> 奥威尔的事例表明，成为一名真正有影响力的公共知识分子可谓一种魅力型职业（a charismatic calling）。它主要并不是一项智识聪慧、见闻广博以及清晰明澈的创作之事，而是能够通过修辞之力量或某人生活之范例（相关的要点在于——一种模范的生活可以作为一种伦理诉求特别有效的形式）而撰写出为社会公众或至少为受过教育的社会公众所信任的新颖独特、扣人心弦、边缘异类的思想。

该魅力亦译为“克里斯玛”，喻指一种支配性的超自然人格。该魅力褒贬不定，有些极具“克里斯玛”魅力的人，也会谨慎地拒绝它，如诺姆·乔姆斯基，他声称：“我不是一个克里斯玛型的、极富个人魅力的演讲者，即便我有能力做到这一点，我也不愿意。我对于说服他人从来不感兴趣。我喜欢做的就是帮助他人认识他们自己。”说得这么漂亮，只会加剧自己的“克里斯玛”

砝码。小说家也不失为魅力型职业，但小说家写作时，并不要求展示自身的道德品质，更好的小说家往往更擅长隐匿而不是展示自我人格，是以我们读完《三国演义》，并不清楚罗贯中是何许人也。诗人的情况稍有不同，我们如此喜爱陶渊明，肯定与我们欣赏其人品和生活方式有关。诗人拜伦通过《恰尔德·哈罗尔德游记》和《唐璜》等长诗塑造了诗性主人公之后，他在生活中随之失去了过平常日子的权利，波斯纳写道："他已经没有给自己留下多少选择余地，只有按照他的诗歌生活下去。这种生活一方面很合他的口味，另一方面也是一种被迫的行为：他乐于扮演登徒子、英雄和解放者的角色。"拜伦在意大利扮演情种，去希腊担任解放者，似乎也是向读者兑现自己的诗情诗境，具有"箭在弦上，不得不发"的必然性。

知识分子的修辞大抵也是在"魅力"的领域纵横腾挪，却未必具有拜伦的言行一致性。小说家列夫·托尔斯泰，众所周知晚年时致力于成为一名超级知识分子，"他创建了一个影子政府，着手处理世界各地的'问题'，提供解决的办法，与各国总统或国王书信往来，发出抗议书，发表声明，特别是在诸多文件、信件上签字，允许各种有关宗教或世俗的、有益或有害的事借用自己的名义。"为了维持他人对自己的热切仰望，他还会捏着鼻子做一些非常不愿意做的事，比如"倒便壶"，或尝试给自己和家人做靴子，虽然坚持了没几天，但足以让他向公众发表如下感想："这让我感到变成了一个劳动者，因为心灵在发育成长。"他还试着干些农活，让记者拍下他的照片满世界转发，照片上，"一把凿刀插在他的宽皮带上，一把锯子悬挂在腰间"。

保罗·约翰逊在《知识分子》里通过文本对照，公开了托尔斯泰一桩丑行。屠格涅夫自知不久于人世，就给托尔斯泰写了封信：

> 我亲爱的朋友，俄罗斯土地上伟大的作家，请听从我的请求吧。请让我知道你是否收到了这封信，并允许我再一次紧紧地、紧紧地拥抱你、你的妻子和你的家人。我已经疲惫不堪，不能再写下去了。

尽管屠格涅夫又在病榻上缠绵了两个月，但他一直没有收到托尔斯泰的回应。但是，当托尔斯泰意识到只有对屠格涅夫之死发表些公开看法才有助于保持形象时，他这样说：

> 我总是怀念着屠格涅夫，我爱他，同情他，读他的作品，我同他生活在一起。

保罗·约翰逊评价道："这是演员的腔调，他扮演着公众对他期望的角色。"据他说，托翁的妻子索尼娅很早就注意到，"人与人之间的爱情或真正的友情所必需的互不干涉和亲密无间，托尔斯泰都不具有。相反，他之所以信奉博爱精神，是因为这可以在公众舞台上表演得更加喧闹，更富戏剧性和轰动效果"。真是这样吗？我不敢说得更多了，毕竟，经验告诉我，每一个小小的指责里，都可能藏着不为人知的纵深，外人最好慎言。但是，素以哲思深湛、理性坚定著称的英伦大哲伯特兰·罗素，在《自传》里写过一句招供语：

> 我在描述一个不可容忍的事物的时候，就把它描述得令人厌恶，让别人同你一样愤慨。

保罗·约翰逊对此评论道："这是个难以理解的招供，它出自一个以对问题的冷静分析为职业、把自己的旗帜悬挂在理性的旗杆上的人士之口。"并非我恶意联想，当戈培尔们认为犹太人是一种"不可容忍的"种族时，他也只能这么干："把它描述得令人厌恶，让别人同你一样愤慨。"不过，其中有个重要区别不可不辨：戈培尔们的描述及栽赃，是在一种万马齐喑的恐怖气氛里，借助高音喇叭发出不容异议的歇斯底里大批判，因而本质上不是发表见解，而是肆虐权力；不依托权贵的知识分子（如罗素）发表公共意见，只是履行公民责任，纵然要点滑头，也不会对他人构成压迫。再则，在一个相对自由的"思想市场"（霍姆斯大法官语）里挥洒笔墨，作者还须接受该市场的制约，毕竟，最喜欢批评知识分子的，正是他知识界的同行。就像自由的经济市场会自发调节并限制商人抬高物价那样，思想市场也会生成一种约束，令那些过度自我揄扬者付出代价。这是一种定价禁忌，当知识分子确信周遭环伺着竞争者，他就不得不遵守这份禁忌，与自己的出名欲巧妙周旋。

知识分子难免将自己偏好的观点视为一种精神私产，面临批驳仿佛遭遇强拆，以至作出过激反应。据说，"乔姆斯基从来不承认错误"。知识分子作为魅力型职业的一大不幸，是迫使一些人因过度追逐魅力而变得狡诈和乏味。他们不可救药的自我美化欲，有时会唆使其选择霸王硬上弓的姿势。

当然，即使没有别的想法，知识分子也会设法增进自己的魅力，而且，这不仅是不可避免的，还是情有可原的，甚至是值得称道的。因为，良好的修辞也是一种文字礼仪，类似给文字打上领带、戴上礼帽。我相信，要求知识分子放弃一个极为凑趣的妙喻隽语，难度约与坐怀不乱的柳下惠相当。毕竟，让文章显出教养，让自己富有人情味并多少展现出诗人的情怀和才能，是一种任何情况下都包赚不赔的美事，更别提还有幽默，只要警惕着别把自己弄成职业逗笑者，那么，适时让读者会心一笑，注定将一举两得：既提升自我形象，又便于读者怡然接受自己的观点。所以，无论知识分子如何进行自我约束，他若对修辞之道一窍不通或嗤之以鼻，等待他的只能是出局。

美国的联邦大法官群体是一个突出例子，其地位的尊崇性和稳定性，几乎先验地排除了美化并表现自我的必要性，他只需全力以赴地展示司法观点和判决依据，即大功告成。何况，案件引人关注的话，不管谁执笔，都会拥有读者并引起反响，执笔者无需顾虑太多。然而，以笔墨节制著称的大法官，仍会追求雄浑的风格，写下时而铿锵有力、时而意味隽永的句子，让人叹赏不已——他们只是不会跺脚而已。最近去世的安东尼·斯卡利亚大法官，曾在判决书里引用过莎士比亚《亨利四世》里的句子，即那个著名的“霍茨波的追问”，以说明法律是什么：

> 欧文·格兰道尔：我可以召唤地下的亡灵。
>
> 霍茨波：啊，这个我也会，任何人都会，可是，当您召唤它们的时候，它们真会应召而来吗？

与斯卡利亚立场相左的斯蒂芬·布雷耶大法官，在一本专著里同样引用了这个段落。另一位不久前去世的欧洲著名知识分子翁贝托·埃科曾经夸口，如果将电话号码簿以他的名义出版，“立马就可以变成一部畅销书”。也许没错，但第二次就没人买账了。因为，埃科凭着卓绝的修辞本领征服了读者，从而令“埃科”成为一个具有感召力的品牌，但是，电话簿仍将是电话簿。

总之，修辞的伦理功能服务于一种“承诺”（波斯纳语），该功能不会强化作者的理性，但可以向读者展示自己的可信度或可爱度。两者品级不同，但品级更高者不见得更有效，正如过于严谨的作者总会在擅长向读者的肾上腺素施加法力的作者面前落败。当知识分子意欲争取读者时，他们的行为及心态，会无限趋近竞争选票的政客。为了强调自己的女性特质并争取更多选票，“经验丰富的政治家”希拉里·克林顿曾于2007年穿着暴露地出现在参议院。为了强化自己的人情味，声称自己正热泪盈眶的知识分子，似乎也不可能绝迹，因为眼泪里掩映着一个温柔的胁迫：你不赞同我的观点，就说明你冷漠。

我们认可某种修辞，实质乃是认可某种立场或价值观。读者有时像当事人，他们将某人捧为“大律师”，将某人贬为“讼棍”，往往取决于自己站在哪一边。在一个修辞策略无所不在的公共世界，也许我们最该抵制的，是怦怦的心跳，从而使自己的判断力保持澄澈。

简单中的陷阱

在股票市场传道的人，不怕没人听他讲话。

——塞缪尔·约翰逊

群体只接受简单观念。

——古斯塔夫·勒庞

他（泰戈尔）一生志在只创造美的事物，只说真话。这需要自律和异乎寻常的耐心与正直。在写下他的社会、文化、最重要的是教育思想的时候，他努力不过分简单化地讲出复杂的真理，也许正是如此，听从他的人比较少。

——以赛亚·伯林

一

“简洁是智慧的灵魂，冗长是肤浅的藻饰。”这是经常为人引用的莎士比亚格言，但引用者忽略了以下因素：格言出自《哈姆雷特》里著名的婆婆嘴、老滑头波洛涅斯之口，并且，当波洛涅斯接着表示“我还是把话说得简单一些吧，你们的那位殿下是疯了”时，读者知道，老滑头看走眼了，哈姆雷特王子没疯。所以王后听完他唠叨后，当场教训他“多谈些实际，少弄些玄虚”。——结合剧情我们发现，无论“简洁是智慧的灵魂”含有多少至理，以此声称的那个家伙，恰恰距这种“灵魂”最远，他每个毛孔里都翻飞着“肤浅的藻饰”。只要想到波洛涅斯，我就会警惕简单（或简洁）与智慧的关系。我相信，那不是一个简单等式。

通常，提供一个观点，必须辅以相应论据和论证。论据论证之于观点，好比桥梁的设计载重量之于通行车辆。老派严谨的学者，即使提供了足以承重 30 吨的论据论证，也只敢在上面通行 10 吨重量的见解。相较于观点的醒豁，他们更在乎结论的牢靠，唯恐贻笑大方。在公共世界混个脸熟的寻常知识分子，就不愿采纳这种做法了，他们是文字效益的追求者，深谙影响力的意见之生成法则，有时只要在思想的水面上随意铺设几块纸板，就敢在上面飙车，甚至，见到几片言语浮萍，也敢于驱动一支摩托化文字大军，在水面上隆隆疾行。换在现实的物理世界，此法将使观点脱轨，制造出一场思想车祸，但文字世界具有虚拟性，一篇题旨宏大、语句优美却骨质疏松的文章，未必不会带来喝彩，作者还可能认为自己展示了一种“治大国若烹小鲜”的超级技艺。反正，只要观点无需像股评家那样次日接受市场检验，他就不必担心什么。一般说来，立意高远，且短期内不会被证伪穿帮的观点，特别招某些人士喜爱。

我以为，汉语中某些套语，如“一言九鼎”“一叶落而知天下秋”“四两拨千斤”“半部论语治天下”等等，智性功能被高估了，它们常常起到酒精作用，怂恿作者放胆胡来。

分清一个观点算简单、简洁还是简明，并不容易，但无论看上去多简单，作者都希望被解读成简洁和简明。“知识就是力量”固然不等于“力量就是知识”，但万一读者不计较，“有力量”就有望冒充“有知识”和“有思想”了。小说家毛姆晚年尝如此自嘲：“那个时候警句流行，我也喜欢用警句，我把我的信念写成了一个句子，默默念诵：‘随心所欲，可要注意街角的警察。’我到24岁时，建立了一套完整的哲学体系。它以两条规律为基础，事物的相对性和人类的圆周率。后来我知道，这两条中的前一条并不是什么独创的发现，后一条也许含有深奥的道理，可是我绞尽了脑汁，这一辈子再也记不起我当时究竟说的是什么意思。”不是所有人都有毛姆式的清醒自嘲，而试图通过肌肉状格言迷惑读者的写作者，则古已有之，所以16世纪的法国随笔家蒙田就抱怨“我们总以格言和决议的方式谈论所有的事”，并不惮反其道而行之：“我喜欢下面这些可以减弱并缓和我们提议中的轻率性的字眼”，他例举道，“也许，在某种情况下，某些，据说，我想……”

说到简单句式中的力学轨迹，某些政治家，常常比知识分子拿捏得更准。英国前首相托尼·布莱尔常挂上嘴边的一句话是：“没有责任就没有权利。”何等雄强有力！即使不够严谨，谁在乎呢？当务之急是展示帝国首相的民主意志，让民众认同自己的主张。一句虽有破绽但能让大众产生鼓掌欲望的靓语，效果远在让人提不起精神的万言陈述之上。美国思想家爱默生是怎么说的：“有时候，一声尖叫胜过一篇论文。”朱利安·巴吉尼曾如此质疑布莱尔：

> 这个语录体说得太简单化了——例如，新生儿就只有权利而不需承担责任。即使是把这种明显的特例抛诸脑后，我们也可以更郑重其事地对此进行讨论。如果我们在一个社会中享有权利的话，那就意味着人们有责任来维持或是不侵犯这些权利。权利的普遍存在，并不必然伴随着责任。

说得正确，但因此怀疑布莱尔先生不明事理，似大可不必，他就是明知故犯。同样，奥巴马 2008 年竞选美国总统时，用铿锵有力的身体语言和迷人的微笑，反复强调一个口号："我们需要改变。"以奥巴马的学养（有美国学者认为，奥巴马更适合的工作不是总统，而是联邦最高法院的大法官），他当然知道这句口号指向茫然，缺乏明确的政策指导性，因为"改变"是个中性词，穷人变成富人是一种改变，富人沦为穷人也未始不是一种改变。但面对选民时，他相信，凭借自己富有磁性的嗓音，"改变"会生出一种巫术般的蛊惑力，足以让选民相信，他舌尖上的"改变"，不多不少正是选民内心期待的那个"改善"和"提高"。面向公众的奥巴马不必一五一十地缕述"改变"的具体内容，否则，他说得越多，遗漏得就更多。简洁陈述里的无穷破绽，正好构成修辞术里的无限玄机，以便听众以为：改变无所不在，正好如我所愿。

"9·11"之后，小布什总统说过一句掷地有声的话："每个国家都必须马上做出决定：要么站在我们这边，要么站在恐怖分子那边。"其实，这是一种常见的滥用修辞术，即：当存在多种可能时，只提供两个选项，假装它已穷尽了一切。朱利安·巴吉尼指出："对于小布什提供的选项，至少还有一个很明显的选择，那就是在反对恐怖主义的同时，也反对美国人最擅长的这种处理恐怖主义的方式。”但是，我们同样不能假定小布什没有研修过基础逻辑课程，他多半知道这个表述有欠斟酌，但他更在乎该表述拥有的超凡力量。既然鱼和熊掌不可得兼，那就先挑狠的说，至于严谨的步骤和方略，不妨在白宫椭圆形办公室里，与自己的高级同僚细细参详。

有意思的是，朱利安·巴吉尼在《大论战中常见的思维陷阱》一书里，还耸了耸肩，说出如下事实：

> 如果对于这种错误的二分法太过严苛，就可能会失去很多伟大的格言。“生活要么是一场伟大的冒险，要么什么也不是”——语出海伦·凯勒。嗯，虽然实际并非如此，但是我能理解她的意思，并且这话说得很在理。安东尼·罗宾斯的格言与此相似：“生活中你需要的不是灵感就是绝望。”马克斯·勒纳说得更好：“人类将要么学会像兄弟一样活着，要么像野兽一样死去。”这句话即便从字面上讲是错的，但仍然很有说服力。

我们还知道，美国独立战争的伟大鼓吹者托马斯·潘恩也擅长这种文字魔术：“政府要么产生于人民，要么就是骑在人民的头上。”乍闻之下没啥问题，还特别提气，但正是潘恩矛头指向的那个国家——他的祖国大英帝国，这句话难以成立：实行君主立宪制的英国，政府非但没有“骑在人民的头上”，还成了现代代议制民主制度的源头。再想，美国独立战争前的那句名言“不自由，毋宁死”，原本也夸张过度，当年的英国统治者并没有置北美 13 州殖民地人民于死地的意愿，但不可否认，这句话华丽丽地推动了历史。“一声尖叫”拥有无穷法力。古斯塔夫·勒庞感慨道：“事实上，当我们重读一些演讲稿的时候，常常会为其中的漏洞和错误感到惊讶，然而正是这样的东西，竟然对听众产生了重大的影响。”

二

明知简单表述不等于智慧，却仍然痴迷于简单，这是因为表述者面向公共世界，他们的见解无需接受学界精英的质疑；衡量他们成功的指标，不是学术界的内部评议，而是投票箱、书籍销量和网页点击率。所以，他们必须学会普通人喜闻乐见的表达。沃尔特·李普曼在《公众舆论》里如此概括民众的爱好：

> 我们显得那么爱好绝对。因为我们不喜欢修饰性的副词，嫌它们会把句子堆砌得乱七八糟，干扰不可抗拒的情感。我们更喜欢的是要么全有，要么全无，我们厌恶有点、大概、如果、或许、接近、差不多、几乎、一时、部分等等词语。在我们无拘无束的时候，我们会把一切前景都说得那么绝对——百分之百、到处、永远。

参照这份爱好，必须承认，潘恩、布莱尔、奥巴马、小布什等人那么讲话，并非不学无术，而是洞悉人心的奥秘。李普曼还认为，“人群越庞大、越复杂，最终的统一意见就会越模糊、越简单”。这个指点，简直构成了政客和普通知识分子的速效还魂丹。指挥二战走向胜利的英国首相丘吉尔说过：“战争的情形总是这样的，不论指挥战局的最高领导有什么疑虑，战场上的将军无需了解，他们只应当接受简单明确的指示。”大概，一个人对自己的地位和特殊性拥有充分自信，就会倾向于把话说得简单，唯其简单，听上去才更像一道命令和指示，或，一种巫师的预言，一道光辉的神谕。

学者指出，卢梭的思想当年颠倒众生，不是因为其内在深刻性，而是因为该思想得到全面简化，可以像乘法口诀表那样指引社会。我们曾经提到，卢梭名著《社会契约论》当年乏人问津，销量寥寥，但没关系，以罗伯斯庇尔等人为代表的法国革命家（罗伯斯庇尔自认是卢梭的学生），成功地把卢梭思想浓缩为一组等式。法国学者雷蒙·布东在《为何知识分子不热衷自由主义》一书里写道：“卢梭和其他的启蒙思想家所获得成就的关键在于那些传播者成功地将他们的思想概括为了一系列概念关联的形式：传统=不公正=不平等=专制=停滞=压迫；理性=公正=平等=人权=进步=自由。”

看上去很幼稚，但一场充满血腥的大革命，就此被引发了。思想被简化为一组尖叫，遂无往而不胜。

约翰·洛克厚厚两大卷著作《政府论》，缘于当时一篇为世袭君主制辩护的霸道论文，洛克表示：

> 当我细心读了这篇论文以后，发现一个那么大的结构却建立在这样一个简单假设的基础之上时，我几乎不能够相信我自己；因为在他那篇以驳倒人类的“天赋自由”这一“谬误原则”自许的论文中，他只以（人类始祖）“亚当的威权”这一简单的假设来立论，而没有对这个“威权”提出任何证据，这就令人难以相信了。

幸运的是，这一“简单的假设”引出洛克的长篇大论，现代公民政府的理论基石由此奠定。试想，假如那个“简单的假设”当真不值一驳，洛克就不必如临大敌，他郑重执笔，显然意识到了简单中的陷阱和漩涡。简单也许意味着愚蠢，装腔作势的愚蠢却不见得缺乏力量。再想，托马斯·潘恩针对君主世袭制的那个著名批评，论证方式同样失之简单。他在《常识》里写道：

> 无数个万分有力的确证表明，国王享有世袭权是荒谬的；这个证据就是：天意并不赞成这种办法，否则它就不会常常把蠢驴而不是雄狮给予人类，从而使得该项制度成为笑柄了。

的确，读到令我们欣喜的结论时，哪怕失之简单，我们也会加以肯定。而在洛克奋笔批评前，世袭君主制的赞同者，八成也会把那个强调“亚当的威权”的蠢货，视为思想英雄。这说明，简单表述即使不等于真理，也常会被误认为真理，只要它正中下怀。

三

长远来看，拥有最出色头脑、最缜密思想、最犀利洞察力的人，将享有盛名，但在思想的期货市场上，目光如豆、思维惫懒却又熟谙尖叫美学的人，照样可以分享知识人的荣耀。

米沃什《被禁锢的头脑》里提到一位贝塔君，“他越是写得过火，越是受到赞扬。人们期待他的作品具有呐喊、狂热、明白易懂、有倾向性的特点。那些党员作家之间（贝塔那时已经入党了）展开了竞赛，看谁写的东西更能令人理解、更简单明了——这样一来，也就抹掉了文学和宣传之间的界限”。写作之于贝塔，“就像是成瘾者服用麻醉剂一样，当他放下笔时，他就觉得自己又完成了一件大事。尽管实际上，他的文章中没有一句出自他本人的思想，……他所从事的活动就像士兵在列队行进一样。”

记忆中，上世纪80年代初，一批欧美高等院校的学者来到中国，与中国电影工作者进行学术交流。令中国同行惊掉下巴的是，这些学者有本事从任何影像里挖掘出连该片导演都不曾设想过的神秘含义，主要是各种弗洛伊德式性象征。事后回想，他们将所有洞状物视为女性暗示、所有柱状物视为男性象征的做法，像粗浅的填空游戏，不值一哂，但关键不在这里，关键在于他们使用了一些时人莫测高深的字眼，如“力比多”“俄狄浦斯情结”“肛门期”。当时我正就读于华东师大中文系，之前听过一个关于弗洛伊德的讲座，好像还读过几本小册子，如《少女杜拉的故事》，总之，我知道这些新名词的厉害。与人交流时，如能从嘴里不时吐出“潜意识”和“恋母情结”，就会产生一种令人自愧不如的魔力，自己也仿佛喝高了，似乎学问大有长进。当然，这是一种病，但该病的疑难处在于，分明说者有病，却能让听者以为自己病得不轻。

读西方有识之士的文字，我发现，这种病症极为常见，且盛行于高等学府和知识分子中间。苏珊·桑塔格早就指出，“那些想从（伯格曼电影里的）坦克意象中获得一种弗洛伊德主义阐释的人，只不过显露出他们对银幕上的东西缺乏反应”。哈罗德·布鲁姆在《西方正典》里，曾将那些仅凭几个学术流派的术语就在高校里招摇撞骗的学者，一概归为“憎恨学派”，他们研讨学术的方式，恰恰表明他们憎恨文学、嫌恶真理。而布鲁姆教授之所以满腔悲愤，则是出于如下事实：这些只此一招的高校笨伯，在知识界取得了过于辉煌的成功。

有本有趣的学者小说叫《哈姆雷特谋杀案》，作者阿瑟·伯格显然是布鲁姆教授的同道，在该书第一页，主人公——一家学术刊物的主编——恶狠狠地写道：

> 是我用小斧子劈了她的脑袋瓜——那个视男人如寇仇的婊子、女性主义评论家娜斯塔西娅·斯皮瓦克－托洛茨基；是我用枪杀了他——那个伪马克思主义的骗子、评论家鲍里斯·杰姆逊－凯尔涅洛夫；……上帝保佑，我还同时干掉了那个白痴变态者——弗洛伊德的徒孙美兰妮·荣格弗洛伊德，还有社会学评论家莱弗·巴克。

被作者用想象中的凶杀方式除掉的，都是让他厌恶的新潮学术明星，他们最大的本领就是“一招鲜，吃遍天”，可以借助几条左右逢源的解释图式，获得学术盛名，然后整天打着“波音的”，在学术的“小世界”（英国小说家戴维·洛奇语）里风光无限。比如弗洛伊德的忠实信徒美兰妮，其能耐在于：“在过去二三十年的文学批评生涯里，她总能在别人最料想不到的地方找到一大堆男女性器的象征。”另一位伪马克思主义的职业批评者凯尔涅洛夫，则只需记住哈姆雷特说过“丹麦是一座监狱”，就可以证明丹麦王子“深受人民爱戴”，从而自如地运用马克思的阶级分析理论来解剖莎士比亚了。

虽然知识分子的原初涵义里包括着智慧，人们也一直将最高的颂赞给予那些拥有深刻见解的伟人，但在公共的思想市场上，思维简单且擅长尖叫的人物，往往成为知识时尚的弄潮儿。“为巴勒斯坦的事业孤身一人奋战”的著名知识分子爱德华·萨义德抱怨道：

> 伊斯兰世界有十亿人，数十种不同的文化，六七种主要的语言（包括阿拉伯文、土耳其文、伊朗文），这些都散播到三分之一个地球上——但是英美的学院知识分子却只把它们称作“伊斯兰”，这种说法不但太过化约，而且在我看来不负责任。他们借着单单一个字眼似乎就把伊斯兰当成一个简单的客体，对于上下1500年的伊斯兰历史提出概括的看法，大谈伊斯兰教与民主、伊斯兰与人权、伊斯兰与进步是否相容，并妄加论断。

我们喜欢投己所好的观点，我们肯定一种看法，未必因为对方高明，而是对方恰好说出了符合我们预期的内容；肯定对方其实是变相安抚自身。有人评论托马斯·麦考莱的《英国史》：“一般大众和麦考莱的想法相同，用买书的方式与他彼此呼应。麦考莱受同代读者的欢迎，原来不是因为他比读者高明多少，而是因为他并不比读者高明多少。”我没有读过《英国史》，不敢置评，但这种现象的确存在。

成功学大师拿破仑·希尔在其名著《成功素质训练教程》里，指导人们学会使用“自我暗示”，他开出的药方，似乎揭示了“简单”的秘钥——位居第一的秘方就是：“简洁：你的句子要简单有力，例如‘我越来越富有了’。”倘此法有效，我猜，它也同样有助于给他人催眠，有助于解释“简单”在公共世界的神奇力量。当然，秘方之妙，在乎秘而不宣，所以，没有哪位知识分子乐于承认自己观点简单（他只会强调简洁或简明），而一旦他想批评什么人，最可能脱口而出的一句话，就是强调对手观点简单且不值一驳。潜台词是：我可以简单，你不配！我的简单直指心源，具有牛顿力学般的超级简明，你的简单只不过证明了你头脑失灵、思维低下。一个令人丧气的公共讨论现象是，任何观点，只要遇到决意与他为敌的人，几乎一次不曾得到善待，它们必然会被简单对待，并被冠以"简单化"的恶名，哪怕双方彼此彼此。

阿尔伯特·赫希曼在《反动的修辞——保守主义的三个命题》里，从近当代知识分子的表述里，抽绎出三种公式化的流行论证样式，分别是悖谬结果论、无效命题和危险命题。其共性是："论证的结构极其简单，而得出的结论却非常极端。"比如悖谬结果论的爱好者，总是坚信一条法术："推动社会向某一方向前进的努力将导致它向相反的方向移动。"如此，他可以将任何一种改革方案代入其中，断言该改革将走向反面。简单得令人发指，意外的是，作者偏还能端出一脸深刻样。

总之，在理当富含智性教益的知识分子世界，那些乍看之下应该遭到淘汰的简陋观点，却有着蓬勃生命力。雷蒙·布东认为："很多知识分子专心于创立一些过于简化的理论，不过这些理论在思想市场上并没有遭遇到太明显的困境。"这正是思想市场的困境，我们无法躲避简化的理论四处扩张，理论越是简单，越会怀抱不切实际的雄心，试图解释一切。换言之，每一种拥有简单图式的学说，都怀有一种神圣罗马帝国的野心，结果却如伏尔泰所嘲：既不神圣，也无关罗马，更非帝国。

语词的丛林

你讲的话事实上是正确的，但它暗示了一个谎言。一个非常熟悉的例子是：虽然丈夫宣称他昨晚没有和别的女人在一起，但他很清楚他们前天晚上在一起。

——朱利安·巴吉尼

妨碍真理发现过程的，不是谎言，而是极其精辟的错误见解。

——利希滕贝格

一

一名退伍军人来到哥伦比亚大学教授爱德华·萨义德的办公室，要求修习一门“有人数限制的专题研究课”。萨义德和他聊起来，知道他曾是空军，在越南服役过。“你在空军究竟是做什么的？”萨义德问——

他的回答给我的震撼永生难忘：“目标搜寻。”我又

> 花了好几分钟才弄清楚他是轰炸员，他的工作就是轰炸，但他把这项工作套上了专业语言，而这种语言就某个意义而言是用来排除并混淆外行人更直接的探问。

“永生难忘”的说法稍嫌夸张，给一种行为换上新的说词，掩盖其未便示人的真实目的，原是一种广泛存在的语言－心理现象。有句话是这样概括的：“在可以说‘玩具坏了’的时候，为什么要说‘我弄坏了玩具’呢?”类似策略，每个小孩都练过，以逃避父母的责罚。知识分子应该保持敏锐，避免在司空见惯的事情上变得麻木，但具有足够敏锐的萨义德，在那一刻大脑有点短路，显得阅历不足。

在诚实与撒谎之间，有一片开阔地，我们可以用另一个专业语言“不完全事实”把它包裹起来。究其实，它是一种泯灭谎言与真相界限的语言技艺，骨子里仍是谎言，却让人无法遽尔以谎言相斥。你看，无论“目标搜寻”还是“玩具坏了”，都有所隐瞒，但与撒谎又明显不同，说话者可以假装只是没把话说完整，他随时有权补充几句，把缺损意思补足。毕竟，轰炸前总要搜寻目标，无论玩具怎么坏的，“玩具坏了”总是事实。类似例子如，在可以说“调整”的时候，为什么要说“涨价”呢?“调整”当然包括下跌，但不也包括上涨吗?既然包括，消费者觉得不爽，也无法把它与谎言划等号。用“愤怒管理”来代替劝人息怒，意思差不多，但前者中的专业意味，会让那些按小时收费的心理医生赚到大钱。被今人称为“大萧条”的那场美国经济危机，其实远远不止于“萧条”，仅股票市场上的损失，就三倍于美国在第一次世界大战时所消耗的钱财。但“大萧条”之名来自当时美国总统胡佛的创意，他希望用这个看上去不那么刺激的字眼，缓冲眼前的灾祸。

日常生活中，我们也会遇到“不完全事实”四处流窜。我在某网店购物，正焦急等待快递员揿门铃，手机响了，是一条短信，内云：“应客户要求，包裹延缓配送。”我喜欢用云同步方式，在电脑和手机间延续自己的工作，偶尔，云端服务器出现故障，导致文件无法打开，这时，系统弹出一条消息：“由于你没有相应的权限。”——显然，对方预先设置的回复模板，把自己的差错过滤干净。你若和他理论，售后服务员会客气地请你别介意，强调那只是系统设置，无法点对点地匹配客户，听上去好像系统设置是一种人力无法干预的自然力。其实，他们就是这样设计的，其辩护策略在于：快递无法送达，有时确实缘于客户要求；云端无法同步，有时确实由于客户权限受限。总之，他们很容易免去撒谎指责，享受谎言利益。某款浏览器怂恿我在手机上安装它，但它不明说，而是提醒我“未开启安全浏览”，一旦点击，该浏览器即火速进入安装界面。——肯定有些外行以为自己将要安装一个杀毒软件。该“不完全事实”的另一个居心是：不露痕迹地贬低别家浏览器的安全性，竞争同行只能吃哑巴亏，很难和它计较。

不是所有“不完全事实”都值得谴责，换个说法有时确有益处。普鲁塔克《希腊罗马名人传》里，提到雅典人很早就擅长这一招，他写道：

> 后世的作者，发现古代雅典人往往用吉利和好意的字样，掩盖事物的丑恶，给以文雅可喜的名称。所以他们把娼妓叫做“伴侣”，把租税叫做“捐献”，把一个城市的驻屯军叫做它的“保卫军”，把监狱叫做“居室”。

> 梭伦把取消债务叫做“解除负担”，似乎就是第一个采用这种手法的人。

在今天，称老年人为“资深公民”也颇可称道，但将经济下滑表述为“负增长”，就让人傻眼了，好像词语“下降”不配作为“增长”的反义词。虽然统计学家不难找到专业辩词，但其组词智慧，顶多让人想到古时寡妇的自称“未亡人”：“下降”里硬嵌入一个“增长”，与“活人”里硬嵌入一个“亡”字，实属半斤八两。——“不完全事实”的便利显而易见，它最大的缺陷，借用英国学者 C. P. 斯诺的妙语，就是“让良心生锈”。

我们记得美国前总统比尔·克林顿是怎样为自己辩护的，他矢口否认自己在总统办公室与见习生莱温斯基做的那些谁都知道该如何定性的事情，他声称“我没有和莱温斯基女士发生性关系”，因为他给自己的说法找到一个后门，即将性生活严格限定在某种古典情境里：性关系必须等于“完全性交”。只要听证会接受他的说法，他就有望借助别致的“不完全事实”逃脱惩罚。他的策略没有成功，他被迫做出道歉。

律师出身的克林顿有此反应情有可原，因为，在强调对抗制的法庭，若善加利用，提供“不完全事实”非但不是一种过失，还是律师能力的体现。这份技艺在西方非常古老，古罗马的西塞罗提到当年一群政府法律人士“声称所有海岸都是公共财产”，西塞罗的朋友、杰出律师阿奎留斯在反驳时，把海岸“定义为海浪玩耍的地方”。我不清楚这件事的真实寓意，但是，把海岸说成“海浪玩耍的地方”，对于“海岸是公共财产”的说法是一种打击，尽管阿奎留斯只不过利用了“不完全事实”这个法术。

律师的工作当然禁止说谎，但又将如何表述事实视为一种技艺。我们知道，隐瞒而非主动揭露对当事人不利的事实，是辩护律师的职责。诉讼双方在法庭上强调某些事实和观点，往往只是把焦点导向对自己有利的那部分事实，引诱陪审团忽视或废止另一部分事实。强化事实好比电影中的特写镜头，只要把强光照在特定对象之上，你不欲人知的那些事物就会溢出屏幕，没入黑暗。美国法庭上一个有趣现象是，每当律师在交叉询问时口气凌厉地要求证人只能就某件事回答“是还是不是”（Yes or No），几乎总是暗藏着一个色厉内荏的“不完全事实”诡计，即他认为：简单回答对自己有利，包含更充分事实的详细回答则会让自己被动。好莱坞电影《杀戮时刻》里就有一个教科书般的场景：为了对辩方请来的专家证人实施污名化，影帝凯文·斯派西扮演的检察官通过“Yes or No”的强硬策略，得到了自己恰好需要的那一小部分事实：该证人曾强奸过一位少女。影片结尾时观众才从辩护律师口中获悉，所谓“强奸”是一个阴差阳错的指控，完整复原后的事实是：强奸者和被强奸者后来成了夫妻，他们生儿育女，生活美满，并且，两人年龄相仿。

二

“善意的谎言和恶意的不完全事实之间仅有一步之遥，它会在哪里跌倒呢?”朱利安·巴吉尼在《大论战中常见的思维陷阱》一书里如此追问。我想，不存在简单答案，但需要人们警惕的“不完全事实”，总是出现在政客和知识分子笔下，他们的言论构成“不完全事实”的深水区，充满未知风险。诚然，经济领域的“不完全事实”亦极为常见，股票市场上的“概念炒作”，几可视为“不完全事实”的别称：某个板块集体飘红，往往就是因为一个似是而非、亦真亦假的概念，资本市场随之暗潮涌动，巨浪滔天。

某葡萄牙总理说过一句话：“政治是一种不把真相说出来的艺术。”作家萨拉马戈“基于良善的动机”，没有报出该总理的大名。不过类似表述比比皆是，本来也不必挂靠在某人名下，乔治·奥威尔就说过：“政治语言的目的，是为了使谎言看上去更真实可信，使谋杀变得更值得尊敬，让空话显得更有分量。”索尔仁尼琴提醒世人，“政治家的天才就在于从人民的灾难中也能取得成功”。英国科学家查尔斯·珀西·斯诺男爵在一次演讲中告诫听众：“如果你用词语表达政治目的，那么这些词语很快就会失去其本身的所有意义。如果你试图搬弄‘自由’这个词，记住奥斯维辛大门上的题字——‘劳动带来自由’。”基本上，只要牵涉到政治性表述，顾名思义就是一种幼稚，安布罗斯·比尔斯曾如此定义外交:“一种为自己国家的利益而说谎的爱国主义艺术。”

读《远去的胜利：德国前线将领二战回忆录》一书，发现纳粹党魁希特勒的指挥艺术，几可让人喷饭。希特勒身份的特殊之处是，“他既是德国的最高统帅，也是党内的鼓动家”。该双重身份诱导他把自己的名誉，建立在某种虚幻的神圣性上。他禁止德军在形势不利时撤退，不是基于对当前战局的研判，而是捍卫自己演讲时做出的信口开河许诺——他曾向德国人民保证，德军不会失败，德军占领了哪里，哪里就是德国的土地。对于请求撤退的将领，希特勒认为，只要把该种行为定性为“失败主义者”，同时撤销他的职务，胜利就获得了保障。希特勒对变换语词的痴迷，完全是病态的，就在德军“第 6 集团军将被苏军分割包围，B 集团军群前线也会出现一个巨大的缺口”、将近三十万德国军人堪堪葬身冰原之际，希特勒忽发奇想，颁布了一道命令：“被包围于斯大林格勒的第 6 集团军将更名为‘斯大林格勒堡垒部队’。”齐格菲·韦斯特法尔将军沮丧地分析道：

> 这是希特勒开展心理战的一贯方式。他以为使用“堡垒”一词便可一石数鸟。苏军会误以为斯大林格勒地区有重兵防守，其防御工事足以阻挡他们的进攻；斯大林格勒的德军部队会认为他们正处于一座能够抵御苏军长期包围，并使他们免遭巨大伤亡的堡垒之中，因此受到鼓舞并坚守阵地；……全世界也会因此忘掉这里局势的真相，即德军最高指挥机构的无能导致一个集团军无谓地被包围和消灭。

索尔仁尼琴在《古拉格群岛》里告诉读者，苏联领袖曾提出这种要求：“库尔斯基同志！在我看来，应当把枪决扩大适用于……孟什维克、社会革命党人之流的各种活动；拟定一个把这些行为同国际资产阶级联系起来的表述方法。”一种由政府主导的全面惩治行为是否合理，居然不在于犯罪事实的司法确认，而是取决于某个临时抱佛脚的全新“表述方法”，新的创意表述将确保千万颗人头落地。在此之前，布尔什维克坚决反对死刑，他们号召群众起来革命的一个口号是：“打倒被克伦斯基恢复的死刑!”两相对照，不是公然食言了吗？没关系，只要祭出“不完全事实”的魔法，改个名字，一切就名正言顺了。于是——索尔仁尼琴写道——“‘死刑’也就改名为——最高措施，并且不叫做‘刑罚’的最高措施，而是所谓‘社会保卫’的最高措施。”无独有偶，纳粹对犹太人实施的种族灭绝，也有一个类似名词，叫“最终解决”。反正，哪怕大地血流成河，语言上仍必须保持洁净。索尔仁尼琴提到的另一个例子更滑稽：为了“避免使用‘暴动’这个词和另一个更坏的词‘起义’”，有人想到“用一个羞答答的、不那么刺耳的、和平的名词‘春歇’”来代替。该创意的事实基础在于，暴动和起义确实发生在春歇期。

“不完全事实”作为一种立竿见影、“嘴”到成功的文字秘技，如缺乏相应制约，即使在民主制国家也不乏尝试者。1949 年通过的关于战俘待遇的第三日内瓦公约，曾对“战争罪犯”在羁押和审判期间的最低待遇作出规定，而 2002 年 1 月后陆续羁押在美国关塔那摩海军基地的战俘，显然没有达到该最低标准。如何应对来自舆论的尖锐批评呢？好办，改个名字呗，时任美国国防部长唐纳德·拉姆斯菲尔德宣布他们不是战俘，而是“非法的战斗者”。萨达卡特·卡德里揭露道：

> 尽管有人严肃地指出美国政府的错误，但政府并不在乎。日内瓦公约规定，对罪犯身份的“任何怀疑”应当以有利于罪犯的方式加以解释，直到有法庭来解决争议。而五角大楼的一个军事律师解释说，这个规定是不相关的，因为布什总统并没有任何怀疑。

萨拉马戈在《谎言的年代》里如此评价小布什总统：“这位仁兄才智平庸，粗鲁不堪，沟通能力极其含混，并且时常丧失理智，无法抗拒诱惑而满口胡说八道。他呈现在世人面前的面貌，是一个牛仔的可笑姿态，而且错把他接手管理的这个世界，当作放牧的牲畜。”

另一方面，当某些势力决心为恶，即使说出无懈可击的话，他们仍可能通过别致的解释，让它堕入黑暗一边。纳粹党人频频强调“法律就是法律”，乍听颇为可敬，谁知真实意思是，“没有人有权引用更高权威作为不服从法律的借口”，哪怕法律要求你屠杀犹太人，你也不能以该屠杀违背自然法和人类良知进行抗命。“法律就是法律”的唯一例外是，希特勒刚刚发表了新的重要指示，无论他说些啥，都必须立竿见影地成为新的法律。

孟德斯鸠提到征服世界的古罗马军团是如何玩弄语词花招的：“有时他们滥用他们语言中名词意义上的细微区别。他们毁掉了迦太基，说他们曾答应保存的只是国家，而不是城市。”该花招与莎士比亚喜剧《威尼斯商人》中聪明的鲍西娅捉弄犹太高利贷商人夏洛克的方式如出一辙：鲍西娅允许夏洛克割下安东尼奥一磅肉，但不能见血，因为合约上只写了一磅肉，不包括血。

三

我们生活在语词的丛林里，变换语词既那么方便，巧加变换有时又能带来巨大利益，每令权力场上的人欲罢不能，因此，如何对抗谎言及其孪生兄弟“不完全事实”，就成了对政治人物和知识分子的考验。在著名的“《纽约时报》诉沙利文案”里，美国联邦最高法院布伦南大法官在裁决书里宣布：“我们裁定：依据宪法，不能建立这样一种规则：一个指向政府运作的非人格化的抨击，构成了对负责政府运作的官员的个人诽谤。”不仅如此，为了杜绝政府可能借助语言创意来打压批评者，裁决书未雨绸缪，禁止政府变换“法律魔术”，意思是，你无权借助修辞技艺，想方设法地虚构例外。布莱克大法官针对美国宪法第一修正案（即“国会不得制定关于下列事项的法律：确立国教或禁止信教自由；剥夺言论自由或出版自由；或剥夺人民和平集会和向政府请愿申冤的权利”）给出的著名警告是：“不得制定法律，就是不得制定任何法律（no law means no law）。”

普通知识分子不具有最高法院大法官的权威和司法力量，他们无法把自己的建议转换成一条禁令，但这并不意味着他们无所作为。比如，他们应该具有足够的阅历和识见，擅长识破语词丛林里的种种迷雾，而不必像萨义德乍闻“目标搜寻”时表现的那么天真。当乔治·奥威尔指出“反对思想自由的人，总喜欢把自己说成是在提倡纪律、反对个人主义”时，就显示了自己的老辣。沃尔特·李普曼在《公众舆论》里辟专章讨论“速度、词语和清晰度”，他写道：“从理论上说，如果每一个事实和每一项叙述都有一个独一无二的名称，而且人人都一致同意这种名称，那是有可能消除交流中的误解的。”由于那是不可能的，他正色告诫道：

> 语言决不是一个完美的达意工具。词语和货币一样是要反复流通的，它今天会激发出一种想象，明天又会激发出另一种想象。同一个词语在记者与读者的头脑中是否能唤起同一个想象，这谁都没有把握……
>
> 世界太大，我们面对的情况太复杂，我们得到的信息又太少，因此，舆论的绝大部分就必定会产生于想象。

为了避免歧义，作家毛姆提醒人们留意一条由斯宾诺莎建立的“很好的规则”，即：“用以表达事物性质的语词，其常用的意义与他意欲赋予它们的意义务必不致牛头不对马嘴。”如能做到，仅凭这一条，知识分子就会积攒无上功德。我们提到过英国散文家威廉·赫兹里特对“坚持使用绝对普通的词”的倡导，哲学家里最擅长写出“平易文体”的阿瑟·叔本华，也呼应过这个观点：“没有比写作无人能够理解的东西更容易的事了；与此相反，也没有比用人人都必然能够理解的方式表达深奥的思想更困难的事了。”——所谓“必然能够理解”，也就是预先把潜在歧义蒸发殆尽，不给“不完全事实”立锥之地，除非有人刻意要那么做。

这不容易做到。出于无能或投机取巧，姿态各异的“不完全事实”仍是舆论界的常规风景。有学者在英国《卫报》上见到一个例子，某君批评“出版业缺乏文化多样性”，所持理由是，“‘只有’13%的从业人员来自少数族裔群体”。但批评者（不管有意还是无意）遗漏了一个核心数据：“在当时英国的总人口中，少数族裔仅仅占到了8%左右。”如果他补上这个数据，批评将变得滑稽。托马斯·索维尔在《知识分子与社会》里也概括过若干“知识分子自身对于智力标准的违背”的例子：“将个案视为趋势（例如认为资本主义把工人变得更穷，好像他们之前倒更富裕似的），以及‘单独一国的国际比较’。”后者可以李斯特·梭罗教授为例，他在说到失业问题时宣称“美国是工业国家中最‘糟糕的’，但他在这样评价时，却只单独引述了美国的失业问题，而忽视在西欧及其他国家中失业问题逐渐恶化的情形”。总之，越是虚假的批评，越需要借助“不完全事实”的咒语。

在微信公众号里读到一篇文章《为什么应该使用原子弹轰炸日本》，作者查尔斯·斯文尼据说是美国退役空军少将。他在文中提到，“通过精心策划的政治和公关活动，日本现在建议使用‘太平洋胜利日’来取代‘对日本胜利日’这一术语。他们说，这一术语将会使太平洋战争的结束不那么特别与日本有关”。

这说明什么呢？退休少将的大脑非常清醒，他提醒读者：

> 我要说，话语就是一切。
>
> 庆祝一个事件！类似于一个商场开业典礼，而不是欢庆战争的胜利。这将分裂整个地球。数以千万计的死者、数以千万计受到身心伤害的人和更多的人将会不知所措。
>
> 这种对语言的攻击是颠倒历史、混淆是非的工具。文字或话语可以像任何一种武器一样具有毁灭性：上是下；奴役是自由；侵略是和平。

“话语就是一切。”太对了，“语词的丛林”不是丛林之一，它有时就是生活的全部，并以命运的力量左右人类的运命。

后　记

从写作角度谈论知识分子，是我的夙愿。

通过对十六位著名知识分子——其中两位来自中国——的研究，及七篇专题分析，我交出了一份私人答卷。

写作总非易事，若非《经济观察报·观察家》主编殷练女士支持我的设想，提供堪称豪华的版面，鼓励我每月撰写两篇专栏，本书或许不会这么快完成，尽管我为此做的前期准备，已逾十年。老友刘刚、李冬君伉俪给了我巨大鼓励，正是他们向殷练女士热情举荐，才促使我在一年半时间里完成全书的写作。小书最终交付西苑出版社出版，缘于青年才俊燕舞先生的坚邀。燕舞先生也是我的友人，他对拙著持有一种理念上的认同，自愿为促成小著出版而多方奔走。拙著涉猎庞杂，牵连多端，西苑出版社编辑康志刚先生为此付出了惊人劳作，他于不动声色间展示的修改智慧，大多为我汲取，却并未逐条说明。编辑“为他人作嫁衣”的职业品性，在此又为一证。

谢谢各位。孤寂的写作，尤其需要朋友的理解和照拂。

素昧平生的上海市曹杨二中校长王洋先生，在报上读到“德肖维茨：作为律师的知识分子”一文，通过友人祝郁女士辗转找到我，嘱我以“知识分子的使命”为题，给该校毕业生做毕业演讲。他坚持认为，拙文中对知识分子操守的阐述，有助于该校学生成长为优秀的理性公民。他早早和我约定，一俟小书出版，学校将该书作为成年礼物送给每年的毕业生。这是一个意外的激励，也构成一项庄重的嘱托。每念及此，我执笔时总会浮现这些优秀孩子的身影，对他们有所辜负，是不可容忍的。退一步想，即使他们仅从“约翰·密尔：知识分子英雄是如何炼成的?”那一章获得若干启发，我或许也可问心无愧。

妻子王蓓三十年如一日地给予我支持。她自称“刁蛮读者”，她对我的最大鼓励，就是率先审视我的文章，以一种无情的挑剔，指出她认为存在的任何问题。王蓓是我在中文系就读时的同班同学，计较文字是她的强项。我尊重她的挑剔，她每一次批评后，我都会重新回到电脑前，琢磨修改。

我信奉约翰逊博士的教诲：“写作者可以被视作挑战公众的人，所有人都有权抨击他们。”右为我的电子邮箱：zzexiong@hotmail.com，如蒙赐教或“抨击”，不胜感激。

周泽雄

2017 年 5 月 22 日于沪上梅陇